RESEARCH ON DYNAMIC
MODELING AND CONTROL OF UNCERTAIN INFORMATION
PROPAGATION IN EMERGENCIES

突发事件不实信息
传播动态建模及控制研究

程英英／著

中国经济出版社
CHINA ECONOMIC PUBLISHING HOUSE

·北 京·

图书在版编目(CIP)数据

突发事件不实信息传播动态建模及控制研究 / 程英英著. -- 北京 : 中国经济出版社, 2024. 12. -- ISBN 978-7-5136-7960-2

Ⅰ. G206; D630. 8

中国国家版本馆 CIP 数据核字第 2024ZW8543 号

责任编辑　牛慧珍
责任印制　马小宾
封面设计　任燕飞设计工作室

出版发行　中国经济出版社
印 刷 者　北京艾普海德印刷有限公司
经 销 者　各地新华书店
开　　本　710mm×1000mm　1/16
印　　张　15. 25
字　　数　230 千字
版　　次　2024 年 12 月第 1 版
印　　次　2024 年 12 月第 1 次
定　　价　88. 00 元
广告经营许可证　京西工商广字第 8179 号

中国经济出版社 **网址** http://epc. sinopec. com/epc/ **社址** 北京市东城区安定门外大街 58 号 **邮编** 100011

前言

在移动互联网时代，突发事件爆发后，不实信息突破了地理的限制，短时间内引起众多连锁反应，触发一系列衍生事件，其中不乏众多恶意的不实信息肆意扩散，其传播范围广泛，速度惊人，影响巨大，常常引发严重的后果，这对新时期不实信息治理提出了新的要求与挑战。本书结合活跃度、心理效应、自我成长机制等内部因素，探究复合网络视域下个体认知和行为选择模式对舆情传播的影响，同时深刻剖析不实信息传播过程中媒体覆盖、时间滞后性等外部环境中的干扰因素，建立贴合实际的模型分析极端突发事件下环境的巨变对于个体认知模式和认知过程的交互作用。最后，本书通过情景模拟的方法，进行突发事件舆论各方的控制策略研究，探究在不实信息传播发展过程中政府和意见领袖对信息传播的作用，并提出了有效的防控措施来提高应急效率。

第 1 章为绪论，主要阐述本书的研究背景和意义、不实信息传播研究综述、技术路线等，分析和探讨已有的信息传播的相关研究进展，对已有研究进行内容回顾，评述已有研究方法的不足之处，确定研究的技术路线，同时讨论了研究的主要创新点。

第 2 章为相关理论基础，主要介绍复杂网络理论、信息传播模型、微分方程理论、系统动力学及其稳定性原理、最优控制理论等。

第 3 章研究个体活跃度及其波动性对不实信息传播的影响，发现了活跃度与传播阈值的关系以及对不实信息传播的促进作用。本章引入活跃度的概念，结合复杂网络理论，建立了 BA 无标度网络上活跃度影响的不实信息传播模型，利用下一代矩阵的方法得到了不实信息传播的阈值。同时考虑活跃度的波动，将随机噪声干涉引入个体活跃度的研究中，将其拓展为随机不实信息传播模型。研究表明：活跃度对于不实信息的传播阈值与传播规模具有正向促进作用，且活跃度受到环境的随机波动的影响，随机干扰强度越大，个体的传播轨线振幅越大，不实信息控制难度越大，这为应急管理提供了管理启示与思考。

第 4 章主要探讨个体心理效应对不实信息传播的影响，构造了一个考虑兴趣衰减与记忆累积效应交互影响的不实信息传播模型。本章分析了个体的传播兴趣随着时间因素的变化，将兴趣衰减曲线与记忆累积效应曲线这一对相反作用的驱动因素考虑进不实信息传播模型中，研究了时间因素对不实信息传播的影响。本章分别对 BA 无标度网络和 ER 随机网络中的传播规律进行了仿真分析。仿真结果表明：记忆累积效应极值和不实信息吸引率与不实信息传播的峰值呈正相关，而与不实信息达到最终规模的时间呈负相关。增大兴趣衰减系数可以缩短不实信息达到最终规模所需要的时间。

第 5 章主要研究具有自我成长特征的人群对不实信息传播的影响，提出了包括智者在内的 IWSR 不实信息传播模型。本章通过分析不同群体对于信息的吸收能力的差异性，引进了一类具有自我成长能力特征的人群，分别构建了同质网络与异质网络中的不实信息传播模型，并给出了平均场方程与传播阈值。通过仿真分析得出：个体的自我成长能力越强，不实信息传播的范围也就越小。

第 6 章将人们可以在不同的平台获取信息这一特征考虑进实际建模中，提出了基于媒介网站网络与朋友网络的双层网络不实信息传播与控制模型。人们生活的环境是复杂多变的，一方面，人们在百度、谷歌等公共网站进行浏览、办公、学习；另一方面，人们有自己的 QQ 聊天室、微信朋友圈等小圈子。因此基于媒介网站网络与朋友网络，本章建立了一个 XY-ISR 双层网络不实信息传播与控制模型。通过仿真分析得出：传播者对媒介网站的感染率和媒介作用率对不实信息传播具有正向促进作用；同时，官方在应对不实信息扩散的时候不能忽略时滞的作用，减小时滞能够有效缩小不实信息传播的范围。所提出的删帖、科普教育与免疫控制可以明显降低不实信息的危害、缩小传播的范围。

第 7 章考虑到媒体对不实信息传播的作用，建立了考虑媒体作用与政府应急策略影响的不实信息传播模型。鉴于不实信息的肆意传播给人类社会带来的巨大冲击与危害，首先，建立了考虑媒介作用影响的不实信息传播模型，提出政府的应急策略来阻止传播者的危害，并在无标度网络上得到了对应的平均场方程以及传播阈值。仿真结果表明：媒体报道的初水平可以有效降低不实信息传播的阈值。其次，结合时间的滞后性以及定期的脉冲免疫等影响，在媒介作用的基础上提出时滞脉冲效应的不实信息传播模型，并运用频闪映射和脉冲比较计算了两个关键阈值。最后，通过考虑庞特里亚金极大值原理，进行了脉冲最优控制。仿真结果表明：脉冲最优控制可以在短时间内降低无知者的比例，增加移出者的密度。

第 8 章考虑到实际的传播全过程，引进两个新的状态：潜伏者——具有传谣网友的且暂时不传播不实信息的人群，受控隔离者——受到有效的管控、隔离与教化，从而转化为移出者，进而构建了 SEICR 不实信息传播模型，结合平均场方程理论构建了系统的动力学模型，并分析了不实信息模型的平衡点与传播阈值——基本再生数，同时，证明了平衡点的稳定性。根据分析及仿真结果可知：群体的主动免疫率和控制率可以有效影响不实信息的传播阈值。自我免疫率也存在一个临界值，当自我免疫率低于自身临界值时，提高自我免疫率可以快速降低不实信息的传播阈值；当自我免疫率高于自身临界值时，不实信息的传播阈值几乎趋于 0，不实信息将自动消亡。

第 9 章对前面章节所构建的模型研究进行深入剖析与全面的总结，同时，深入分析了研究中可能存在的数据局限性，包括样本量不足、数据代表性不强、数据收集过程中的偏差与误差等。最后，基于当前研究的成果与局限性，提出了未来研究可能拓展的方向。

本书汇总了作者的研究成果，同时也借鉴了国内外同行的众多研究成果，在此表示衷心的感谢！特别要感谢恩师霍良安教授对我的指导和帮助！本书得到了河南省哲学社会科学规划项目青年课题（项目编号：2022CZH015）的资助，作者深表感激。由于作者水平有限，书中难免存在不足之处，恳请读者批评指正。

目录

第1章

绪论

1.1 研究背景和意义

1.1.1 研究背景

随着时代的进步与科技的飞速发展，互联网已经成为现代人生活中不可或缺的一部分。我们通过社交网络平台便可与他人进行即时互动，从而使得“秀才不出门，便知天下事”真正成为现实，社交网络已然成为人们与世界交流的窗口。

借助社交网络，恶意不实信息和错误信息迅速传播的事件时有发生，不仅对民众的日常生活产生巨大的影响，而且还会引起社会大众的极度恐慌，严重降低人们生活的幸福指数，甚至威胁到社会安定和政治稳定，在紧急情况下可能会对全世界造成严重影响。进入 21 世纪后，随着 Web 2.0 时代的到来，网络社交日益盛行，基于 Twitter、WeChat、Facebook 等社交平台上的不实信息传播对人们的生活产生了巨大的影响，一条微博热搜在几秒之内便可传遍全世界，地理距离不再是阻隔人与人之间交流的屏障。因此，研究影响网络不实信息传播的因素、传播方式以及影响机制，并寻求行之有效的应对策略进行控制，是一个极具意义的选题。

网络不实信息近年来甚嚣尘上，非全面事实带来社会舆论场躁动并由此引发的社会危机屡见不鲜。2020 年初，突发的新冠疫情给社会大众造成了巨大的压力，“防疫”成为千家万户急切关注的核心话题，其中各种小道消息等不实信息肆意流传。2020 年 1 月 31 日，“双黄连口服液能够有效抑制新型冠状病毒”这一词条迅速问鼎微博热搜，双黄连口服液瞬间火遍中国，引发抢购热潮，线下药店、线上网络销售平台在短期内全部售罄。除此之外，各城市版本的“飞机喷洒消毒水”导致民众恐慌；“吃生姜可以预防新冠病毒”导致爪哇等国家生姜价格涨了3倍；美国总统特朗普提到羟氯喹可以有效杀灭病毒，导致很多民众直接服用含有羟氯喹的消毒液或洗手液。诸如此类的不实信息不胜枚举。

2019年10月12日22时55分，广西玉林市北流市发生5.2级地震，震源深度高达10千米，两广地区都产生了明显震感。震后不久，网络社交媒体中就流传着一则不实信息：卫星监测到余震将于凌晨2点43~45分左右持续来袭，干扰了群众判断，造成了非必要恐慌。

2019年10月11日，无锡高架桥坍塌事件期间也产生了大量不实信息，有人造谣称“高架坍塌已致19人左右离世”。而根据无锡市11日凌晨的通报可知，该起事件一共导致3人死亡、2人重伤，由此引发了众多网友的关注和评论。

不实信息不仅让群众焦虑不安、扰乱社会秩序，而且导致了群体性事件的频发，严重地威胁到社会的稳定和人民生命、财产的安全。

众多的事实表明，在信息爆炸的时代，公开、及时地进行辟谣是控制不实信息的最有效的办法。平常对民众进行教育，及早地发现负面事件的隐患，在负面突发事件爆发后，及时地公布事件的真相，澄清事实，尽可能阻止不实信息的扩散，缩小其传播空间。要慎重对待不实信息的时效性，把握新时代不实信息的传播规律及特点，以更好地应对不实信息。

传统的不实信息传播理论是基于人与人之间的口口相传，即人际传播的过程，尤其在熟人社会表现得更为明显。该种传播模式容易受到活动空间的限制，具有极大的时间滞后性，因而传播较为缓慢。而随着网络的兴起，其传播呈现出放射状和复合性的态势，兼具跨时空性和即时性。由于网络的拓扑特征，不实信息的扩散达到了新高，无论从传播速率还是扩散规模来看，其传播发展都达到了迄今为止的高峰，这对于新时代下的政府部门也是极大的挑战。

绝大多数不实信息传播模型都是基于疾病传播模型构造的，通过平均场方程理论和下一代矩阵的方法对传播动态进行研究。这些模型对有关个体的自我认识、心理因素以及活跃度等内部因素，环境噪声、时效性、媒介的干预等外部因素的综合考虑相对较少，对不实信息进行控制等问题亦缺乏思考。时间的滞后性特征使得系统的动态行为更趋复杂，政府等定期的科普教育等行为通常作为脉冲干预来控制不实信息的传播等，都复杂化了不实信息传播的研究。因此，探究不实信息的传播规律与机制，可以更好地了解其产生原因，识别传播途径，并掌握传播特点，对不实信息治理具有重要的指导意义。

不实信息，作为一种群体的意识传播行为，在其传播的过程中，由于个体的活跃度，自我成长、知识存量、认知水平等差异，使不实信息传播的不确定性和复杂性大大增强。本书结合个体的活跃度、传播强度、对传播环境的反应、事件的模糊性、个体的心理效应、网络媒介的干扰、时间的变化、政府的控制手段等因素，真实刻画了不实信息在人际网络中的传播演化过程，从而使构建的模型更加符合实际。

网络的拓扑特征对不实信息传播也起到至关重要的作用，不同网络图的扩散特征也大相径庭。运用复杂网络理论研究不实信息的传播变化，能够使我们更好地认识其传播变化情况及其随时间的演化趋势，并分析计算不实信息的最终传播规模。

本书在考虑个体活跃度、传播强度、自身成长能力、事件的模糊性等内部因素，时间滞后性、媒体报道、传播环境等外部因素的基础上，改进了经典的不实信息传播模型，并基于不同的复杂网络拓扑结构进行数值模拟仿真，结合数学分析和模拟仿真结果来验证不实信息的传播特点，进而更加深刻地理解不实信息的传播变化。本书同时考虑动态免疫、脉冲免疫等策略在不实信息传播中所起的控制作用，对如何进行辟谣并有效遏制不实信息传播进行了全面分析，结合仿真分析为政府和相关部门进行不实信息治理与控制提供理论依据，并从源头上为降低不实信息的危害提供积极帮助。

1.1.2 研究意义

突发事件发生之后，面对众多的不实信息，人们通常渴望了解其传播规律与机理，并通过机理研究找到行之有效的控制手段来解决现实中的问题。

(1)分析和解决上述问题，有助于人们对不实信息现象的演化机制、传播过程，以及稳态有一个更清晰、更全面的认识。同时，揭示不实信息传播的机制与规律，为真实系统地预测与控制提供了必要的理论支持。

(2)基于现实传播中的一些特点，如不实信息的多渠道、系统中个体的内在记忆的累积效应、非线性的接触率、个体兴趣的衰减、媒体的报道、环境的干涉、时间的演化等，构建更为贴合实际的传播模型。

(3)拓展更准确的理论分析方法来刻画不实信息传播的动态过程，更深入地了解不实信息传播的过程。这也为其他网络动力学的研究奠定了理论基础，同时丰富了网络科学和传播动力学的理论研究。

因此，本书的研究对于丰富不实信息传播理论并提出行之有效的控制策略具有重要的理论与现实意义。

1.2　不实信息传播研究综述

不实信息传播的研究已有半个世纪之余，众多学者在此领域进行了一系列的尝试，目前已经产生了大量的研究成果，逐步发展成为比较完善的学科体系。

1.2.1　不实信息的内涵

不实信息没有一个统一的定义，但是随着传播媒介的演变与研究的深化，不实信息的语义发生了重大变化。作为最古老的传媒，不实信息的产生与传播有着悠久的历史，同时广泛存在于我们的日常社会生活中(Ma，2008)。纵观不实信息的历史，“未经证实，却广为流传”这一定义几乎得到人们的一致认可。Peterson 和 Gist(1951)、Kapferer(2008)、Michelson 和 Mouly(2000)、王国华(2011)等都给出了相似的定义。

奥尔波特和波特曼提出了著名的不实信息公式，简单概括为：不实信息=(事件的)重要性×(事件的)模糊性。如果事件完全不重要，或者事件自身模糊不清，那么不实信息就不会产生，所以将人们调动起来的力量将不复存在(Allport and Postman，2003)。卡茨和涉谷认为不实信息通常源于一桩桩扑朔迷离的复杂事件，是群体智慧的加和，目的是找到一个能够解释事件的满意答案(Katz and Shibutani，1969)。作为不实信息的一个分支，网络不实信息的主要特点表现为信息的发布与传播途径都是通过网络媒介进行，它是以互联网为媒介的人或团体对网民感兴趣的事件、事物或问题的未经证实的阐述或解释(巢乃鹏和黄娴，2004)。

1.2.2　不实信息传播研究现状

随着网络时代的到来，不实信息在网络上肆意蔓延，网络不实信息应运而生，其主要特点为：传播渠道日益多元，传播速度更加迅捷，传播规模空前扩大，其危害更是达到了前所未有的高度。个体在线匿名注册、自由交互的特点为不实信息传播者提供了藏匿身份、摆脱社会责任和法律责任的机会，没有了面对面的尴尬，各种流言蜚语、小道消息等在网络上肆意横行，由此导致的各种突发事件给社会、经济、政治等带来了极大的负面影响。为此，很多学者对不实信息的传播进行了深入探究。

鉴于不实信息在社交网络中的扩散与疾病传播有着极大的相似性，早期的不实信息传播理论大多借鉴疾病传播理论来研究其传播的规律、影响及规模。

疾病传播动力学研究迄今已有200多年的历史，最早可以追溯到1760年，荷兰的数学物理学家伯努利进行了天花病毒的预防接种研究以延长人们的寿命(Bernoulli，1760)。1889年，En'ko构建了近代第一个离散传染病动力学模型(En'ko，1889)。哈默于1906年率先提出了质量作用规律(Mass Action Law)这一划时代的概念，即所谓的双线性发病率，并建立了具有群体免疫的麻疹离散动力学模型(Hamer，1906)。罗斯博士在1911年的专著 *The Prevention of Malaria* 中提出常微分动力学模型，首次提出“阈值”的概念(Ross，1911)。阈值思想是用来衡量接种疫苗策略的有效性和判断疾病是否可控的性能指标。1927年，麦肯德里克和克曼克根据群体的感染情况，将感染者分为三类：易感者，即健康但有可能染病的个体；感染者，即已被病毒感染且具有传染能力的个体；康复者或移出者，即已对疾病免疫，且不再影响疾病传播的个体(McKendrick and Kermack，1927)。

麦肯德里克将阈值理论推广到一般的 SIR 室传染病模型，并给出形式化的表达式——基本再生数(McKendrick，1932，1933)。随后，该模型被用于预测甲型 H1N1 流感病毒的传播(刘玉方等，2010)。贝利撰写了第一部关于经典的疾病传播模型的著作《数理流行病学》(Bailey，1975)。随后的模型逐步向实际情况靠近，学者们开始将人口的变动、环境的干预、群体的年龄结构、疫苗接种、时间滞后性等因素纳入模型。为丰富壮大疾病传播理论，一些学者将创新重点锁定在传染率上，介于标准发生率与双线性发生率之间的具有饱和特性的发生率应运而生(Greenhalgh et al.，2000)。随后，学者们发现相比线性传播率，非线性传播率可以更好地解释不实信息传播的特点，更具现实意义(Jiang and Huang，2017；Chu et al.，2009；Tahir et al.，2018；Zhang and Fu，2009)。

鉴于传播机制的差异，学者们在 SIR 模型的基础上，考虑传染过程中的潜伏期[即感染之后到发病 SEI(染病之后不能治愈)模型(郑义和赵新俊，2018；杜燕飞等，2018)，SEIR(感染者治愈后获得永久免疫力)模型(李学志和代丽霞，2006；王双明等，2020；高振斌和管宗菀，2019)，SEIS(感染之后还会重新被感染)等模型(李建全和马知恩，2006；王拉娣和李建全，2006)]。

研究传染病模型的最终目的是寻找疾病控制的最优策略，为此，众多学者进行了大量的探究。隔离是控制传染病肆虐的极为有效的方式，能够快速降低疾病传播的速度(马艳丽等，2011；徐文雄和张太雷，2005；Thieme and Feng，2000)。目标免疫、疫苗接种也广泛应用于流行病的传播控制(孙彩虹和张博舒，2016；刘影等，2016)。为研究方便，学者们利用常微分方程来刻画疾病传播动力学模型(Kang et al.，2019；陈兰荪，1991)。结合环境噪声(Liu et al.，2018；Zhang et al.，2018；谭杨和郭子君，2014)、时滞效应(Al-Darabsah and Yuan，2016；王晓静等，2017)、年龄结构(刘纪轩等，2019)、脉冲效应(Zhao and Meng，2009；赵英英和胡华，2019)等因素，脉冲微分方程(宋新宇，2011；高彩霞，2005)、时滞微分方程(内藤敏机，2013)、随机微分方程(李海燕等，2019；马刘娜，2020)、时滞脉冲微分方程(郭英新，2012)、偏微分方程(张宁和肖冰，2020)等得到发展。

在疾病传播理论的基础上，不实信息传播得以发展，最早可追溯至20世纪60年代，狄雷和肯达尔借助数学方法构建了经典的不实信息传播模型，被称为DK模型（Daley and Kendall，1964）。该模型假设个体是混合均匀的，人与人之间的接触概率是恒定不变的，并将人群分为三个子类：从未听闻过不实信息的人（无知者），知道并传播不实信息的人（传播者），了解但不传播不实信息的人（免疫者/移出者）。马基和汤普森将其改进，建立了MT模型，即当一个传播者接触到另一个传播者后，仅前一个传播者终止传谣并转变为免疫者/移出者（Maki and Thomson，1973）。

近年来，伴随着复杂网络理论研究成果的丰富，学者们建立了大量基于网络拓扑结构的不实信息传播模型，将其与复杂网络理论相结合，进行了更为深入的研究。扎内特建立了一个基于小世界网络的不实信息传播模型，并计算了传播的阈值，低于这个阈值，不实信息将会自动消亡（Zanette，2001，2002）。莫雷诺和尼科维建立了基于无标度网络的数学模型，通过计算机仿真和数学分析得出：相比高稳定性的均匀网络，不实信息在无标度网络上的传播影响更大、速度更快，即少量的Hubs节点（邻居较多的节点）即可导致很大的传播规模（Moreno and Nekovee，2004）。尼科维等人建立了一个考虑遗忘机制的不实信息传播模型，通过平均场理论，计算了不实信息的传播阈值，并得出不实信息的最终传播规模受到传播率的影响，同时网络拓扑结构对传播规模也有着巨大的作用（Nekovee et al.，2007）。

除了以上经典的不实信息传播模型外，国内外众多学者基于个体的分类并结合复杂网络对不实信息模型进行了众多创新，丰富了不实信息传播理论。他们将个体的活跃度（Li et al.，2020；Wang et al.，2017；Huo et al.，2018，2019；Zhu et al.，2019；Cheng et al.，2020）、潜伏期（Wan et al.，2017；Annas et al.，2020；范纯龙等，2017；崔金栋等，2017）、科普教育（霍良安和黄培请，2014）、反击机制（Wan et al.，2016；万贻平等，2015；王筱莉等，2015；洪巍和王虎，2017；张菊萍等，2019）、犹豫机制（Liu et al.，2018；Xia et al.，2015；马宇红等，2019）、遗忘与记忆机制（Wang and Guo，2010；Zhao et al.，2012，2013）、社会强化机制（Li and Ma，2016；Ma et al.，2016；张亚明等，2015）、信任机制（Wang et al.，2013；Hong et al.，2018；Lu，2019；郭艳燕等，2014；廖列法等，

2016)、辟谣机制(朱霖河和李玲，2020；冉茂洁等，2018；任宁和李金仙，2019)等引进不实信息传播研究。具体而言，阿法西努在经典的SIR模型中考虑遗忘机制和受教育程度两个因素，建立了一个贴合实际的模型，并得出：受教育率越高，最终的不实信息传播规模越小，所造成的伤害越小(Afassinou，2014)。Zhao等人基于SIR模型，在传播者和移出者之间引入一种新型的休眠者，将遗忘和记忆机制的相互作用纳入考虑，构建了一个四维的SIHR模型(Zhao et al.，2011)。Liu等人结合平均场理论提出了一个考虑网络中每个节点的活跃度的不实信息传播模型，重点分析了拓扑结构及个体活跃性在无标度网络中的传播特征(Liu et al.，2015)。当不实信息易感者听到的不实信息与自己的信仰等有冲突时，个体可能做出反击不实信息的行为，竭力阻止不实信息传播，Zan等人基于这样一个事实，构建了考虑反攻自卫机制的SICR不实信息传播模型(Zan et al.，2014)。相似地，Li等人在同质网络和无标度网络中研究了具有辟谣能力的不实信息扼杀者的CESR模型(Li et al.，2017)。

不实信息的传播不仅受到传播群体类别的影响，个体之间接触后进行传播的概率更是一个不容忽视的客观问题。为解决这一复杂性问题，非线性传播率的概念应运而生(Singh et al.，2013；杨若晨等，2015)。为此，纳伊米和罗沙尼考虑到网络中个体之间的连接强度，构建了连接强度函数(Connected Strength Function，CSF)，连接强度的大小用于衡量个体之间的亲密度，个体之间关系越亲密，越容易信赖彼此，从而加大不实信息的传播率(Naimi and Roshani，2012)。同时他们考虑到，虽然个体可能朋友众多，即一个节点拥有众多邻居节点，但单位时间内，该节点无法与自身的每个邻居节点接触，节点间的相互接触呈现出非饱和状态，基于上述原因，传播率可用非线性函数来表述。Wu等人研究了网络中具有接触意识、局部意识和全局意识的异构传播速率的传播模型，并得出接触意识和局部意识可以提高传播阈值，而全局意识并无此效果(Wu and Fu，2012)。Huo等人基于个体的活跃度与是否知道或传谣两个维度，将群体分为两层六个类别，分别探究了均匀网络与BA无标度网络中不实信息传播的性态(Huo et al.，2018)。

考虑到情感等因素的影响，Gu等人结合艾宾浩斯遗忘曲线理论将记忆和遗忘机制引入经典不实信息传播模型中，并详细分析了这两种状态对不实信息传播过程的影响（Gu et al.，2008）。Huo 等人考虑了突发事件中具有 Holling-Ⅱ型功能性反应的不实信息传播模型，将人们的心理抵制情绪引入模型，构造了一个非线性的 SIP 不实信息传播模型（Huo et al.，2016）。

多数研究表明，不实信息在传播的过程中会受到诸如活跃度、亲密度、社会群体意识等内部因素的影响，同时，噪声扰动（王双凤，2019）、时间延迟（潘艳雪，2015）、媒体播报（陈华，2016）等外部因素也会对不实信息的传播演化产生重大影响。现实充满了随机性，个体处于复杂多变的社交网络中，不可避免地受到环境的影响，这就需要建立随机模型来更加逼真地模拟现实传播。

杰恩等人将环境噪声的影响引入传播率系数 β 中，计算了白噪声干预下的基本再生数，求解了系统的边界平衡点和内部平衡点，并证明了平衡的稳定性（Jain et al.，2019）。基于不同的扰动会对原模型产生不同的影响（Zhang and Wang，2013；Bao and Yuan，2012；吕淑婷和张启敏，2012），已有的连续随机扰动模型已经不能很好地模拟这些过程，但是却可以用 Lévy 噪声来刻画，其主要描述不连续的跳跃扩散过程。Lévy 噪声通常由 Brownian 运动、独立的 Poisson 随机过程、确定性的漂移项构成，因此，相较于白噪声和 Poisson 噪声，Lévy 噪声的适用性更为广泛，常用于刻画一些不连续的突变现象。

当个体了解到不实信息之后不一定会立刻改变立场，其可能过一段时间才能转变观念，转变为传播者。鉴于此，时间滞后性的概念被广泛研究。杰恩等人在均匀混合种群中构建了一个考虑智者影响延迟的不实信息传播最优控制模型，分析了系统稳定和可能稳定的条件（阈值）（Jain et al.，2019）。当智者的影响延迟大于其临界阈值时，系统将发生分岔和 Hopf 分岔，这可能成为突发事件中恐慌的一个原因。Yao 等人考虑到网络用户对不实信息的识别和反驳能力，建立了复杂网络中具有非线性关联率和时滞的易感—相信—否认（Susceptibility-Belief-Denial，SBD）不实信息传播模型（Yao and Zou，2019）。

互联网技术的发展使得身处现实社会的人们受到网络化的影响，网络信息与现实信息交互所构成的双层传播网络导致不实信息的传播可能比其在单层网络中更有效，因而对多层网络中不实信息传播的研究不容忽视（Shehab and Touati，2020；Wang et al.，2018；Han et al.，2020；李合莉，2013；杨喜艳等，2020）。为了探究现实生活中和虚拟网络中官方的信息对不实信息扩散的双重影响，杨云鹏等人基于双层网络建立了传播控制模型，并假设上层为线上网络传播层（虚拟层），下层为现实的人际交往层（现实层）。仿真结果表明，官方信息在虚拟层和现实层都能够正向促进不实信息的控制（杨云鹏等，2018）。Tian 等人分别以社会子网络、环境子网络、心理子网络、观点子网络为基础，基于 SIR 模型的建模思想，设计了超 SIC 模型（SSIC 模型）并探究了其演化规律，同时分析了超网络中舆论主体、舆论环境、主体心理和观点四个要素对舆论的干预效果（Tian et al.，2015）。

当突发事件发生时，不可避免地会引发不实信息泛滥，鉴于不实信息带来的极大危害，一方面，政府发布一些官方信息来引导群众认清事实（Xu et al.，2016；Huo et al.，2019；Yan and Jiang，2017）；另一方面，政府采取必要的惩罚措施等来规避传播者的肆意妄为。星哈等人研究了复杂网络中节点传播强弱的非线性不实信息扩散与免疫接种策略，并得出结论：相比随机免疫，在目标免疫中不实信息的传播阈值更大；随机免疫的传播阈值亦高于不进行免疫控制的传播阈值（Singh et al.，2013）。刁劼庭和傅秀芬将熟人免疫策略引进模型，即随机选取一个节点，然后对比这个节点度大的节点进行免疫控制，从而影响周围人群，并通过实验证明，熟人免疫策略效果更好（刁劼庭和傅秀芬，2017）。Huo 等人通过对经典模型进行改进，探究了突发事件中官方行为与不实信息扩散之间的关系，并探讨了官方媒体公信力对不实信息传播的重要作用，并得出结论：官方主动发布信息对遏制不实信息传播有积极的影响（Huo et al.，2011）。基于博弈理论，Zhang 等人研究了自我接种机制和政府补贴策略对传播的影响（Zhang et al.，2010，2013）。Ruan 等人将个体危机意识纳入模型，探究了其对免疫策略的影响，提出了信息驱动免疫模型，通过引入信息产生率和信息敏感率对信息驱动免疫进行量化（Ruan et al.，2012）。信息敏感率越高，采取免疫行为的概率越大，仿真结果表明：当信息产生率和信息敏感率较大时，传播的规模显著减小，所需免疫剂量也大大降低，这为不实信息治理提供了新的思路。王治莹等人通过对突发事件背景下的不实信息传播进行案例分析，界定了群众类型和政府干预作用，同时对各类群众之间的转移状态进行了分析，结合不实信息传播的实际特点，建立了政府干预下的不实信息传播控制系统，并制定了应急策略（王治莹和李勇建，2017）。此外，脉冲接种等在不实信息控制方面也有广泛的应用。Huo 等人将脉冲接种与时滞作用结合，通过帮助无知者了解真相，以对不实信息进行控制（Huo and Ma，2017）。随后 Huo 等人又建立了一个具有脉冲效应的官方信息与不实信息传播交互作用的模型以模拟政府在应急管理中的战略作用，并结合 Floquet 理论和 Lyapunov 函数的比较方法，得到了消除不实信息和保持系统持久性的阈值，最终为政府在突发事件中消除不实信息提供了一些建议（Huo and Li，2019）。

研究不实信息传播的根本目的不仅是有效控制不实信息，更在于最大化减少不实信息危害的同时最小化控制所需成本（Xu et al.，2015；Dam et al.，2018；Ghazzali et al.，2020；冯丽萍，等，2020）。除了日常的科普与定期的新闻发布会等定性方法之外，通过最优控制理论，确定最优控制变量等定量方法也常被使用。Chen 等人在异质网络中构建了一种新的具有饱和发生率和时间延迟的 SEIR 不实信息传播模型，利用时滞微分方程最优化理论，提出并分析了降低不实信息传播个体相对密度与相关成本的最优控制策略（Chen et al.，2020）。考虑到人们都在社交网络上以虚拟身份进行传播，Zhu 等人提出一个具有强迫沉默功能的网络模型，探究强迫沉默螺旋对传播者的影响，并结合时滞因素探讨了降低不实信息传播率的最优控制策略（Zhu et al.，2020）。

不实信息传播在演化过程中存在诸多不确定性因素，时刻影响着其传播扩散，随着科技的发展，不实信息的传播方式与途径更加多样化。这些研究都在不同程度对其进行了探索与发掘，由此可见，考虑不实信息传播过程中的诸多因素，是精准分析不实信息传播机制与构建不实信息传播模型的基石。上述研究为本书奠定了坚实的理论基础。本书结合新时期不实信息传播速度之迅猛、范围之广泛、影响之巨大等特点，对现有的定量分析模型进行了改进，并综合运用平均场方程、稳定性原理以及最优控制等进行理论分析，结合复杂网络进行数值模拟，以丰富不实信息研究理论。

1.3 主要创新点

本书从不实信息传播过程中的多个角度出发，针对节点的活跃度、感染强度、自身成长能力、时间滞后性、传播环境、事件的模糊性、媒体播报、个体兴趣累积与记忆衰减效应等多种因素的影响，提出了多个具有创新性的不实信息传播模型，同时引入动态免疫、脉冲接种等措施来加强不实信息控制。本书的主要创新点体现在以下六个方面：

(1)基于传播者的活跃度及其随机波动性，构建了ISR(Ignorant-Spreader-Refused)模型。

(2)考虑个体的兴趣与记忆等心理效应，构建了时变不实信息传播模型。

(3)考虑个体的自我成长机制，构建了群体中存在智者群体的IWSR(Ignorant-Wiseman-Spreader-Refused)不实信息传播模型。

(4)考虑媒介网络与朋友网络的双层网络交互影响，对具有时间滞后性的不实信息传播进行分析，并提出相应的控制策略来进行优化控制。

(5)考虑媒体覆盖与脉冲接种，寻求最优脉冲时间与脉冲量，构建控制不实信息危害的动态传播模型。

(6)考虑到实际传播过程中个体的受控隔离等情况，在易感者与传播者之间引入一个过渡状态——潜伏者，在感染者和移出者之间增加了一个新的状态——受控隔离者，建立了考虑传播全过程的SEICR(Susceptible-Exposed-Infected-Contained-Refused)模型。

1.4 技术路线和主要内容

基于以上思路，本书的主要研究目的是通过考虑内外部多种因素对不实信息的影响，构建相关模型。首先，结合个体的活跃度与心理效应以及自我的成长机制等内部因素构建模型。其次，考虑到时间滞后性、网络媒介网站等外部因素的影响，构建复杂网络交互影响下的不实信息模型。最后，结合官方应急策略与媒体报道的影响，构建不实信息控制模型，同时考虑到传播全过程的个体状态变化，构建五维模型，并通过理论分析和数值仿真，探究不实信息的传播规律，提出控制策略来降低不实信息的负面影响，为官方应急事件的控制工作提供有效的应对策略与建议。本书的技术路线如图 1.1 所示。

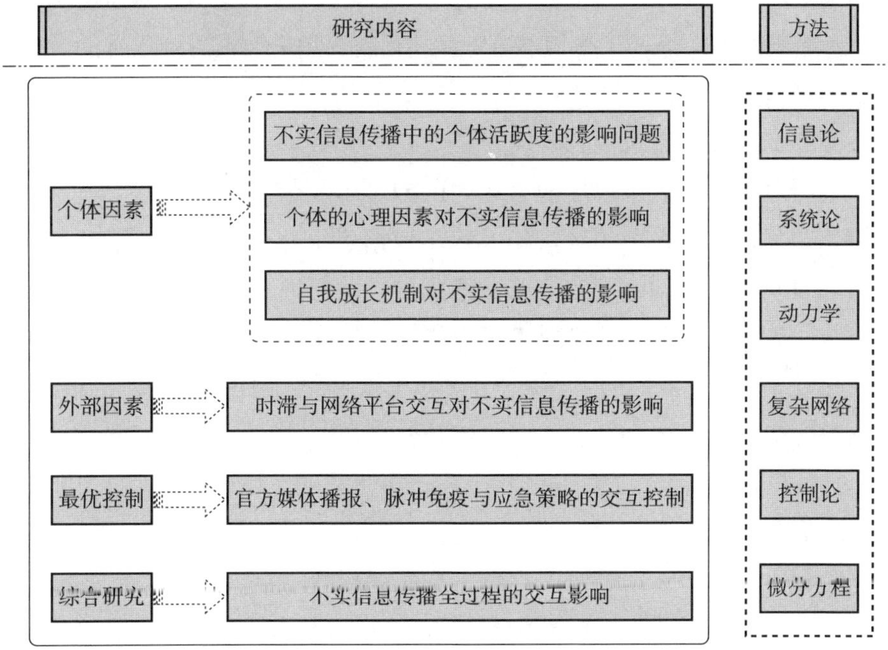

图 1.1　技术路线

本书共 9 章，主要研究内容如下：

第 1 章主要介绍了本书的研究背景和意义，对国内外研究进行了现状分析，提出本书的创新点和技术路线等。

第 2 章给出了本书涉及的一些概念和理论，包括系统动力学模型、稳定性分析方法和最优控制理论等。

第 3 章探究了考虑个体活跃度及环境中随机噪声干涉的不实信息传播模型。首先，提出了个体活跃度的概念，结合非线性传播率，构建了模型的平均场方程，通过数学分析给出了传播终止的阈值——基本再生数。其次，探索了活跃度、传播强度参数与传播阈值的关系。再次，在均匀网络中探索了环境的噪声强度对不实信息传播过程的影响，并进行了仿真分析。最后，给出活跃度及其波动影响下的不实信息应对策略分析。

第 4 章研究了考虑个体心理效应的不实信息模型。首先，将个体的兴趣变化与记忆累积效应与不实信息传播率相结合，构造了时变因素影响下的不实信息传播模型，结合所给出的平均场方程，得出了无标度网络中考虑时变因素的不实信息传播规模表达式。其次，分别在 BA 无标度网络以及 ER 随机网络中进行了仿真模拟。最后，根据仿真结果为政府的管控工作提供了一些启发。

第 5 章研究了自我成长机制对不实信息传播的影响，对网络中的群体重新进行分类，建立了包括智者在内的四维不实信息传播模型，给出了均匀网络与无标度网络中的平均场方程。根据稳定性分析，得到了两种网络中考虑自我成长机制的不实信息传播阈值。然后通过模拟仿真从多个角度为官方决策者应对不实信息提供了一些策略建议。

第 6 章研究了双层网络视角下的不实信息传播与控制，从媒介网站与朋友网站的交互影响的角度出发，结合时间滞后性，构造了一个双层网络不实信息传播模型，给出相应的平均场方程，在此基础上计算了不实信息传播的临界阈值，并进行了稳定性分析，同时还给出了三种不实信息控制策略。然后，结合数学分析与仿真结果，为政府的决策者提供了一些建设性的建议。

第 7 章探究了媒体对不实信息传播的影响，结合政府的应急策略以及脉冲免疫策略建立了考虑媒体报道的不实信息传播模型，结合平均场方程理论分析得到了不实信息的传播阈值，并进行了稳定性分析。然后利用最优控制进一步探究了官方动态应急策略与定期的脉冲免疫策略对不实信息传播过程的影响。最后结合仿真分析结果为官方的不实信息应对提供了一些策略分析。

第 8 章探究了传播全过程中个体的受控隔离等情况对不实信息的影响，在经典的 SIR 模型当中引入两个新状态——潜伏态（有传谣的网友，这些个体已经听闻了不实信息，但仍处于观望状态，暂时不传播不实信息）和受控隔离态（类似于疾病模型的感染者接受隔离进而转变为免疫者）建立了考虑传播全过程的 SEICR 模型。同时结合平均场方程构建了系统动力学模型，并分析了模型的传播阈值。最后结合仿真分析提出了一些管理学建议。

第 9 章是对全书内容的总结，以及对未来工作的展望。

第2章

相关理论基础

本章主要介绍了本书所用到的一些基础知识、理论与方法，主要包括复杂网络理论、经典流行病传播模型、谣言传播模型、微分方程理论、动力系统的稳定性和最优控制理论等。

2.1 复杂网络理论

2.1.1 网络图的概念及表示

图论和网络是密切相关的概念，是数学中研究关系和连接性的重要分支，它们在计算机科学、社会科学、生物学等多个领域都有广泛的应用，两个术语有时可以互换使用。

图论是数学的一个分支，作为研究图的数学结构和理论，图是由顶点（或节点）和连接这些顶点的边（或弧）组成的。图既可以是无向的，也可以是有向的。主要包含：顶点（Vertex：图中的基本点，代表网络中的一个实体或对象）、边（Edge：连接两个顶点的线，代表顶点之间的关系或连接）和路径（Path：图中从一个顶点到另一个顶点的边的序列）。

网络，组成其本质的是点和线，在数学上一般称为图（graph）、顶点（vertex）和边（edge），在计算机科学中称为节点（node）和链接（link），在物理学上称为点（site）和键（bond），在社会学中称为参与者（actor）和关系（tie）。网络通常指的是实际的或抽象的系统，它由一组节点（或顶点）和连接这些节点的链路（或边）组成。网络的概念在图论的基础上增加了实际应用的维度，它可以用来描述现实世界中的各种连接系统，如社交网络、交通网络、通信网络等。在实际应用中，图论为网络分析提供了理论基础和算法工具。例如，社交网络分析、网页排名算法（如 PageRank）、交通流量优化、网络设计等都基于图论的原理。

根据不同的分类标准可以将图（或网络）分成不同的类型，例如，根据图（或网络）中不同节点之间的连边是否有方向可以分为无向图（或无向网络）[Undirected Graph/Network：图（或网络）中的边没有方向，表示顶点之间的关系是双向的]和有向图（或有向网络）[Directed Graph/Network：图（或网络）中的边有方向，表示顶点之间的关系是单向的]。根据不同节点之间连边之间的权重关系可以将图（或网络）分为加权图（或网络）和无权图（或网络）。在无权图（或网络）中，边没有关联的权重。这种图（或网络）主要用于表示纯粹的连接关系，而不关心连接的"成本"或"质量"。在无权图（或网络）中，所有边都被认为是等价的。路径的"长度"通常由经过的边的数量来定义。例如：社交网络分析中边表示人与人之间的联系。网络拓扑中边表示网络设备之间的连接。在加权图（或网络）中，每条边都有一个与之关联的数值，称为权重。权重可以代表多种不同的度量，例如：距离或成本——在交通网络中，权重可能表示从一个地点到另一个地点的距离或旅行成本。时间——在调度问题中，权重可能表示完成任务所需的时间。容量——在物流网络中，权重可能表示道路或管道的最大承载量。加权图（或网络）中的路径长度通常由经过的边的权重之和来定义。在加权图（或网络）中，路径选择不仅取决于路径的长度，还取决于路径的总权重。

为研究方便，本书以网络作为研究工具，一般由节点和连边表示，通常情况下，网络由点集 V 和边集 E 组成，表示为 $G=(V, E)$。顶点总数为 $N=|V|$，边的总数为 $M=|E|$。且边集 E 中的每条边都有点集 V 中与之对应的一对顶点。网络中的点被称为节点（Node），对应网络图中的点一般被称为顶点（Vertex）。如果两个节点的连边为同一条边，则表示 $E_{(i,j)}$ 与 $E_{(j,i)}$ 含义相同，被称作无向网络；反之，则为有向网络。若每条连边都有各自的权重，则为加权网络；反之，则为无权网络（郭世泽和陆哲明，2012）。不同的网络，点和边都代表不同意义，当研究社交网络时，节点表示个体/个人，连边表示人际交往。按照网络中的连边是否有方向与是否有权重，可将网络图分为加权有向网络、加权无向网络、无权有向网络

和无权无向网络四类，一般使用数组(邻接矩阵)表示相应的网络。

邻接矩阵是描述网络的一种数学表达，网络的节点以及节点之间的连接信息可以通过邻接矩阵存储，是图论中表示图中节点之间连接关系的一种矩阵形式。对于任何一个网络图，邻接矩阵是一个方阵，其行和列都代表图中的节点，矩阵中的元素表示节点之间的连接关系和权重。对于一个有 n 个节点的网络图 G，其邻接矩阵 $A=(a_{ij})_{N\times N}$是一个 $n\times n$ 的 N 阶方阵，在不同的网络图中，第 i 行第 j 列的元素 a_{ij}的表示有所区别，具体如下：

(1) 如果节点 i 到节点 j 有一条边，并且这条边的权重是 w，则$A[i][j]=a_{ij}$。

(2) 如果节点 i 到节点 j 没有直接的边，则 $A[i][j]=a_{ij}=0$。

(3) 对于无向网络，邻接矩阵是对称的，即 $A[i][j]=a_{ij}=A[j][i]=a_{ji}$。

加权有向网络中，边的方向表示节点之间的连接是有方向性的，即从源节点指向目标节点，且边是有权重的。权重则表示连接的强度或成本，可以是任何数值，通常用于表示距离、流量、成本或其他度量。其邻接矩阵是一个方阵，其行和列代表网络中的节点，矩阵中的元素表示节点之间的连接关系及其权重。

加权无向网络中，邻接矩阵同样用于表示图中节点之间的连接关系和权重，但与有向网络的邻接矩阵相比，无向网络由于边没有方向，所以邻接矩阵是对称的。即如果节点 i 与节点 j 之间有一条边，那么$A[i][j]=a_{ij}=A[j][i]=a_{ji}$。

无权有向网络中，边是有方向的，意味着从节点 i 到节点 j 的边与从节点 j 到节点 i 的边是不同的。邻接矩阵不是对称的，即 $A[i][j]$与 $A[j][i]$可以不同。如果存在从节点 i 到节点 j 的边，则 $A[i][j]=a_{ij}=1$，否则为 0。无权有向网络中的边也没有具体的权重值，只表示连接的存在。

无权无向网络中，边没有方向，意味着如果节点 i 与节点 j 相连，那么这条边可以被视为从节点 i 到节点 j 或从节点 j 到节点 i 没有区别。且所有边的权重都是相同的，通常可以认为权重为元素 $a_{ij}=1$，表示连接的存在，而不具体量化连接的“强度”或“成本”。如果连接不存在，则元素 $a_{ij}=0$。

邻接矩阵不仅可以方便地表示网络，同时可以通过它来分析图的众多性质。

2.1.2 节点的度与度分布

所谓节点的度(degree)，即一个节点所连接的边数(亦称邻居节点个数)，可以用邻接矩阵来表示：

$$k_i = \sum_{j \in N} a_{ij} \tag{2.1}$$

若为有向图，则拥有“出度 k^{out}”(out-degree)与“入度 k^{in}”(in-degree)两个指标。在社会网络中，入度一般刻画声望，出度则表示合群性。度通常刻画网络图中某个节点的影响力，度越大，则影响力越大。网络的平均节点度记为网络平均度，通过对网络中所有节点的度进行求和并取算术平均值得到，记为$\langle k \rangle$：

$$\langle k \rangle = \frac{1}{N} \sum_{i=1}^{N} k_i \tag{2.2}$$

网络中的节点具有不同的度(即连边数)，实验表明，实际网络中节点的度满足一定的概率分布，度分布(degree-distribution)表示随机地选取一个节点且该节点的度值是 k 的概率，可用 $P(k)$表示，它刻画了网络中各节点度的弥散程度。可用比值来表示：

$$P(k) = \frac{n_k}{N} \tag{2.3}$$

其中，n_k 表示节点度为 k 的总数，N 表示网络的规模，即网络中节点的总数。度分布是一个相当重要的概念，可以描述网络特性，度度相关性也可以用来刻画节点之间的连接关系。

2.1.3 规则网络

最简单的网络模型即规则网络，通常每个节点的近邻数目都相同。完全图、星状图、邻近节点连接图等都是常见的规则拓扑结构网络。平移对称性是规则网络的基本特征，每个节点的度和聚集系数都相同。

2.1.4 随机网络

作为节点和连线的集合，如果按照确定的规则连线，则称为规则网络；如果节点按照不确定的规则连线，比如以随机方式连接，则可得到随机网络。20 世纪 50 年代末，匈牙利数学家 Erdos 和 Renyi 首次将随机性引入网络，并建立了著名的 ER 随机网络模型。

2.1.5　小世界网络

虽然现实世界中某些网络规模很大，但其中任意两个节点之间的距离却非常短，基于这样一个事实，Watts 和 Strogatz 构造了一个有趣的小世界网络模型，简称 WS 小世界模型，被视为规则网络与随机网络之间的过渡。小世界网络的主要特征为平均距离较短，但聚集系数较大。

2.1.6　无标度网络

社会网络通常呈现出这样一个特征——大部分节点只有少数几个邻居，然而极个别节点却拥有大量的邻居，其度分布表现为幂律分布，即 $P(k) \sim k^{-r}$。这些拥有大量邻居的节点被称为"集散节点"(Hubs)。由于这类网络的度缺乏明显的特征尺度，因此被称为无标度网络。常用的无标度网络为 Barabasi 和 Albert 所构建的 BA 无标度网络模型。

2.2　经典流行病传播模型

有关流行病传播的研究由来已久，可以追溯到 1976 年伯努利对天花病毒的分析(Bernoulli，1760)。随后各界学者对其进行了广泛的拓展，其中不乏众多数学家对其进行模型化处理。罗斯博士利用微分方程理论，探究了疟疾在蚊子与人类之间的传播动力学过程，分析结果表明：当蚊子数量少于一定临界值时，疟疾将会得到控制并最终消亡(Ross，1911)。在众多流行病模型的探究中，对理论分析起着决定性影响的是克曼克和麦肯德里克所提出的 SIR 仓室模型理论(Kermank and McKendrick，1927)，以及后来拓展的 SIS 模型，开创性地提出了著名的"阈值"理论来判别流行病是否消亡，这为流行病传播动力学研究奠定了坚实的理论基石(McKendrick，1931，1932)。之后众多学者在此基础上提出了 SI 仓室模型、SEIR 模型等，这些模型在复杂网络领域得到了广泛的应用。

2.2.1 SIR 仓室模型

SIR 仓室模型根据传染病的传播特征，将某地区的人群分成若干类别，常用的三种基本状态包括：

(1)易感态 S(Susceptible)，即健康者/易感者。个体还未被感染，但是与感染个体接触就有可能被感染。

(2)感染态 I(Infected)，即染病者。个体已经被感染，通过接触易感者使其感染疾病。

(3)免疫态 R(Removed)，即康复者。此类个体已从疾病中康复，不会再被感染，而且没有传染性，属于“无害”个体。

SIR 模型主要用于两种情况：一是可以获得终身免疫的疾病，如天花病毒、腮腺炎和麻疹等；二是患者不可避免地走向死亡，如艾滋病等。在 SIR 模型中，易感态 S、感染态 I 以及免疫态 R 三种状态之间的转换关系满足：

$$\begin{cases} S(i)+I(j)\xrightarrow{\alpha}I(i)+I(j) \\ I(i)\xrightarrow{\beta}R(i) \end{cases}$$

令 $S(t)$、$I(t)$ 和 $R(t)$ 分别表示 t 时刻系统中易感者、感染者与免疫者所占的比例。参数 α 表示易感态个体与感染态个体接触后，易感态个体转变为感染态个体的概率，参数 β 表示感染态个体经过一段时间后，随着时间的推移逐渐忘记不实信息转变为免疫态个体的概率。SIR 模型的动力学系统可表示如下：

$$\begin{cases} \dfrac{dS(t)}{dt}=-\alpha I(t)S(t) \\ \dfrac{dI(t)}{dt}=\alpha I(t)S(t)-\beta I(t) \\ \dfrac{dR(t)}{dt}=\beta I(t) \end{cases} \tag{2.4}$$

随着时间的推移，感染者先增加至峰值，然后逐渐减少，直至为零。同样，SIR 模型也存在一个传播的临界阈值 λ_c，当 $\lambda<\lambda_c$ 时，传染不能进

行；当 $\lambda>\lambda_c$ 时，感染全面暴发。SIR 模型的最终感染者密度为零。

2.2.2　SI 模型

SI 模型一般用于那些一旦感染就不能治愈的疾病(Tang，2011)，或者一旦突然暴发就无法进行有效控制的流行病，如非典、黑死病等。除了永久感染的疾病之外，该模型也适用于流行病暴发初期。SI 模型的感染机制可表示如下：

$$S(i)+I(j)\xrightarrow{\lambda}I(i)+I(j)$$

$S(t)$ 和 $I(t)$ 分别表示 t 时刻群体中易感者和感染者的密度，λ 为传染概率。SI 模型的动力学系统可表示为如下微分方程组：

$$\begin{cases}\dfrac{dS(t)}{dt}=-\lambda I(t)S(t)\\[2ex]\dfrac{dI(t)}{dt}=\lambda I(t)S(t)\end{cases}\tag{2.5}$$

2.2.3　SIS 模型

SIS 模型通常用于经常性复发的疾病，如流行性感冒、淋病，这种疾病的特点是虽能治愈但是却不能获得终身免疫(Li and Ma et al.，2002)。由于病毒的一次次变种，个体多次感染的概率极大。SIS 模型中同样只存在两种状态：易感态 S 和感染态 I。感染者以概率 α 传染给易感者。同时，感染个体本身以一定的概率 β 被治愈。易感者染病后，转变为新的感染源。SIS 模型的传播机制如下：

$$\begin{cases}S(i)+I(j)\xrightarrow{\alpha}I(i)+I(j)\\[2ex]I(i)\xrightarrow{\beta}S(i)\end{cases}$$

假设 $S(t)$ 和 $I(t)$ 分别表示在 t 时刻易感者和感染者的密度。两者充分混合后，SIS 模型的动力学系统如下：

$$\begin{cases}\dfrac{dS(t)}{dt}=-\alpha I(t)S(t)+\beta I(t)\\[2ex]\dfrac{dI(t)}{dt}=\alpha I(t)S(t)-\beta I(t)\end{cases}\tag{2.6}$$

定义有效传染率 $\lambda=\frac{\alpha}{\beta}$，假设该系统存在阈值 λ_c，当 $\lambda<\lambda_c$ 时，稳态解为 $i(T)=0$；当 $\lambda>\lambda_c$ 时，稳态解为 $i(T)>0$。其中，T 代表趋于稳态所需要的时间。

2.2.4 SEIR 模型

SEIR 模型多用于刻画具有潜伏期(Exposed)的疾病，如季节性感冒(Kuznetsov and Meijer，2019)。当与感染者接触后，易感者以一定的概率 α 转变为潜伏者，潜伏者以概率 β 转化为感染者，感染者以概率 γ 转换为免疫者。其感染机制如下：

$$\begin{cases} S(i)+I(j)\xrightarrow{\alpha}E(i)+I(j) \\ E(i)\xrightarrow{\beta}I(i) \\ I(i)\xrightarrow{\gamma}R(i) \end{cases}$$

令 $S(t)$、$E(t)$、$I(t)$ 和 $R(t)$ 分别表示 t 时刻系统中易感者、潜伏者、感染者和免疫者的比例。SEIR 模型的动力学系统可表示如下：

$$\begin{cases} \frac{dS(t)}{dt}=-\alpha E(t)S(t) \\ \frac{dE(t)}{dt}=\alpha E(t)S(t)-\beta E(t) \\ \frac{dI(t)}{dt}=\beta E(t)-\gamma I(t) \\ \frac{dR(t)}{dt}=\gamma I(t) \end{cases} \tag{2.7}$$

2.3 谣言传播模型

狄雷和肯达尔于 1965 年提出了经典的 DK 谣言传播模型(Daley and Kendall，1964)，他们将总人口 $N+1$ 分为三类；I(Ignorant，无知者)：从未听说过谣言的人；S(Spreader，传播者)：了解并传播谣言的人；R(Removed，移出者)：知晓但不传播谣言的人。假设 t 时刻系统中无知者、传播者、移出者的人数分别为 $I(t)$、$S(t)$、$R(t)$，三者满足 $I(t)+S(t)+R(t)=N+1$。他们认为谣言是通过人与人之间的接触扩散的，假设初始时刻 $t=0$，系统中存在 $I(0)=N$ 个无知者，仅有 $S(0)=1$ 个传播者，$R(t)=0$ 个移出者。根据 Markov 链 $\{I(t), S(t); t\geqslant 0\}$ 可以推算出在连续时间条件下，t 时刻的无知者和传播者之间的转移概率 $\rho_{is}(t)$ 为：

$$\rho_{is}(t)=P\{I(t)=i, S(t)=s \mid I(0)=N, S(0)=1\} \tag{2.8}$$

当条件 $0\leqslant I\leqslant N$，$0\leqslant S\leqslant N+1$ 满足时，有

$$\frac{d\rho_{is}}{dt}=(i+1)(s-1)\rho_{i+1,s-1}+(N-i)(N-s)\rho_{i,s+1}+\frac{(s+1)(s+2)}{2}\rho_{i,s+2}-s\left(N-\frac{s-1}{2}\right)\rho_{is} \tag{2.9}$$

当无知者与传播者人数不满足上述条件时，两者之间的转移概率为 0。区别于疾病传播的是，在谣言模型中，一个传播者与另一个传播者接触后，二者失去传播动力，便不再传谣。然而，马基和汤普森却认为两个传播者相遇后，只有第一个传播者对传播谣言失去兴趣，转变为移出者，为此，他们修正了 DK 模型，构建了 MT 模型（Maki and Thomson，1973），根据 Markov 链 $\{I(t), S(t); t\geqslant 0\}$ 可以推算出在连续时间条件下，t 时刻的无知者和传播者之间的转移概率为：

$$\frac{d\rho_{is}}{dt}=(i+1)(s-1)\rho_{i+1,s-1}+(N-i)(s+1)\rho_{i,s+1}-sN\rho_{is} \tag{2.10}$$

DK 谣言传播模型的系统动力学行为可以描述为如下微分方程组：

$$\begin{cases}\dfrac{dI(t)}{dt}=-\beta\dfrac{IS}{N}\\[2ex]\dfrac{dS(t)}{dt}=\beta\dfrac{IS}{N}-\lambda\dfrac{(S+R)S}{N}\\[2ex]\dfrac{dR(t)}{dt}=\lambda\dfrac{(S+R)S}{N}\end{cases} \tag{2.11}$$

经典的谣言传播模型虽然与实际的传播过程存在偏差，但是在一定条件下相近似，具有一定的合理性，这些模型及其变种为谣言模型的发展奠定了坚实的理论基础。

2.4 微分方程理论

一般情况下，传染病动力学模型使用常微分方程(ODE)模型描述，其传播规律是关于时间的函数(陆启韶等，2010)。假定事物每时每刻的发展变化趋势只与当前时刻的状态相关，却不明显地依赖过去的状态。

但是现实生活中，事物的发展演化复杂而多变，诸多因素会对传播行为产生影响，如时滞效应、脉冲效应、环境噪声等，所以一般的常微分方程就略显局限，不得不引入时滞微分系统(DDE)、随机微分系统(SDE)、脉冲微分系统、非自治微分系统等。当多个因素共同作用时，可能需要多个系统的交互使用，如时滞脉冲微分系统。

2.4.1 时滞微分方程

时滞的概念最早由生态学家赖特首次引入种群生态学中(Wright，1945)，后来也常见于经济学、传染病模型、捕食系统中。例如，货币行动与其效果之间的时间距离被称为货币时滞。这意味着从货币供应量增加到物价普遍上涨存在一个较长时间的传导过程(肖文伟和杨小娟，2010)。相应地，在疾病传播模型中，时滞的体现呈现多样化，如传染病的潜伏期、染病者的感染期、免疫者的免疫期等(Hale and Waltman，2012；周艳丽和王美娟，2009)。在种群动力学系统中，捕食者捕获猎物或自身成长都需要一段时间间隔(冯涛和梁峰，2017；贾建文和魏潇敏，2015；石瑞青和陈兰荪，2010)。在生物神经网络系统中，神经元之间的传递速度是有限的。在人工神经网络中，电路系统中放大器开关速度都是有限的，时间延迟是无法绕开的话题(陆双和高岩波，2020；邢琳和周立群，2020)。由此可知，事物的发展演化趋势受当前状态影响的同时也与过去某时刻或某一段时间的状态相关联。时滞使得模型的动力学行为变得复杂，如周期解、分叉、混沌等。所以用时滞系统可以更加准确地描述动力行为。

时滞微分方程在数学上可以表示为：

$$
\begin{cases}\dfrac{dy}{dt}=f(t,\ y(t),\ y(t-\tau)),\ t\geqslant t_0\\ y(t)=\varphi(t),\ t\leqslant t_0\end{cases} \tag{2.12}
$$

τ 为时滞大小，依赖于时间 t 和过去某个时刻的状态，记为 $\tau=(t, y(t))$，若 τ 是正常数，则方程转变为微分—差分方程。如果方程的右边不显含 t（即微分方程的右侧不直接依赖于独立变量 t 本身，而只依赖于未知函数及其导数的值。换句话说，方程的右侧是自变量和未知函数的函数，但不显式地包含自变量 t），则该时滞微分系统为自治的（如果方程的右侧不显含时间变量 t，则该系统被称为自治的（autonomous）。这意味着系统的动态行为不受外部输入或时间变化的影响，系统的演化完全由其内部状态决定）。当时滞依赖于过去的多个状态时，则表示为：

$$
\begin{cases}\dfrac{dy}{dt}=f(t,\ y(t),\ y(t-\tau_1),\ y(t-\tau_2),\ \cdots,\ y(t-\tau_k)),\ t\geqslant t_0\\ y(t)=\varphi(t),\ t\leqslant t_0\end{cases} \tag{2.13}
$$

该方程称为多时滞微分方程。

2.4.2　脉冲微分方程

脉冲微分方程的研究起源于 20 世纪 60 年代，进入 21 世纪后，时滞脉冲微分方程的研究引起各界学者的广泛关注（Milman and Myshkis，1960；Myshkis and Samoilenko，1967）。常见的脉冲系统有：流行病的治疗中，定期进行疫苗接种、癌症的化疗与放疗等；农作物种植时定期除草或喷洒农药；种群动力学系统中，定期捕猎或投放天敌等。诸如这些瞬时改变系统中各状态比例的行为都可以用脉冲微分方程来刻画。与常微分系统相比，脉冲微分系统可以准确地刻画人类的干涉行为。对于脉冲微分系统的研究主要利用频闪映射、脉冲比较定理、分支理论等，以探究系统的无病周期解的存在性、持久性以及阈值条件。

根据脉冲时间可以将脉冲微分方程分为固定时刻脉冲和非固定时刻脉冲两种类型；根据方程类型可以分为脉冲微分方程、时滞脉冲微分方程、脉冲积分方程等。本节简单介绍一下固定时刻脉冲常微分方程的相关概念。

固定时刻脉冲常微分方程定义如下：

$$\begin{cases}\dfrac{dy}{dt}=f(t,\ y(t)),\ t\neq t_k,\ k=1,\ 2,\ \cdots,\ n\\ y(t^+)=y(t)+I_k(y),\ t\neq t_k\\ y(t_0)=y_0\end{cases}\tag{2.14}$$

相关的定理是脉冲比较定理，如下所示：

假设 m：$R^+\times R^k\rightarrow R^+$ 在时刻 $t=t_k$ 处间断且左连续，且

$$\begin{cases}m'(t)\geqslant g(t,\ m(t)),\ t\neq t_k,\ k\in N\\ m'(t_k^+)\geqslant \varphi(t,\ m(t_k)),\ t\neq t_k,\ k\in N\end{cases}\tag{2.15}$$

其中，g：$R^+\times R^k\rightarrow R$，满足 Lipschitz 条件，$\varphi_k$：$R^+\rightarrow R^+$，$\varphi_k(u)$ 对于 $\forall k\in N$ 关于 u 是非递减的，即对于任意的参数 $k(k\in N)$，随着 u 的增大，函数 $\varphi_k(u)$ 的值不会减少。换句话说，在 Lipschitz 条件下，微分方程有一个唯一确定的解，并且这个解随时间的推移是连续和可预测的。

$\rho(t)$ 是系统(2.16)在区间$[t_0,\ +\infty]$的最小解：

$$\begin{cases}u'(t)=g(t,\ u(t)),\ t\neq t_k,\ k\in N\\ u'(t_k^+)\geqslant \varphi_k(t_k),\ t\neq t_k,\ k\in N\\ u(t_0)=u_0\end{cases}\tag{2.16}$$

则 $m(t_0^+)\geqslant u_0\Rightarrow m(t)\geqslant \rho(t)$。

2.5 动力系统的稳定性

2.5.1 稳定性的相关概念

稳定性是控制系统最为重要的特征之一，它刻画了控制系统抵抗各种干扰并保持其既定工作状态的能力。处于平衡态的控制系统受到外部干预的作用会偏离其原有的平衡态并产生初始偏差。换言之，干预消失后，控制系统由初始偏差恢复到原平衡态的性能即为稳定性。若能恢复至原平衡态，则认为系统是稳定的；反之，偏差越来越大，则不稳定。

在控制系统中，通常采用李雅普诺夫定理来判定系统的稳定性

(Kalman and Bertram，1960；La Salle et al.，1962；Korobeinikov and Wake，2002)，即假设刻画系统的状态方程为：

$$x'=f(x(t),\ t) \tag{2.17}$$

其中，$x(t)$ 为 n 维状态向量，n 维向量 $f(x(t),\ t)$ 是各个状态向量 $x(t)$ 和时间 t 的函数，如果系统的某一状态对任意时间 t，都满足

$$x'(e)=f(x_e,\ t)=0 \tag{2.18}$$

则 x_e 为系统的平衡态，x_e 是 n 维向量。当系统的平衡态受到扰动而破坏时，系统则偏离平衡态 x_e，在 $t=t_0$ 时，有初始状态 $x(t_0)=x_0$。当 $t>t_0$ 时，若对于任意实数 $\varepsilon>0$，都存在另一实数 $\delta>0$，使下列不等式成立：

$$\begin{cases} \| x_0-x_e \| \leqslant \delta \\ \| x-x_e \| \leqslant \varepsilon \end{cases}$$

则称系统的平衡态 x_e 为稳定的。式中 $\| x-x_e \|$ 称为欧几里得范数，定义为：

$$\| x-x_e \| =[(x_1-x_{1e})^2+(x_2-x_{2e})^2+\cdots+(x_n-x_{ne})^2]^{\frac{1}{2}}$$

矢量的范数为 n 维空间长度概念的一般表示方法。

该定义表明，系统状态偏离平衡态，产生初始状态 x_0 以后，即 $t>t_0$ 后，系统的状态将随时间变化。对于给定的球域 $S(\varepsilon)$，$\varepsilon>0$ 且充分小，总存在另一个 $\delta>0$ 的球域 $S(\delta)$，只要初始态 x_0 不超出球域 $S(\delta)$，则系统的状态 $x(t)$ 的运动轨迹在 $t>t_0$ 后始终在球域 $S(\varepsilon)$ 内，系统为稳定系统。

当 t 趋于无穷时，若满足：

$$\lim_{t\to\infty} \| x-x_e \| =0$$

则系统状态回归原来的平衡态 x_e，则该系统是渐近稳定的。对于任意给定的正数 ε，如果不存在另一个正数 δ，即在球域 $S(\delta)$ 内的初始状态，在 $t>t_0$ 后，$x(t)$ 的轨迹最终超越了球域 $S(\varepsilon)$，则称该系统不稳定。

2.5.2　Routh-Hurwitz 稳定性判据

对于系统稳定性的判别，较为常用的是 Routh-Hurwitz 稳定性判据(Čebotarev and Meĭman，1949)、Bode 判据(Hahn et al.，2001)、Nyquist 稳定性判据(Smith，1981)。在疾病/不实信息传播动力学领域常用 Routh-

Hurwitz 稳定性判据。线性定常系统稳定的充要条件是该系统的特征方程所对应的所有特征根均为负数或有负的实部，或特征方程的所有根都在复平面的左半部分。鉴于系统的极点即为特征方程的根，即系统稳定的充要条件为系统的极点在 S 平面的左半部分。若特征方程在复平面的右半部分没有根，但在虚轴上有根，则称线性系统是临界稳定的。

（1）Routh 判据

线性定常系统稳定的充要条件：闭环特征方程的所有根均位于 S 的左半平面。系统的闭环特征方程表示为：

$$a_0s^n+a_1s^{n-1}+a_2s^{n-2}+\cdots+a_{n-1}s+a_n=0(a_0>0)$$

若方程的根部均为负实部，或实部为负的复实根，则其特征方程的各项系数均为正值，且不存在零系数。

特征方程的各项系数按如下格式排成 Routh 表：

$$\begin{bmatrix} s^n & a_0 & a_2 & a_4 & a_6 & \cdots \\ s^{n-1} & a_1 & a_3 & a_5 & a_7 & \cdots \\ s^{n-2} & b_1 & b_2 & b_3 & a_4 & \cdots \\ s^{n-3} & c_1 & c_2 & c_3 & \cdots & \cdots \\ \vdots & \vdots & \vdots & \vdots & \vdots & \vdots \\ s^2 & d_1 & d_2 & d_3 & \cdots & \cdots \\ s^1 & e_1 & e_2 & \cdots & \cdots & \cdots \\ s^0 & f_1 & \cdots & \cdots & \cdots & \cdots \end{bmatrix}$$

其中：

$$b_1=\frac{a_1a_2-a_0a_3}{a_1},\ b_2=\frac{a_1a_4-a_0a_5}{a_1},\ b_3=\frac{a_1a_6-a_0a_7}{a_1},\ \cdots$$

$$c_1=\frac{b_1a_3-a_1b_2}{b_1},\ c_2=\frac{b_1a_5-a_1b_3}{b_1},\ c_3=\frac{b_1a_7-a_1b_4}{b_1},\ \cdots$$

$$f_1=\frac{e_1d_2-d_0e_3}{e_1}$$

求得 $n+1$ 行系数后，进行校验：

若 Routh 表中第一列均为正数，则其特征方程的根均在 S 的左半平面，对应系统是稳定的。

若 Routh 表中第一列的系数的符号存在正负变化，且其变化的次数与该特征方程的根在 S 的右半平面上的个数相等，则对应系统不稳定。

(2) Hurwitz 判据

对于由常系数构成的常系数动力学系统，

$$s^n+\frac{dx}{dt}=Ax+f(x) \tag{2.19}$$

其中，$A=(a_{ij})_{m\times n}$为实数矩阵，$x=(x_1, x_2, \cdots, x_n)\in R^n$，对于 6 阶以下系统，可以用 Hurwitz 判据。系统特征方程的标准形式如下：

$$a_0s^k+a_1s^{k-1}+a_2s^{k-2}+\cdots+a_{k-1}s+a_k=0(a_0>0) \tag{2.20}$$

根据其各项系数得到如下行列式：

$$\Delta_k=\begin{vmatrix} a_1 & a_0 & 0 & 0 & 0 & \cdots \\ a_3 & a_2 & a_1 & a_0 & 0 & \cdots \\ a_5 & a_4 & a_3 & a_2 & a_1 & \cdots \\ a_7 & a_6 & a_5 & a_4 & a_3 & \cdots \\ a_9 & a_8 & a_7 & a_6 & a_5 & \cdots \\ \vdots & \vdots & \vdots & \vdots & \vdots & \ddots \\ 0 & 0 & 0 & 0 & 0 & a_k \end{vmatrix}$$

其中，$k=1, 2, 3, \cdots, n$。

上述行列式中，对角线各元是特征方程从第二项开始的各项系数。每行以对角线上各元为准，在写对角线左上方各元时，系数 a 的角标递增；写对角线右上方各元时，系数 a 的角标递减。若特征方程中不存在系数，则用零代替。

Hurwitz 判据具体如下：当 $a_0>0$ 时，系统稳定的充要条件为上述各个行列式的各阶主子式均大于零，即对稳定系统来说总满足：

$$\Delta_1=a_1>0$$

$$\Delta_2=\begin{vmatrix} a_1 & a_0 \\ a_3 & a_2 \end{vmatrix}>0$$

$$\Delta_3=\begin{vmatrix} a_1 & a_1 & 0 \\ a_3 & a_2 & a_1 \\ a_5 & a_4 & a_3 \end{vmatrix}>0$$

$$\cdots$$

$$\Delta_k>0。$$

2.6　最优控制理论

所谓最优控制理论，其实质是指在给定的约束条件下，对受控的动力系统或者运动系统，从其所有的容许控制方案中找到一个最优控制方案，使得给定系统性能指标达到最大值(或最小值)(BerKovitz，1985)。

2.6.1　最优控制问题描述

一般地，用数学的方法表示最优控制问题：在动力学方程和容许控制的约束下，对性能指标函数(泛函)求极值(极大值或极小值)。古典变分法(对泛函求极值)、极大值原理以及动态规划是求解最优控制问题常用的方法。

通常情况下，最优控制问题涵盖以下四个要素：受控系统的数学模型、容许控制、目标函数和目标集，具体如下：

状态方程为：

$$\begin{cases} x'(t)=g(x(t),\ u(t),\ t) \\ x(t)\mid t=t_0=x_0 \end{cases} \tag{2.21}$$

其中，$x(t)\in R^n$ 为 n 维状态向量，$u(t)\in R^m$ 为 m 维控制变量，$g(x(t),u(t),t)$为向量函数。

容许控制 U：$u(t)\in U,\ t\in[t_0,\ t_f]$。

目标集：$S=\{x(t_f)\mid\phi(x(t_f),\ t_f)=0\}$，其中 $\phi(x(t_f),\ t_f)$为 n 维向量函数。

目标函数：$J(u(\cdot))=\phi(x(t_f),\ t_f)+\int_{t_0}^{t_f}g(x(t),\ u(t),\ t)dt$。

最优控制的目的是寻求最优控制变量 $u^*(t) \in U$，使得：

$$J(u^*(\cdot)) = \inf_{u(\cdot) \in U} J(u(\cdot)) \tag{2.22}$$

2.6.2　庞特里亚金极小值原理

作为最优控制理论的极为重要的研究方法，庞特里亚金极小值原理是由数学家列夫·庞特里亚金及其学生于 1956 年提出的，其证明是以控制哈密尔顿量最小化为基础，详细证明过程可以参照 Bryson(1975)。通过构造哈密尔顿函数，将目标函数与状态方程进行联系，最后探究哈密尔顿函数的条件来得到目标函数的极值。基本形式如下：

$x(t) \in R^n$ 满足如下受控系统

$$\begin{cases} x'(t) = g(x(t),\ u(t),\ t) \\ x(t)\mid t = t_0 = x_0 \end{cases},\ t \in [t_0,\ t_f] \tag{2.23}$$

且其目标集为 $g_1(x(t_f)) = 0$，$g_2(x(t_f)) < 0$，容许控制为 U：$u(t) \in U$，目标函数为 $J(u(\cdot)) = M(x(t_f))$。t_f 为自由的末端时刻。

则最优控制为 $u^*(\cdot)$，最优轨线为 $x^*(t)$，最优末端时刻 t_f^* 的必要条件为：

x^* 满足方程 $x^*(t) = g(x^*(t),\ u^*(t),\ t^*)$，$x^*(t_0) = x_0$。

存在不恒为 0 的 n 维协态向量函数 $\lambda(t)$，对给定的哈密尔顿函数

$$H(x(t),\ \lambda(t),\ u(t)) = \lambda^T(t) g(x(t),\ u(t),\ t) \tag{2.24}$$

使得协态方程为：

$$\lambda'(t) = -\frac{\partial H}{\partial x} = -\frac{\partial \lambda^T(t) g(x(t),\ u(t),\ t)}{\partial x} \tag{2.25}$$

满足横截条件(边界条件)，$\lambda(t_f) = \dfrac{\partial M(x(t_f))}{\partial x(t_f)}$。则有：

$$H(x^*(t),\ \lambda^*(t),\ u^*(t)) = \min_{u(t) \in U} H(x(t),\ \lambda(t),\ u(t)) \tag{2.26}$$

即对任意的 $t \in [t_0,\ t_f]$，$u(t) \in U$，都有 $H(x^*(t),\ \lambda^*(t),\ u^*(t)) \leqslant H(x(t),\ \lambda(t),\ u(t))$成立。

哈密尔顿函数沿最优轨线时应满足：

$$H(x^*(t),\ \lambda^*(t),\ u^*(t)) = H(x^*(t_f),\ \lambda^*(t_f),\ u^*(t_f)) = 0 \tag{2.27}$$

控制方程(极值条件)$\frac{\partial H}{\partial u}=0$。

2.6.3 时滞脉冲微分方程中的最优控制理论

假设对不实信息无知者进行定时脉冲接种方法，以不实信息盛行期间的控制策略耗资以及传播者人数作为性能指标，对脉冲接种次数 μ_i 和脉冲接种时间 T_i 进行寻优。基于此，给出如下时滞脉冲微分系统的最优控制问题：

$$\min_u J(\mu_i,\ T_i)=\min_u\int_{t_0}^{t_f}L(t,\ x(t))dt+\sum_{i=1}^{N-1}K(x(T_i^-),\ \mu_i,\ T_i) \tag{2.28}$$

使得

$$x'=f(t,\ x(t))+g(t,\ x_h(t)),\ t\neq T_i \tag{2.29}$$

$$x(T_i^+)=T_i^-+G(x(T_i^+),\ \mu_i,\ T_i) \tag{2.30}$$

$$x(t_0)=x_0,\ x(t_f)\text{自由} \tag{2.31}$$

其中，$x(t)$为状态变量，μ_i 与 T_i 分别表示脉冲控制变量，目标函数为 $J(\mu_i,\ T_i)$，$x_h(t)=x(t-h)$，$x(T_i^+)$ 为 $x(t)$ 的右极限，$x(T_i^-)$为$x(t)$的左极限，在区间$[T_0,\ T_f]$上系统的脉冲次数为$N-1$，满足$T_0=t_0$和$T_N=t_f$，T_i 为脉冲时刻。

时滞脉冲微分系统的最优控制问题旨在求解式(2.29)至式(2.31)的最优脉冲次数 μ_i 和最优脉冲时刻 T_i 以及对应的最优状态变量 $x^*(t)$，从而最小化目标函数 J。

连续型哈密尔顿函数和脉冲型哈密尔顿函数分别如下：

$$H_i(t)=L(t,\ x(t))+\lambda_i^T(t)(f(t,\ x(t))+g(t,\ x_h)) \tag{2.32}$$

$$M_i(t)=K(x(T_i^-),\ \mu_i,\ T_i)+\theta_i G(x(T_i^-),\ \mu_i,\ T_i) \tag{2.33}$$

其中，$\lambda_i^T(t)$和 θ_i 分别为连续型哈密尔顿函数和脉冲型哈密尔顿函数的协态变量，$x_h(t)=x(t-h)$。假如最优脉冲接种次数为μ_i^*，最优脉冲接种时刻为 T_i^*，对应的最优轨线为 $x^*(t)$，则μ_i^*，T_i^* 与 $x^*(t)$需满足下列条件：

(1)极值条件

$$\frac{\partial J}{\partial \mu_i^*}=\frac{\partial M_i}{\partial \mu_{i_i}^*}=0 \tag{2.34}$$

$$\frac{\partial J}{\partial T_i}=H_i(T_i^-)-H_{i+1}(T_i^+)+\frac{\partial M_i}{\partial T_i}+\lambda_{i+1}^T(T_i+h)[g(x(T_i^+))-g(x(T_i^-))]=0 \tag{2.35}$$

(2)伴随条件

$$\lambda_i'(t)=-\left(\frac{\partial L}{\partial x}\right)^T-\left(\frac{\partial f}{\partial x}\right)^T-\chi_i^+\left(\frac{\partial g}{\partial x}\right)^T\lambda_i^T-\chi_{i+1}^+\left(\frac{\partial g}{\partial x}\right)^T\lambda_{i+1}^h \tag{2.36}$$

其中，$T_{i-1}<t<T_i$，$i=1, 2, 3, \cdots, N-1$；$\lambda_i^h=\lambda_i(t+h)$；

如果 $T_i-h<t<T_i$，则$\chi_{i+1}^+(t)=1$；否则$\chi_{i+1}^+(t)=0$。

$$\lambda_N'(t)=-\left(\frac{\partial L}{\partial x}\right)^T-\left(\frac{\partial f}{\partial x}\right)^T\lambda_N-\chi_N^+\left(\frac{\partial g}{\partial x}\right)^T\lambda_N^h \tag{2.37}$$

(3)横截条件

$$\lambda_N(T_N)=0 \tag{2.38}$$

$$\lambda_i(T_i^-)=\lambda_{i+1}(T_i^+)+\left(\frac{\partial M_i}{\partial x}\right)^T \tag{2.39}$$

(4)乘式算子

$$\theta_i=\lambda_{i+1}(T_i^+),\ i=1, 2, 3, \cdots, N-1 \tag{2.40}$$

$$H_N=-\left(\frac{\partial M_N}{\partial x}\right)^T \tag{2.41}$$

第3章

考虑个体活跃度的不实信息传播模型

在早期的研究中，人们认为个体之间的联系机会是均等的，因此不实信息传播率是一个固定的常数（Zhao et al.，2013；Afassinou，2014），然而，在真实的社交环境中，不同的人之间的联系方式可能完全不同。个体间的连接强度、个体的影响力、传播环境等因素都会影响网络不实信息的传播速率。具体而言，不实信息无知者与不实信息传播者之间的关系越密切、连接强度越强，不实信息的传播速率也就越大。而且，由于传播者的传播能力是有限的，一个个体不可能在一个时间步长内将其周围的所有个体交互起来，也就是说，即使传播者有很多邻居，他们也只能以一定的比例感染部分邻居。此外，不同的个体由于各种各样的原因，其活跃性也表现出很大的差异（Liu et al.，2014；Rizzo et al.，2014；Perra et al.，2012）。活跃的无知者受到传播者的影响，可能更容易接受和传播不实信息。再者，人非孤岛，每个人都可能会受到其邻近的传播者的影响。在无知者周围的传播者越多，无知者被感染的概率就越大，就越容易改变状态。

新的不实信息传播规律和复杂的网络结构预示着不实信息在网络社交媒体中的传播将是复杂多变的。为此，本章基于邻接网络改进了经典的DK模型来探究其传播动力学。与以往的研究不同，本章将人群分为六个部分，并从节点的活跃性、网络的拓扑特性以及节点所处的异构复杂网络的传播环境等方面对不实信息的传播动力学进行了深究。

3.1 个体活跃度对不实信息传播的影响

3.1.1 模型建立

为了使传播机制更加贴合实际，本节在经典的DK模型中考虑了节点的活跃度、传播者的传播强度以及环境中传播者密度的影响。DK 模型中，总人口一般分为无知者、传播者和移出者三类，分别用 I，S，R 表示。由于受教育背景、亲密度、信任度等的不同，个体的活跃度也呈现出巨大的差异性。假设一个个体按照是否活跃划分为活跃与非活跃两种状态，并以一定的概率 a 处于活跃状态，而以概率 $1-a$ 处于非活跃状态。根据节点的时度 k 对节点进行分类，结合是否知道或传播不实信息这一标准，每个节点在 t 时刻都有 6 种不同的状态，其密度分别为：活跃的无知者 $I_k^a(t)$、不活跃的无知者 $I_k^d(t)$、活跃的传播者 $S_k^a(t)$、不活跃的传播者 $S_k^d(t)$、活跃的移出者 $R_k^a(t)$、不活跃的移出者 $R_k^d(t)$，其中：上标 a 表示活跃状态，上标 d 表示不活跃状态。$N_k(t)$ 表示 t 时刻、度为 k 的节点总密度，各类节点比例满足以下条件：

$$I_k^a(t)+I_k^d(t)+S_k^a(t)+S_k^d(t)+R_k^a(t)+R_k^d(t)=N_k(t) \tag{3.1}$$

在每一个时间步长内，一个活跃的无知者可以被它直接连接的所有传播者感染，而无论其邻居传播者是否活跃，不活跃的无知者只会被其相邻的活跃传播者所感染。也就是说，当不活跃的无知者与不活跃的传播者接触时，该无知者的活跃状态不会改变。因此传播过程可总结为：当无知者接触不实信息传播者后，无知者以概率 λ 转变为传播者；当一个传播者与另一个传播者或移出者相遇时，该传播者以概率 σ 转变为移出者，这一过程在 DK 模型中定义为免疫机制。在 Daley-Kendall（Daley and Kendall, 1964）和 Maki-Thomson（Maki and Thomson, 1973）不实信息模型及其变体中，免疫机制是导致不实信息传播终止的唯一机制。然而，终止传播也可能纯粹是因为遗忘机制，或者传播者失去传谣兴趣，也就是说，传播者也可能会以一定的速率 δ 自动停止传播不实信息（即由于时间的作用，不需要任何连接，自发地遗忘或失去传谣兴趣）。基于上述状态变换，本节提出了如下开放系统中不实信息传播动力学过程。参数 b 表示无知者的自然进入率（类似于生物系统中的自然出生率），μ 表示个体的移出率（相当于生物系统中的自然死亡率）。同时，由于不活跃的个体都暴露在网络中，不可避免地受到周围传播环境的影响，从而以一定的速率 η 自发地转变为活跃状态。

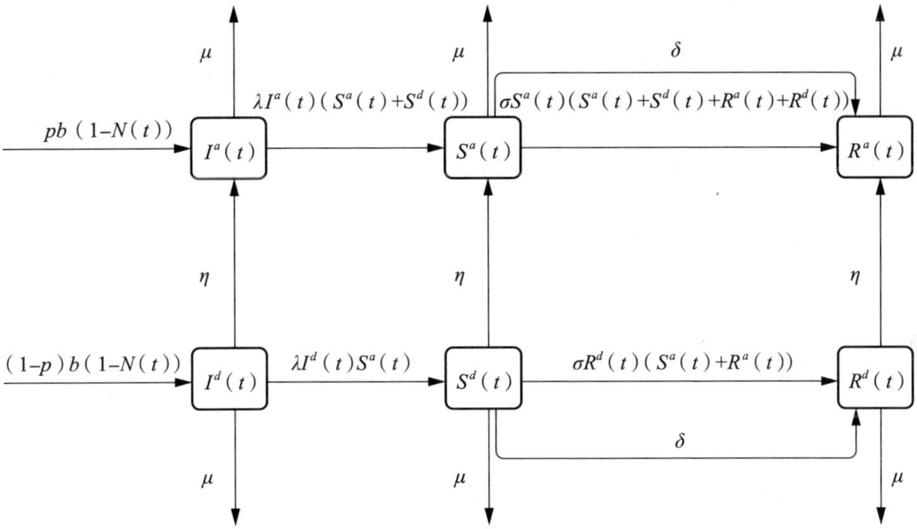

图 3.1　不实信息传播动力学模型传播示意图

不实信息传播过程如图 3.1 所示，进而推导出以下平均场动力系统：

$$
\begin{cases}
\dfrac{dI_k^a(t)}{dt} = ab(1 - N_k^a(t)) - \lambda k I_k^a(t) \sum_l S_l^a(t)P(l \mid k) - \\
\qquad \lambda k I_k^a(t) \sum_l S_l^d(t)P(l \mid k) - \mu I_k^a(t) + \eta I_k^d(t) \\
\dfrac{dI_k^d(t)}{dt} = (1 - p)b(1 - N_k^a(t)) - \lambda k I_k^d(t) \sum_l S_l^a(t)P(l \mid k) - \mu I_k^d(t) - \eta I_k^d(t) \\
\dfrac{dS_k^a(t)}{dt} = \lambda k I_k^a(t) \sum_l S_l^a(t)P(l \mid k) + \lambda k I_k^a(t) \sum_l S_l^d(t)P(l \mid k) + \eta S_k^d(t) - \\
\qquad \sigma k S_k^a(t) \sum_l (S_l^a(t) + S_l^d(t) + R_l^a(t) + R_l^d(t))P(l \mid k) - \delta S_k^a(t) - \mu S_k^a(t) \\
\dfrac{dS_k^d(t)}{dt} = \lambda k I_k^d(t) \sum_l S_l^a(t)P(l \mid k) - \sigma k S_k^d(t) \sum_{k'} [S_l^a(t) + R_l^a(t)]P(l \mid k) - \\
\qquad \delta S_k^d(t) - \eta S_k^d(t) \\
\dfrac{dR_k^a(t)}{dt} = \sigma k S_k^a(t) \sum_l (S_l^a(t) + S_l^d(t) + R_l^a(t) + R_l^d(t))P(l \mid k) + \\
\qquad \delta S_k^a(t) - \mu R_k^a(t) + \eta R_k^d(t) \\
\dfrac{dR_k^d(t)}{dt} = \sigma k S_k^d(t) \sum_l (S_l^a(t) + R_l^a(t))P(l \mid k) + \delta S_k^d(t) - \mu R_k^d(t) - \eta R_k^d(t)
\end{cases}
\tag{3.2}
$$

为了进行平均场分析，将节点度一致的活跃节点与不活跃节点组合起来，即 $I_k^a(t)+I_k^d(t)=I_k(t)$，$S_k^a(t)+S_k^d(t)=S_k(t)$，$R_k^a(t)+R_k^d(t)=R_k(t)$，同时节点总数满足方程 $I_k(t)+S_k(t)+R_k(t)=N_k(t)$。类似地，加和活跃节点和不活跃节点的动力学方程(3.2)，可以得到如下方程：

$$\begin{cases}\dfrac{dI_k(t)}{dt}=b(1-N_k(t))-(2a-a^2)\lambda kI_k(t)\Theta_k(t)-\mu I_k(t)\\ \dfrac{dS_k(t)}{dt}=(2a-a^2)\lambda kI_k(t)\Theta_k(t)-\\ \qquad (2a-a^2)\sigma kS_k(t)(\Theta_k(t)+\Phi_k(t))-\mu S_k(t)-\delta S_k(t)\\ \dfrac{dR_k(t)}{dt}=(2a-a^2)\sigma kS_k(t)(\Theta_k(t)+\Phi_k(t))+\delta S_k(t)-\mu R_k(t)\end{cases} \tag{3.3}$$

其中，$\Theta_k(t)$表示从度为 k 的节点发出并随机指向一个传播者节点的概率，而 $\Phi_k(t)$表示从度为 k 的节点发出并随机指向一个移出者节点的概率。具体地，$\Theta_k(t)=\sum_l P(l|k)S_l(t)$，$\Phi_k(t)=\sum_l P(l|k)R_l(t)$。$b(1-N_k(t))$表示每单位时间内新进入的无知者的比例，它与自然进入率 b 和空节点的密度$(1-N_k(t))$成正比。

3.1.1.1 复杂网络中的连接强度和传播力函数

经典模型假设每个传播者在单位时间步长内能够与所有邻居建立联系，即一个传播者可以感染的无知者数量等于他的度。往往实际情况中，一个人不可能同时联系所有的朋友，为了使得模型更真实，本节引入传播力函数 $\varphi(k)$ 来度量每个传播节点在单位时间步长内所能影响的无知者数量。

加权模式通常用来描述不同强度的接触感染。邻接矩阵 A 能充分反映网络拓扑图的性质，当边连接节点时，邻接矩阵的元素 a_{ij}为 1，否则为 0，i，j=1，2，…，N，其中 N 表示网络规模。相应地，加权网络完全由一个加权矩阵 W 来限定，矩阵元素 ω_{ij}表明了连接顶点 i 和顶点 j 的边权(如果节点 i 和节点 j 之间无连接，则 $\omega_{ij}=0$)。罗沙尼和纳伊米讨论了对称网络($\omega_{ij}=\omega_{ji}$)和无向网络的情况，在社交网络中，如果两个人长时间保持紧密联系，那么他们之间可能会表现出很强的连接强度(Roshani and Naimi,

2012)。通常表示为 $\omega_{ij}=\omega_0(ij)^{\beta}$，其中 ω_0 和 β 的取值依赖于特定网络。β 是复杂网络类型的影响程度指数。例如，在大肠杆菌代谢网络中，$\beta=0.5$；在美国机场网络中，$\beta=0.8$；在科学家合作网络中，$\beta=0$。本小节中，权重函数使用通用表达式 $\omega_{ij}=g(i)g(j)$，其中 $g(i)$ 是一个关于度 k 的递增函数，节点的连边越多，其影响就越大，在系统中的权重也相应越大。鉴于 ω_{ij} 衡量了单边的边权，所以每个节点的权重也可以通过将连接到它的所有边上网边权相加来度量。即 $\Omega_k = k\sum_l P(l|k)\omega_{lk}$。在不相关网络中，$\Omega_k=kg(k)\langle kg(k)\rangle/\langle k\rangle$。本节假设度为 l 的节点存在一个固定的线性传播率 λl，且从度为 l 的节点到度为 k 的节点的传播效率是通过该连边的权重占度为 k 的节点的权重比例来衡量。所以，有如下结论：

$$\lambda'_{lk}=\lambda l\frac{\omega_{lk}}{\Omega_l}=\frac{\lambda g(k)\langle k\rangle}{\langle kg(k)\rangle} \tag{3.4}$$

$$\Theta'_k(t)=\sum_l P(l|k)\frac{\lambda g(k)}{\langle kg(k)\rangle}S_l(t)\frac{\varphi(l)}{l}=\frac{\lambda g(k)}{\langle kg(k)\rangle}\sum_l p(l)S_l(t)\varphi(l) \tag{3.5}$$

$$\Phi'_k(t)=\sum_l P(l|k)\frac{\lambda g(k)}{\langle kg(k)\rangle}R_l(t)\frac{\varphi(l)}{l}=\frac{\lambda g(k)}{\langle kg(k)\rangle}\sum_l p(l)R_l(t)\varphi(l) \tag{3.6}$$

将式(3.5)、式(3.6)代入式(3.3)，得到：

$$\begin{cases}\dfrac{dI_k(t)}{dt}=b(1-N_k(t))-(2a-a^2)\dfrac{\lambda g(k)}{\langle kg(k)\rangle}kI_k(t)\theta-\mu I_k(t)\\ \dfrac{dS_k(t)}{dt}=(2a-a^2)\dfrac{\lambda g(k)}{\langle kg(k)\rangle}kI_k(t)\theta-\mu S_k(t)-\delta S_k(t)-\\ \qquad (2a-a^2)\dfrac{\sigma g(k)}{\langle kg(k)\rangle}kS_k(t)(\theta+\phi)\\ \dfrac{dR_k(t)}{dt}=(2a-a^2)\dfrac{\sigma g(k)}{\langle kg(k)\rangle}kS_k(t)(\theta+\phi)+\delta S_k(t)-\mu R_k(t)\end{cases} \tag{3.7}$$

其中，$\theta=\sum_l S_l(t)p(l)\varphi(l)$，$\phi=\sum_l R_l(t)p(l)\varphi(l)$。

3.1.1.2　个人对不实信息传播的反应

考虑到个体的意识行为随着对不实信息的不同反应而变化，且在一定程度上影响不实信息的传播率(Xiang et al. , 2017; Sun et al. , 2017; Huo and Liu, 2016),本节考虑节点对不实信息的意识行为,并将其表示为函数 $g'(k)$,且函数 $g'(k)$ 的值会随着不实信息的发展蔓延而变大。当环境中不实信息传播者的密度越来越大时,人们会更倾向于相信和传播不实信息,呈现一种人云亦云的现象,即网络中传播者数量越多,节点受到的影响越大,$g'(k)$ 的增速越明显。因此,函数可以表示为 $g'(k)=g(k)e^{h(k)S(t)}$,其中 $h(k)$ 是一个关于度 k 的增函数,这意味着每个个体对传播者 $S(t)$ 的反应与其自身度有关,进而 λ_{lk} 相应地转化为

$$\lambda''_{lk}=\frac{\lambda\langle k\rangle g(k)e^{h(k)S(t)}}{\langle kg(k)e^{h(k)S(t)}\rangle} \tag{3.8}$$

其中,$\langle kg(k)e^{h(k)S(t)}\rangle=\sum_l lg(l)e^{h(k)S(t)}p(l)$。

$$\Theta''_k(t)=\frac{\lambda g(k)e^{h(k)S(t)}}{\langle kg(k)e^{h(k)S(t)}\rangle}\sum_l p(l)S_l(t)\varphi(l) \tag{3.9}$$

$$\Phi''_k(t)=\frac{\lambda g(k)e^{h(k)S(t)})}{\langle kg(k)e^{h(k)S(t)}\rangle}\sum_l p(l)R_l(t)\varphi(l) \tag{3.10}$$

当 $h(k)=0$ 时,式(3.8)至式(3.10)可简化为式(3.4)至式(3.6)。

将式(3.9)、式(3.10)代入系统(3.3),得到如下自适应系统(3.11)。

$$\begin{cases}\dfrac{dI_k(t)}{dt}=b(1-N_k(t))-(2a-a^2)\dfrac{\lambda g(k)e^{h(k)S(t)}}{\langle kg(k)e^{h(k)S(t)}\rangle}kI_k(t)\\ \qquad\sum_l S_l(t)p(l)\varphi(l)-\mu I_k(t)\\ \dfrac{dS_k(t)}{dt}=(2a-a^2)\dfrac{\lambda g(k)e^{h(k)S(t)}}{\langle kg(k)e^{h(k)S(t)}\rangle}kI_k(t)\sum_l S_l(t)p(l)\varphi(l)-\mu S_k(t)-\\ \qquad\delta S_k(t)-(2a-a^2)\dfrac{\sigma g(k)}{\langle kg(k)\rangle}kS_k(t)\sum_l(S_l(t)+R_l(t))p(l)\varphi(l)\\ \dfrac{dR_k(t)}{dt}=(2a-a^2)\dfrac{\sigma g(k)}{\langle kg(k)\rangle}kS_k(t)\sum_l(S_l(t)+R_l(t))p(l)\varphi(l)+\\ \qquad\delta S_k(t)-\mu R_k(t)\end{cases} \tag{3.11}$$

根据前文假设,$N_k(t)=I_k(t)+S_k(t)+R_k(t)$ 表示所有度为 k 的个体的密度,其中 $k=1, 2, \cdots, n$。将式(3.7)或式(3.11)中的三个方程相加得:

$$\frac{dN_k(t)}{dt}=\frac{d(I_k(t)+S_k(t)+R_k(t))}{dt}=b(1-N_k(t))-\mu N_k(t)=b-(b+\mu)N_k(t) \tag{3.12}$$

由式(3.12)可得，$N_k(t)=\frac{b}{b+\mu}+N_k(0)e^{-(b+\mu)t}$，其中 $N_k(0)$ 表示 $t=0$ 时刻、度为 k 的群体密度。因此当 $t\to\infty$ 时，有 $\lim\limits_{t\to\infty}N_k(t)=\frac{b}{b+\mu}$，且对于所有的 $t\geqslant 0$，$N_k(t)=I_k(t)+S_k(t)+R_k(t)\leqslant\frac{b}{b+\mu}$ 恒成立。

由于极限系统与原系统在时间趋于无穷大时，具有相同的动态行为，且在系统达到稳态时，$I_k(t)=\frac{b}{b+\mu}-S_k(t)-R_k(t)$，因此研究极限系统即可。将 $I_k(t)$ 代入系统(3.7)和系统(3.11)，得到系统(3.13)和系统(3.14)。

$$\begin{cases}\frac{dS_k(t)}{dt}=(2a-a^2)\frac{\lambda kg(k)}{\langle kg(k)\rangle}\left(\frac{b}{b+\mu}-S_k(t)-R_k(t)\right)\theta-\mu S_k(t)-\delta S_k(t)-\\ \qquad (2a-a^2)\frac{\sigma kg(k)}{\langle kg(k)\rangle}S_k(t)\sum_l(S_l(t)+R_l(t))p(l)\varphi(l)\\ \frac{dR_k(t)}{dt}=(2a-a^2)\frac{\sigma g(k)}{\langle kg(k)\rangle}kS_k(t)\sum_l(S_l(t)+R_l(t))p(l)\varphi(l)+\\ \qquad \delta S_k(t)-\mu R_k(t)\end{cases} \tag{3.13}$$

$$\begin{cases}\frac{dS_k(t)}{dt}=(2a-a^2)\frac{\lambda kg(k)e^{h(k)S(t)}}{\langle kg(k)e^{h(k)S(t)}\rangle}\left(\frac{b}{b+\mu}-S_k(t)-R_k(t)\right)\theta-\mu S_k(t)-\\ \qquad \delta S_k(t)-(2a-a^2)\frac{\sigma kg(k)}{\langle kg(k)\rangle}S_k(t)\sum_l(S_l(t)+R_l(t))p(l)\varphi(l)\\ \frac{dR_k(t)}{dt}=(2a-a^2)\frac{\sigma g(k)}{\langle kg(k)\rangle}kS_k(t)\sum_l(S_l(t)+R_l(t))p(l)\varphi(l)+\\ \qquad \delta S_k(t)-\mu R_k(t)\end{cases} \tag{3.14}$$

对于任意的 $t\geqslant 0$，$0\leqslant S_k(t)\leqslant\frac{b}{b+\mu}$ 和 $0\leqslant R_k(t)\leqslant\frac{b}{b+\mu}$ 恒成立。因此，有

集合 $\Omega=\{I_k(t),\ S_k(t),\ R_k(t)\in\Re_+^{3n}\mid 0\leqslant I_k(t)+S_k(t)+R_k(t)\leqslant\frac{b}{b+\mu},\ k=1,\ 2,\ \cdots,\ n\}$，所以系统(3.13)和系统(3.14)是正不变的。

3.1.2 模型的全局动力学

作为一个极其重要的概念，基本再生数 $\Re_0$ 是指在不实信息传播的早期，当每个个体都是无知者的时候，传播者每单位时间内能够感染的无知者的数量。通常，$\Re_0=1$ 可以作为判断不实信息是否消亡的阈值。

首先，本小节使用固定权重模型计算基本再生数 $\Re_0$。系统(3.13)可以改写为 $dx/dt=F(x)-v(x)$，其中 $x=(S_k,\ R_k)^T$，且 $x_1,\ x_2,\ \cdots,\ x_n$ 表示 $S_1,\ S_2,\ \cdots,\ S_n$；$x_{n+1},\ x_{n+2},\ \cdots,\ x_{2n}$ 表示 $R_1,\ R_2,\ \cdots,\ R_n$。根据下一代矩阵方法(Driessche and Watmough，2002)，系统(3.13)具有无不实信息的平衡点 $E_0=(0,\ 0,\ \cdots,\ 0)_{2k}$。

新进入传播者群体的概率为：

$$F(x)=\begin{pmatrix} F_{11} \\ (2a-a^2)\dfrac{\sigma g(k)}{\langle kg(k)\rangle}kS_k(t)\sum_l(S_l(t)+R_l(t))p(l)\varphi(l)\end{pmatrix} \tag{3.15}$$

其中，

$$F_{11}=(2a-a^2)\frac{\lambda kg(k)e^{h(k)S(t)}}{\langle kg(k)e^{h(k)S(t)}\rangle}\left(\frac{b}{b+\mu}-S_k(t)-R_k(t)\right)\theta-$$
$$(2a-a^2)\frac{\sigma g(k)e^{h(k)S(t)}}{\langle kg(k)e^{h(k)S(t)}\rangle}kS_k(t)\sum_l(S_l(t)+R_l(t))p(l)\varphi(l)$$

个体从传播者群体中移出的概率为：

$$v(x)=\begin{pmatrix}(\mu+\delta)S_k \\ -\delta S_k+\mu R_k\end{pmatrix} \tag{3.16}$$

在无不实信息平衡点 E_0 处，$F(x)$ 和 $v(x)$ 的雅可比矩阵分别为：

$$F=DF(E_0)=\begin{pmatrix}F_{11} & 0 \\ 0 & 0\end{pmatrix} \tag{3.17}$$

$$V=Dv(E_0)=\begin{pmatrix}(\mu\delta)E & 0\\ -\delta E & \mu E\end{pmatrix}$$

$$F_{11}=\frac{(2a-a^2)\lambda b}{\langle kg(k)\rangle(b+\mu)}\begin{pmatrix} g(1)\varphi(1)p(1) & g(1)\varphi(2)p(2) & \cdots & g(1)\varphi(n)p(n)\\ 2g(2)\varphi(1)p(1) & 2g(2)\varphi(2)p(2) & \cdots & 2g(2)\varphi(n)p(n)\\ \vdots & \vdots & \ddots & \vdots\\ ng(n)\varphi(1)p(1) & ng(n)\varphi(2)p(2) & \cdots & ng(n)\varphi(n)p(n)\end{pmatrix} \tag{3.18}$$

其中，E 表示单位矩阵，O 表示零矩阵。显然 V 是一个非奇异的 M 维矩阵，F 为非负矩阵。根据 Driessche 和 Watmough(2002) 给出的下一代矩阵和基本再生数的概念，系统(3.13)的基本再生数 $\Re_0=\rho(FV^{-1})$，其中 $\rho(FV^{-1})$ 表示矩阵 FV^{-1} 的谱半径，即

$$\Re_0=\rho(FV^{-1})=\frac{(2a-a^2)\lambda b\langle kg(k)\varphi(k)\rangle\mu}{\langle kg(k)\rangle(b+\mu)\mu(\delta+\mu)} \tag{3.19}$$

其中，$\langle kg(k)\varphi(k)\rangle=\sum_{l=1}^{k} l\varphi(l)g(l)p(l)$，$l=1, 2, 3, \cdots, k$。

巧合的是，系统(3.18)中的矩阵 F 和 V 与系统(3.13)中的矩阵相同。因此，系统(3.14)的基本再生数 $\Re_0$ 同样由式(3.19)给定，这意味着自适应权重并不能改变不实信息的传播阈值。根据上述过程，以及 Driessche 和 Watmough(2002)中的定理2，得到以下结果：

定理 3.1　对于不实信息传播系统(3.13)和系统(3.14)，它们的基本再生数是相同的，由式(3.19)给出。如果 $\Re_0<1$，系统(3.13)和系统(3.14)的无不实信息平衡点 $E_0=(0, 0, \cdots, 0)_{2k}$，是局部渐近稳定的；反之，当 $\Re_0>1$ 时，不稳定。

接下来，将验证系统(3.13)的平衡点的存在性、无不实信息平衡点的全局稳定性以及系统(3.13)的不实信息内部平衡点的全局吸引性。由于系统(3.14)的持久性很难证明，所以本节只进行了一些数值模拟来讨论。

3.1.3　平衡点的存在性

定理 3.2　当基本再生数 $\Re_0>1$ 时，系统(3.13)存在唯一的不实信息均衡点 $x^*=(x_1^*, \cdots, x_n^*, x_{n+1}^*, \cdots, x_{2n}^*)$。

证明： 系统(3.13)的不实信息平衡 $x^* = (x_1^*, \cdots, x_n^*, x_{n+1}^*, \cdots, x_{2n}^*)$ 由方程(3.20)确定。根据 Nekovee 和 Moreno(2007)的结论可知，免疫机制对不实信息传播阈值没有影响，也就是说，无论 σ 取值如何，免疫机制都不能改变不实信息的传播阈值。为了简化模型，不失一般性，免疫率假设为 0。基于此，

$$\begin{cases}(2a-a^2)\dfrac{\lambda kg(k)}{\langle kg(k)\rangle}\left(\dfrac{b}{b+\mu}-x_l^*-x_{n+l}^*\right)\theta-\mu x_l^*-\delta x_l^*=0\\ \delta x_l^*-\mu x_{n+l}^*=0\end{cases} \tag{3.20}$$

其中，$\theta=\sum_l S_l(t)p(l)\varphi(l)$。计算可得：

$$x_l=\frac{(2a-a^2)blg(l)\lambda\theta\mu}{\aleph_k},\quad x_{n+l}=\frac{(2a-a^2)blg(l)\theta\lambda\delta}{\aleph_k}$$

式中，$\aleph_k=(b+\mu)(\delta+\mu)(\mu\langle kg(k)\rangle+(2a-a^2)\theta\lambda \lg(l))$。

根据上述条件可以得到如下的自洽方程：

$$\theta=\sum_l S_l(t)p(l)\varphi(l)=\frac{(2a-a^2)blg(l)\lambda\mu\theta}{(b+\mu)(\delta+\mu)(\mu\langle kg(k)\rangle+(2a-a^2)\theta\lambda \lg(l))} \tag{3.21}$$

显然，$\theta=0$ 恒满足上述方程，即 $x_i=x_{n+i}=0$ 为系统(3.13)的无不实信息平衡。将自洽方程形式转换为 $\theta f(\theta)=0$，可得：

$$f(\theta)=1-\sum_l p(l)\varphi(l)\frac{(2a-a^2)blg(l)\lambda\mu}{(b+\mu)(\delta+\mu)(\mu\langle kg(k)\rangle+(2a-a^2)\theta\lambda \lg(l))} \tag{3.22}$$

易得：

$$f'(\theta)=\sum_l\frac{(2a-a^2)^2bl^2g^2(l)\lambda^2\mu p(l)\varphi(l)}{2\delta(b+\mu)(\mu\langle kg(k)\rangle+(2a-a^2)\theta\lambda \lg(l))^2}>0 \tag{3.23}$$

且有，$\lim\limits_{\theta\to\infty}f(\theta)=1$。

当且仅当 $f(0)<0$ 时，方程 $f(\theta)=0$ 有唯一的非平凡解 θ^*。

$$
\begin{aligned}
f(0) &= 1 - \sum_l p(l)\varphi(l)\frac{(2a-a^2)^2 blg(l)\lambda\mu}{(b+\mu)(\delta+\mu)(\mu\langle kg(k)\rangle)} \\
&= 1-f(0) \\
&= 1-\frac{(2a-a^2)^2 b\lambda\mu\langle kg(k)\varphi(k)\rangle}{(b+\mu)(\delta+\mu)(\mu\langle kg(k)\rangle)}
\end{aligned} \tag{3.24}
$$

即当 $\Re_0=\frac{(2a-a^2)b\lambda\mu\langle kg(k)\varphi(k)\rangle}{(b+\mu)(\delta+\mu)\mu\langle kg(k)\rangle}<1$ 时，无不实信息平衡局部渐近稳定，得证。

3.1.4 无不实信息平衡点的全局稳定性

在本节中，根据 Newman(2002)、D'Onofrio(2008)的方法，可以验证系统(3.13)的全局稳定行为。系统(3.13)中的方程可以改写为以下形式：

$$
\frac{dx}{dt}=Ax+Z(x) \tag{3.25}
$$

其中，Ax 是线性部分，$Z(x)$ 是非线性部分，且 $A=F-V$。

$$
A=\begin{pmatrix} A_{11} & 0 \\ \delta E & -\mu E \end{pmatrix} \tag{3.26}
$$

$$
Z(x)=-\begin{pmatrix} \frac{\lambda g(1)(x_1+x_{n+1})\theta}{\langle kg(k)\rangle} \\ \vdots \\ \frac{n\lambda g(n)(x_n+x_{2n})\theta}{\langle kg(k)\rangle} \\ 0 \\ \vdots \\ 0 \end{pmatrix}_{2n\times 1} \tag{3.27}
$$

其中，E 表示单位矩阵。

$$A_{11}=\begin{pmatrix} \frac{(2a-a^2)\lambda b\cdot g(1)\varphi(1)p(1)}{\langle kg(k)\rangle(b+\mu)}-(\mu+\delta) & \frac{(2a-a^2)\lambda b\cdot g(1)\varphi(2)p(2)}{\langle kg(k)\rangle(b+\mu)} & \cdots & \frac{(2a-a^2)\lambda b\cdot g(1)\varphi(n)p(n)}{\langle kg(k)\rangle(b+\mu)} \\ \frac{(2a-a^2)\lambda b\cdot 2g(2)\varphi(1)p(1)}{\langle kg(k)\rangle(b+\mu)} & \frac{(2a-a^2)\lambda b\cdot 2g(2)\varphi(2)p(2)}{\langle kg(k)\rangle(b+\mu)}-(\mu+\delta) & \cdots & \frac{(2a-a^2)\lambda b\cdot 2g(2)\varphi(n)p(n)}{\langle kg(k)\rangle(b+\mu)} \\ \vdots & \vdots & \ddots & \vdots \\ \frac{(2a-a^2)\lambda b\cdot ng(n)\varphi(1)p(1)}{\langle kg(k)\rangle(b+\mu)} & \frac{(2a-a^2)\lambda b\cdot ng(n)\varphi(2)p(2)}{\langle kg(k)\rangle(b+\mu)} & \cdots & \frac{(2a-a^2)\lambda b\cdot ng(n)\varphi(n)p(n)}{\langle kg(k)\rangle(b+\mu)}-(\mu+\delta) \end{pmatrix}$$

矩阵 F 和 V 由式(3.17)和式(3.18)给出，且 $N(x)$ 为负。因此，$\frac{dx}{dt}\leqslant Ax$。由矩阵 A 的表达式可知，其非对角元是非负的，进而得到一个拟单调系统$\frac{dx^*}{dt}=Ax^*$，它是一个线性系统，且只存在一个平衡点 $E_0=(0,\ 0,\ \cdots,\ 0)_{2n}$。由 Driessche 和 Watmough(2002)的引理 1 可知，当 $\Re_0<1$ 时，矩阵 A 的特征值都有负的实部，因此线性系统是稳定的，所以，当 $t\to\infty$ 时，$S_k\to 0$，$R_k\to 0$，其中 $k=1,\ 2,\ 3,\ \cdots,\ n$。利用 Lakshmikantham 和 Leela (2015)中的比较定理，得到如下结论：对于非线性系统(3.13)，当 $\Re_0<1$ 时，$S_k\to 0$，$R_k\to 0$，其中 $k=1,\ 2,\ 3,\ \cdots,\ n$。因此，当 $\Re_0<1$ 时，无不实信息均衡点在 Ω^* 上是全局渐近稳定的。

3.1.5 不实信息内部平衡点的全局吸引性

定理 3.3 如果 $\Re_0>1$，系统(3.20)在 $\Omega-\{0\}$ 中存在一个具有全局吸引的内部平衡点 $x^*=(x_1^*,\ \cdots,\ x_n^*,\ x_{n+1}^*,\ \cdots,\ x_{2n}^*)$。

证明： 定义函数 $M=(M_1,\ M_2,\ \cdots,\ M_{2n})$：$\Omega\to R$ 和 $m=(m_1,\ m_2,\ \cdots,$

m_{2n})：$\Omega \to R$，对任意 $x \in \Omega$，$M(x)=\max_i(x_i/x_l^*)$ 和 $m(x)=\min_i(x_i/x_l^*)$ 连续，且系统(3.20)右导数存在。设 $x=x(t)$ 为系统(3.20)的一个解，当 $t \in [t_0, t_0+\tau]$ 时，函数 $M(x(t))=\max_i(x_{i_0}/x_{i_0}^*)$，$i_0=1, 2, \cdots, 2n$。对于给定的 t_0 和充分小的 $\tau>0$，在当 $t \in [t_0, t_0+\tau]$ 时，$M'|(3.20)(x(t))=\dfrac{x_{i_0}(t_0)}{x_{i_0}^*}$。

根据系统(3.20)，如果 $1 \leqslant i_0 \leqslant n$，可得：

$$x_{i_0}^*\frac{x_{i_0}'(t_0)}{x_{i_0}(t_0)}=(2a-a^2)\frac{\lambda i_0 g(i_0)\theta}{\langle kg(k)\rangle}\left(\frac{b}{b+\mu}-x_{i_0}(t_0)-x_{n+i_0}(t_0)\right)\frac{x_{i_0}^*}{x_{i_0}(t_0)}-(\mu+\delta)x_{i_0}^* \tag{3.28}$$

或对于 $i=1, 2, \cdots, n$ 且 $i_0=n+i$，有：

$$x_{n+i}^*\frac{x_{n+i}'(t_0)}{x_{n+i}(t_0)}=\delta x_i(t_0)\frac{x_{n+i}^*}{x_{n+i}(t_0)}-\mu x_{n+i}^* \tag{3.29}$$

根据 $M(x(t))$ 的定义，可得：

$$\frac{x_{i_0}(t_0)}{x_{i_0}^*}\geqslant\frac{x_i(t_0)}{x_i^*},\quad i=1, 2, \cdots, 2n \tag{3.30}$$

如果 $M(x(t))>1$，则有：

$$x_{i_0}^*\frac{x_{i_0}'(t_0)}{x_{i_0}(t_0)}<(2a-a^2)\frac{\lambda i_0 g(i_0)\theta(x_{i_0}^*)}{\langle kg(k)\rangle}\left(\frac{b}{b+\mu}-x_{i_0}^*(t_0)-x_{n+i_0}^*(t_0)\right)-(\mu+\delta)x_{i_0}^*=0 \tag{3.31}$$

或对于 $i=1, 2, \cdots, n$ 且 $i_0=n+i$，有：

$$x_{n+i}^*\frac{x_{n+i}'(t_0)}{x_{n+i}(t_0)}<\delta x_i(t_0)\frac{x_{n+i}^*}{x_{n+i}(t_0)}-\mu x_{n+i}^*=0 \tag{3.32}$$

由于 $x_{i_0}^*>0$ 且 $x_{i_0}(t_0)>0$，可得 $x_{i_0}'(t_0)<0$。因此，如果 $M(x(t_0))>1$，则 $M'|(21)(x(t_0))<0$。同样，可证明，若 $M(x(t_0))=1$，则 $x_{i_0}'(t_0)\leqslant 0$。若 $m(x(t_0))<1$，则 $m'|(21)(x(t_0))>0$。如果 $m(x(t_0))=1$，则 $m'|(21)(x(t_0))\leqslant 0$。定义如下函数 $\Psi(x)=\max\{M(x)-1, 0\}$，$\psi(x)=\min\{1-m(x), 0\}$，其中 $\Psi(x)$ 和 $\psi(x)$ 都是连续且非负的。且 $\Psi|(21)(x(t))\leqslant 0$，$\psi|(21)(x(t))\leqslant 0$。

定义 $Q_{\Psi}=\{x=\Omega \mid Q' \mid (21)(x(t))=0\}$ 和 $Q_{\psi}=\{x=\Omega \mid q' \mid (21)(x(t))=0\}$，则存在 $Q_{\Psi}=\{x \mid 0 \leqslant x_i \leqslant x_i^*\}$ 和 $Q_{\psi}=\left\{x \,\middle|\, x_i^* \leqslant x_i \leqslant \frac{b}{b+\mu}\right\} \cup \{0\}$。根据拉萨尔不变原理（La Salle et al.，1962），系统（3.20）在 Ω 中的任意解都接近于 $Q_{\Psi} \cap Q_{\psi}=\{x^*\} \cup \{0\}$。但若 $x(t) \neq 0$，由定理 3.3 可知，$\liminf\limits_{t \to \infty} \| x(t) \| \geqslant A>0$。因此，系统（3.20）的任意解，如 $x(t) \in \Omega-\{0\}$，满足 $\lim\limits_{t \to \infty} x(t)=x^*$，即 $x=x^*$ 在 $\Omega-\{0\}$ 中都是全局吸引的。得证。

3.1.6 数值模拟

本节通过一些数值模拟来验证前面几节中所提出的理论结果，着重探讨节点的活跃度参数 a、权重参数 r_1、反应参数 r_2 以及节点的传播性参数 r_3 对基本再生数 $\Re_0$ 的影响，并进行了敏感性分析。

本节的仿真模拟是基于一个完全由其度序列 k 定义的退火网络，其网络规模为 N，遵循度分布 $P(k)$。异构网络的关联度由式 $P(l \mid k)=\frac{lP(l)}{\langle k \rangle}$ 给定。根据广义无标度网络的规范化连通度分布，生成一个规模为 10^6 个节点的异质网络。其中，度分布满足 $P(k)=(1+\gamma) m^{1+\gamma} k^{-2-\gamma}(0<\gamma<1)$，本次模拟取 $\gamma=1$，$m=1$，$n=35$。$g(k)=k^{r_1}$，$h(k)=k^{r_2}$，$\varphi(k)=k^{r_3}$，$k=1, 2, \cdots, 35$，且 r_1，r_2，r_3 均为正常数，分别表示连接权重参数、环境反应参数和节点的传播性参数。$S(t)=\sum_k S_k(t) P(k)$ 和 $R(t)=\sum_k R_k(t) P(k)$ 分别表示传播者和移出者的平均密度。

从图 3.2（a）中可以看出，随着权重参数 r_1 的增大，$\Re_0$ 呈现增长趋势。即两个节点之间的连边权重 r_1 越大，不实信息就越容易传播。同样地，基本再生数 $\Re_0$ 随着活跃度参数 a 的增大而增大。即个体的活跃性越低，不实信息的传播阈值就越小，不实信息爆发的可能性就越低，这与理论分析是一致的。图 3.2（b）表明，$\Re_0$ 与反应参数 r_2 和节点传播性参数 r_3 呈正相关。换言之，若传播者具有较强的传播性，不实信息就较容易爆发。如果一个无知者处在一个传播者密度较大的环境中，则该无知者较容易转变为传播者。

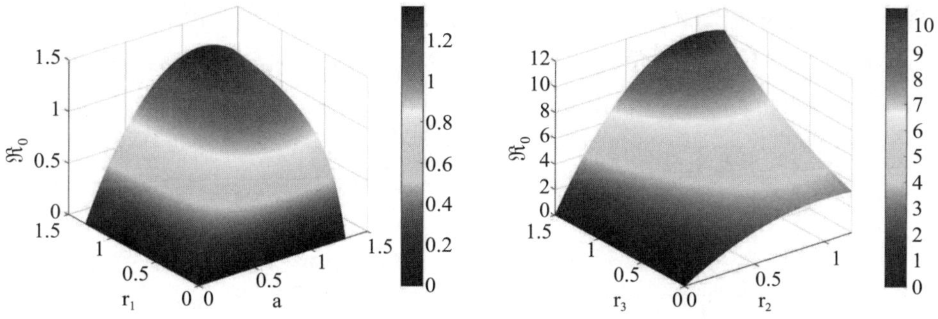

（a）　r_1 和 a 对 $\Re_0$ 的影响　　（b）　r_2 和 r_3 对 $\Re_0$ 的影响

图 3.2　不同参数对于基本再生数 $\Re_0$ 的影响

为寻求更好的控制策略，对系统（3.13）和系统（3.14）的理论结果进行了仿真模拟。模型参数设置如下：$b=0.25$，$\mu=0.15$，$\lambda=0.6$，$\sigma=0.6$，$r_1=1.1$，$r_2=1.2$，$r_3=0.9$。显然，$r_1=0$ 意味着均匀网络；$r_1\neq0$，$r_2=0$ 表示固定权重网络；$r_1\neq0$，$r_2\neq0$ 表示自适应权重网络。

图 3.3 刻画了自适应权重网络中具有不同度 k 的传播者的动力学时间演化趋势。结果表明，个体的度值越大，传播者的峰值就越大，且无论 $\Re_0<1$ 或 $\Re_0>1$，传播者的密度首先迅速达到峰值，经历几次小的波动，然后逐渐消亡（$\Re_0<1$）或稳定于固定的正常数（$\Re_0>1$）。为此，要想尽快遏制舆情，需要对网络中的大度节点进行引导教育，使其成为正面信息的传播者和不实信息的抵制者。

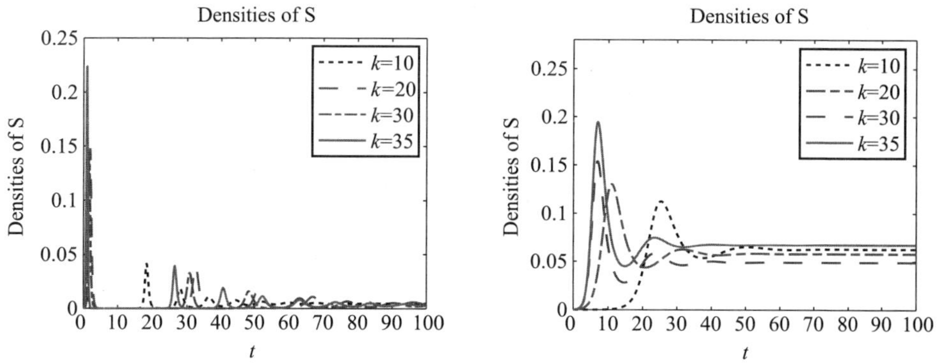

（a）　$\Re_0<1$ 条件下　　（b）　$\Re_0>1$ 条件下

图 3.3　无标度网络下节点的度 k 对于不实信息传播者的影响

图 3.4 刻画了在不同的基本传播率 λ 下传播者的密度随时间推移的演化趋势图。由图 3.4（b）可知，当 $\Re_0>1$ 时，传播者的最终密度随着基本传

播率 λ 的增大而增加。且传播者的密度短时间内急剧增大至峰值，然后逐渐下降到一个稳定的常数，这意味着不实信息将会持久存在于系统中。从图 3.4(a)中可以看出，随着基本传播率 λ 的增大，传播者峰值也逐渐增大，然而达到峰值的时间却相应减小。随后传播者的密度历经一些小的峰谷波动，最终稳定于零，不实信息消亡。

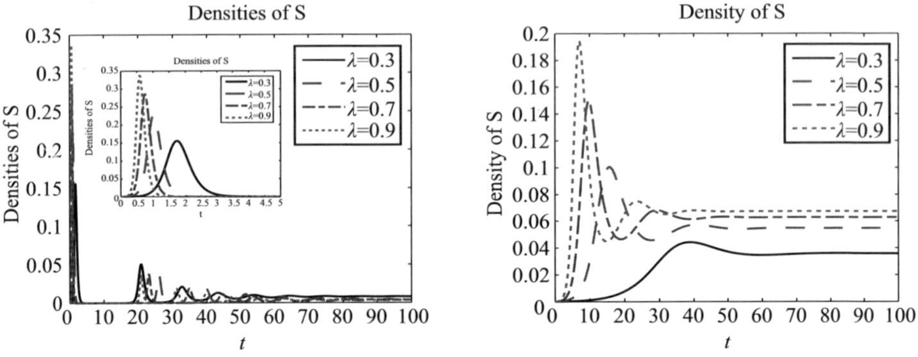

（a） $\Re_0<1$ 条件下　　（b） $\Re_0>1$ 条件下

图 3.4　无标度网络下不同的感染率 λ 对于不实信息传播者密度的影响

图 3.5 描述了不同基本传播率 λ 下移出者的密度随时间推移的演化趋势图。由图可知移出者先急剧增加至峰值然后稍微回落，历经几个波动之后稳定于固定常数，且其最终比例随着基本传播率 λ 的增大而增加。当 $\Re_0>1$ 时，移出者的最终规模大于在 $\Re_0<1$ 的情况下。这也表明，当 $\Re_0>1$ 时，不实信息成为地方性流行，并在小规模爆发。

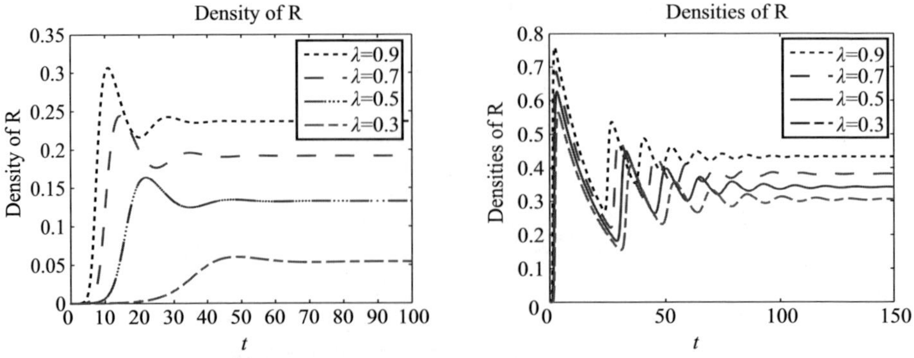

（a） $\Re_0<1$ 条件下　　（b） $\Re_0>1$ 条件下

图 3.5　无标度网络下不同的感染率 λ 对于移出者的影响

3.1.7　小结

不实信息传播是一个复杂的过程，本节综合考虑了内部和外部因素，将经典的 ISR 不实信息传播模型进行了拓展。一方面，本书考虑了节点自身的活跃度、传播节点的传播性和周围环境中的传播密度；另一方面，也将复杂网络中可变的种群规模和网络结构考虑在内。

为了研究上述因素对不实信息传播机制的影响，本节建立了基于异构网络的改进不实信息传播 ISR 模型。

(1)结合仓室模型，从两个维度(是否活跃以及是否知道并传播不实信息)将人群分为六类，给出了改进模型的平均场方程。通过对系统进行数学分析，证明了平衡点的存在性，导出了作为判定不实信息是否传播的基本再生数 $\mathfrak{R}_0$。

(2)通过数学计算，得到无不实信息平衡点和不实信息内部平衡点。并证明了当 $\mathfrak{R}_0<1$ 时，无不实信息平衡点是全局稳定的，不实信息将会消失。当 $\mathfrak{R}_0>1$ 时，不实信息内部平衡点是全局吸引的，不实信息将永久存在系统中。

(3)研究了模型的边权的影响，以及微分系统的动态行为。数值模拟表明，活跃度参数 a、权重参数 r_1 和节点的传播性参数 r_3 都与基本再生数 $\mathfrak{R}_0$ 呈正相关，即节点的活跃度和传播性越大，节点之间的连接强度越强，节点周围的传播者越多，听到过不实信息的节点的最终比例(即最终不实信息规模)就越大。

3.2　节点活跃度受环境噪声影响的不实信息传播模型

随着互联网时代的到来，网络内容日益丰富，自媒体的发展加速了信息的更迭速率，网络环境变得更加复杂多变，微博热搜或即时信息随时可能改变人们对事件的看法，环境的随机性在一定程度上可以轻易地干扰个体的活跃度，进而影响不实信息的传播，因此个体关于是否传播不实信息的决策行为具有较大的不确定性。随着时间的推移，事件的热度可能会发生巨大变化，个体对不实信息的感知也会随之改变，受此影响，个体的活跃度也会产生波动。因此研究不实信息模型中环境噪声对个体活跃度的干扰具有重要的理论与现实意义。本小节基于前文中考虑个体活跃度的 ISR 模型，针对 Stratonovich 随机噪声对非线性不实信息传播模型渐近行为的影响，探讨了有关活跃度波动的随机不实信息模型。

3.2.1 定量模型

本节利用前文 ISR 模型来考虑活跃度的波动对于不实信息传播的影响。为简化分析，不失一般性，本节模型将在同质网络中进行讨论。

根据是否知晓不实信息，总人口可分为无知者、传播者和移出者，分别用 I，S，R 表示。所以每个节点在 t 时刻可能有六种不同的状态，各类节点密度分别表示为：活跃的无知者 $I^a(t)$，不活跃的无知者 $I^d(t)$，活跃的传播者 $S^a(t)$，不活跃的传播者 $S^d(t)$，活跃的移出者 $R^a(t)$，不活跃的移出者 $R^d(t)$。其中，上标 a 表示活跃状态，而上标 $d=1-a$ 表示不活跃状态。$N(t)$ 表示 t 时刻系统中的节点密度。不同分组的密度满足方程 $I^a(t)+I^d(t)+S^a(t)+S^d+R^a(t)+R^d(t)=N(t)$。

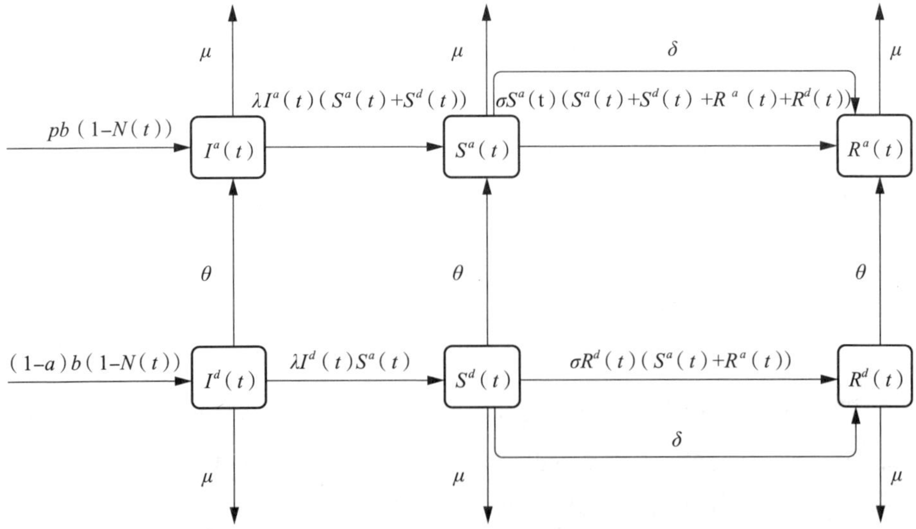

图 3.6　不实信息传播动力学模型的基本过程

其传播规则、传播过程和模型字符含义(b, μ, λ, σ, δ, θ)与 3.1 节一致，传播规则如图 3.6 所示。

基于所提出的模型，可以导出同质网络中的平均场微分方程如下：

$$\begin{cases}\dfrac{dI(t)}{dt}=b(1-N(t))-(2a-a^2)\lambda\bar{k}I(t)S(t)-\mu I(t)\\\dfrac{dS(t)}{dt}=(2a-a^2)\lambda\bar{k}I(t)S(t)-\mu S(t)-\delta S(t)-\\\qquad(2a-a^2)\sigma\bar{k}S(t)(S(t)+R(t))\\\dfrac{dR(t)}{dt}=(2a-a^2)\sigma\bar{k}S(t)(S(t)+R(t))+\delta S(t)-\mu R(t)\end{cases}\tag{3.33}$$

其中，$\bar{k}=\sum_{l=1}^{k}lP(l)$，$l=1, 2, 3, \cdots$，$k$ 表示网络的平均度，$b(1-N(t))$代表每单位步长新进入的无知者的比例，与出生率 b 和空节点密度$(1-N(t))$成正比。

初始时刻 t_0 满足初始条件：$I(t_0)=I_0$，$S(t_0)=S_0$，$R(t_0)=R_0$。

接下来将探讨改进模型的动力学行为。

3.2.2　定量系统的动态行为

这一小节分析系统(3.33)的动态行为，同时，将讨论解的非负性、平衡点的存在性以及其达到稳定性的条件。

3.2.2.1　系统的正不变集

首先，本节证明了 t 时刻社交网络中总的节点密度 $N(t)$ 的非负性。根据前文假设，可知 $I^a(t)+I^d(t)+S^a(t)+S^d+R^a(t)+R^d=N(t)$ 恒成立。将系统(3.33)的三个方程相加，得到如下方程：

$$\frac{dN(t)}{dt}=\frac{d(I(t)+S(t)+R(t))}{dt}=b(1-N(t))-\mu N(t)=b-(b+\mu)N(t)\tag{3.34}$$

由式(3.34)可知，$N(t)=\dfrac{b}{b+\mu}+N(0)\exp(-(b+\mu)t)$，其中 $N(0)$ 表示初始时刻种群的密度。所以，$\lim\limits_{t\to\infty}N(t)=\dfrac{b}{b+\mu}$，且 $N(t)=I(t)+S(t)+R(t)\leqslant\dfrac{b}{b+\mu}$对所有 $t\geqslant 0$ 恒成立。区域 $\Omega=\Big\{(I(t), S(t), R(t))\in\Re_+^3: 0\leqslant I(t),$

$S(t)$，$R(t)\leqslant\dfrac{b}{b+\mu}\Big\}$为系统(3.33)正不变量的可行域。

为研究不实信息何时停止传播以及不实信息消亡的条件，下面引入并计算一个临界阈值 $\Re_0$(基本再生数)。

3.2.2.2 基本再生数 $\Re_0$

为了计算基本再生数，将条件 $I(t)=\dfrac{b}{b+\mu}-S(t)-R(t)$ 代入系统(3.34)，可以将原系统(3.33)简化为等效的二维系统(3.35)。

$$\begin{cases}\dfrac{dS(t)}{dt}=(2a-a^2)\lambda\bar{k}\left(\dfrac{b}{b+\mu}-S(t)-R(t)\right)S(t)-\mu S(t)-\\ \qquad\delta S(t)-(2a-a^2)\sigma\bar{k}S(t)(S(t)+R(t))\\ \dfrac{dR(t)}{dt}=(2a-a^2)\sigma\bar{k}S(t)(S(t)+R(t))+\delta S(t)-\mu R(t)\end{cases}\tag{3.35}$$

接下来，用固定权重模型计算基本再生数，系统(3.35)可改写为$\dfrac{dx}{dt}=F(x)-v(x)$和 $x=(S,\ R)^T$。由 Driessche 和 Watmough(2002)提出的下一代矩阵方法可知：系统(3.35)具有无不实信息平衡点 $E_0=(0,\ 0)^T$。

新进入传播者群体的概率为：

$$F(x)=\begin{pmatrix}(2a-a^2)\lambda\bar{k}\left(\dfrac{b}{b+\mu}-S(t)-R(t)\right)\theta-(2a-a^2)\sigma\bar{k}S(t)(S(t)+R(t))\\ (2a-a^2)\sigma\bar{k}S(t)(S(t)+R(t))\end{pmatrix}\tag{3.36}$$

从传播者群体中移出的概率为：

$$v(x)=\begin{pmatrix}(\mu+\delta)S(t)\\ -\delta S+\mu R(t)\end{pmatrix}\tag{3.37}$$

$F(x)$和$v(x)$在无不实信息平衡点 E_0 处的雅可比矩阵如下：

$$F=DF(E_0)=\begin{pmatrix}(2a-a^2)\lambda\bar{k}\dfrac{b}{b+\mu} & 0\\ 0 & 0\end{pmatrix}\tag{3.38}$$

$$V=Dv(E_0)=\begin{pmatrix}(\mu+\delta) & 0\\ -\delta & \mu\end{pmatrix}\tag{3.39}$$

结合 Driessche 和 Watmough(2002)提出的下一代矩阵和基本再生数的

概念，系统(3.35)的基本再生数为 $\Re_0=\rho(FV^{-1})$，其中$\rho(FV^{-1})$表示矩阵FV^{-1}的谱半径。则

$$\Re_0=\rho(FV^{-1})=\frac{(2a-a^2)\lambda b\bar{k}}{(b+\mu)(\delta+\mu)}=\frac{(2a-a^2)\lambda\bar{k}}{(\delta+\mu)}I^0 \tag{3.40}$$

接下来，将为改进的 ISR 模型求解所有可能的平衡解。

3.2.2.3 系统的稳态及其稳定性

社交网络的稳定与安全有利于减缓不实信息的传播、减轻不实信息的危害，服务社会大众。因此，本节更关注上述模型的所有可能的平衡态。平衡态是指系统中所有个体在可行域 Ω 内时间趋于无穷大的时候所能达到的稳定状态。本系统内有两个可行的平衡点：一个是无不实信息平衡点 $E^0=(I^0\quad S^0\quad R^0)^T$，另一个是不实信息地方平衡点 $E^*=(I^*\quad S^*\quad R^*)^T$，$E^0$ 和 E^* 分别被称为系统的边界平衡点和内部平衡点。

从平衡态的定义来看，当系统中各类别的进入率和移出率相等时，即当各类别的迁移率为 0 时，系统将达到动态平衡，满足以下方程：

$$\begin{cases}b(1-N(t))-(2a-a^2)\lambda\bar{k}I(t)S(t)-\mu I(t)=0\\(2a-a^2)\lambda\bar{k}I(t)S(t)-(2a-a^2)\sigma\bar{k}S(t)(S(t)+R(t))-\mu S(t)-\delta S(t)=0\\(2a-a^2)\sigma\bar{k}S(t)(S(t)+R(t))+\delta S(t)-\mu R(t)=0\end{cases} \tag{3.41}$$

通过求解式(3.41)，可以得到系统(3.33)的一个边界平衡点 $E^0=\left(\frac{b}{b+\mu}\quad 0\quad 0\right)^T$ 和一个内部性平衡点 $E^*=(I^*\quad S^*\quad R^*)^T$，详细表达如下：

$$E^*=\begin{pmatrix}\dfrac{(2a-a^2)b\sigma\bar{k}+\mu(\delta+\mu)(b+\mu)}{(2a-a^2)(\sigma+\lambda)(b+\mu)\bar{k}}\\[2ex]\dfrac{\mu[b\lambda(-2a+a^2)\bar{k}+(\delta+\mu)(b+\mu)]}{\lambda(-2a+a^2)\bar{k}[b\sigma(2a-a^2)\bar{k}+(\delta+\mu)(b+\mu)]}\\[2ex]\dfrac{[\lambda b(2a-a^2)\bar{k}-(\delta+\mu)(b+\mu)][\lambda b\sigma(2a-a^2)\bar{k}+(b+\mu)(\lambda\delta-\sigma\mu)]}{\lambda(2a-a^2)\bar{k}(\sigma+\lambda)(b+\mu)[b\sigma(2a-a^2)\bar{k}+(\delta+\mu)(b+\mu)]}\end{pmatrix}_{3\times1} \tag{3.42}$$

根据 Driessche 和 Watmough(2002)的定理3，可知存在一个刻画不实信

息传播阈值的基本再生数 $\mathfrak{R}_0$，用来衡量不实信息爆发的可能性和严重程度。如果 $\mathfrak{R}_0>1$，则不实信息可以在整个人群中传播；如果 $\mathfrak{R}_0<1$，则不实信息会逐渐消亡。

考虑到各种外部因素的影响，在上述定量模型中引入扰动因子，将其转化为随机微分方程模型。本节假设环境波动变量为 Stratonovich 随机噪声，并围绕环境波动变量对系统动力学的影响展开分析。

3.2.3 随机模型

当紧急情况发生时，人们对事件的看法并非一成不变。相反，由于周围环境的剧烈变化，人们对事件的态度随之波动。例如，新冠疫情初期，人们认为这是普通流感，对相关传言漠不关心，习惯性地认为病毒离我们很远，对人体造不成威胁，因此对不实信息不感兴趣。然而，随着感染者数量的激增、相关不实信息的广泛传播，以及政府对有关事实信息的宣传，人们逐渐改变了看法，开始关注相关事件和不实信息。由此可见，衡量人们是否有传谣兴趣的活跃度是一个动态调整、不断波动的变量。也就是说，个体的活跃度与事件的演化和发展具有一定的相关性，并且与环境条件的变化密不可分，具有一定的随机性。为了使模型更加贴合实际，本节考虑了个体活跃度中包含噪声项的随机不实信息模型。

为了探讨环境波动对无知者、传播者和移出者节点活跃度 a 的影响，假设 a 在其均值附近波动。因此，本书用 $a(t)$ 重新定义活跃度，即

$$a(t)=a+\eta\Phi(t) \tag{3.43}$$

其中，$\Phi(t)\sim N(0,\ \eta^2)$ 表示均值为零的噪声项，η 表示噪声强度，用来衡量相对于活跃度的波动幅度。由系统(3.33)可知，活跃度对模型的整体影响是用参数 $2a(t)-a^2(t)$ 来表示的。结合式(3.43)可得：

$$2a(t)-a^2(t)=2a-a^2+2\eta(1-a)\Phi(t)-\eta^2\Phi^2(t) \tag{3.44}$$

为简化计算，考虑到二次项 $\eta^2\Phi^2(t)$ 的值很小，可忽略不计。因此省略高阶项 $\eta^2\Phi^2(t)$，只保留一阶项，得到如下结果：

$$2a(t)-a^2(t)=2a-a^2+2\eta(1-a)\Phi(t) \tag{3.45}$$

将式(3.45)中 $2a(t)-a^2(t)$ 的表达式代入定量系统(3.33)，得到 Stratonovich 随机系统：

$$\begin{cases} dI(t)=(b(1-N(t))-(2a-a^2)\lambda \bar{k}I(t)S(t)-\mu I(t))dt- \\ \qquad 2\eta(1-a)\lambda \bar{k}I(t)S(t)\circ dW_1(t) \\ dS(t)=\begin{pmatrix} (2a-a^2)\lambda \bar{k}I(t)S(t)- \\ (2a-a^2)\sigma \bar{k}S(t)(S(t)+R(t))- \\ \mu S(t)-\delta S(t) \end{pmatrix}dt+ \\ \qquad 2\eta(1-a)\lambda \bar{k}I(t)S(t)\circ dW_1(t)- \\ \qquad 2\eta(1-a)\sigma \bar{k}S(t)(S(t)+R(t))\circ dW_2(t) \\ dR(t)=((2a-a^2)\sigma \bar{k}S(t)(S(t)+R(t))-\mu R(t)+\delta S(t))dt+ \\ \qquad 2\eta(1-a)\sigma \bar{k}S(t)(S(t)+R(t))\circ dW_2(t) \end{cases} \tag{3.46}$$

初始条件如下：

$$I(t_0)=I_0,\ S(t_0)=S_0,\ R(t_0)=R_0$$

本书采用 Stratonovich 积分刻画随机过程，因为相比于伊藤（Ito）积分，Stratonovich 积分作为处理随机微积分中的一个经典方法，更适用于对物理系统进行建模，保持了经典力学下的变换不变性。其中 $W_i(t)$ 为标准的维纳过程，方程组中的符号“$\circ dW_t$”表示 Stratonovich 积分中的微分（Goodman，1975），它考虑了布朗运动增量的中点，与我们对物理过程的直观理解相一致。为了分析式（3.38）的行为，引入以下定理：

定理 3.4　根据相关文献（Jain et al.，2019；Goodman，1975），具有 N 维维纳过程的 M 维 Stratonovich 随机微分方程定义为：

$$dX = \underline{a}(t,\ X)dt + \sum_{j=1}^{M} b^j(t,\ X)\circ dW^j(j)$$

其解与 Itô 随机微分方程相同，如下式所示：

$$dX = a(t,\ X)dt + \sum_{j=1}^{M} b^j(t,\ X)dW^j(j)$$

上述方程具有漂移系数 $a(t,\ X)$，按其分量，$\bar{a}(t,\ X)$ 可定义如下：

$$a^i(t,\ X) = \underline{a}^i(t,\ X)dt + \frac{1}{2}\sum_{k=1}^{N}\sum_{j=1}^{M} b^{k,j}(t,\ X)\frac{\partial b^{i,j}}{\partial x_k}(t,\ X)$$

根据定理3.4给出的Stratonovich-Itô转换，结合公式$R(t)=N(t)-I(t)-S(t)$与$S(t)+R(t)=N(t)-I(t)$，系统(3.46)可转化为以下等价的Itô形式：

$$dI(t)=\begin{pmatrix} b(1-N(t))-(2a-a^2)\lambda\bar{k}I(t)S(t)-\mu I(t)- \\ \frac{1}{2}(2\eta(1-a)\lambda\bar{k})^2I(t)S(t)(S(t)-I(t)) \end{pmatrix}dt-$$
$$2\eta(1-a)\lambda\bar{k}I(t)S(t)dW_1(t) \tag{3.47}$$

$$dS(t)=\begin{pmatrix} (2a-a^2)\lambda\bar{k}I(t)S(t)-\mu S(t)-\delta S(t)- \\ (2a-a^2)\sigma\bar{k}S(t)(S(t)+R(t))+ \\ \frac{1}{2}(2\eta(1-a)\lambda\bar{k})^2I(t)S(t)(I(t)-S(t))+ \\ \frac{1}{2}(2\eta(1-a)\sigma\bar{k})^2S(t)(S(t)+R(t))R(t) \end{pmatrix}dt-$$
$$2\eta(1-a)\lambda\bar{k}I(t)S(t)dW_1(t)-$$
$$2\eta(1-a)\sigma\bar{k}S(t)(S(t)+R(t))dW_2(t) \tag{3.48}$$

$$dR(t)=\begin{pmatrix} (2a-a^2)\sigma\bar{k}S(t)(S(t)+R(t)-\mu R(t))+\delta S(t)- \\ \frac{1}{2}(2\eta(1-a)\sigma\bar{k})^2S(t)(S(t)+R(t))R(t) \end{pmatrix}dt+$$
$$2\eta(1-a)\sigma\bar{k}S(t)(S(t)+R(t))dW_2(t) \tag{3.49}$$

且满足初始条件$I(t_0)=I_0$，$S(t_0)=S_0$，$R(t_0)=R_0$。

下一节将探究系统(3.47)至系统(3.49)随机解的存在性与唯一性。

3.2.4 正解的存在性与唯一性

为了证明系统(3.47)至系统(3.49)正解的存在性与唯一性，给出如下定义。

定义3.1 引入关于时间t的一阶非负连续可微，且关于变量u的二阶连续可微的非负连续函数$P(t, u)\in C_{1,2}$。定义域D_n满足$D_n=|x|<n$，则对应于随机微分函数$P(t, u)\in C_{1,2}$的微分算子L具有漂移$A(t, u)$和扩散系数$B(t, u)$，且

$$LP(t,\ u)=\frac{\partial P(t,\ u)}{\partial t}+A^T\frac{\partial P(t,\ u)}{\partial u}+\frac{1}{2}tr\left[B^T\frac{\partial^2 P(t,\ u)}{\partial u^2}B\right]$$

其中，$\frac{\partial P(t,\ u)}{\partial u}=\left(\frac{\partial P(t,\ u)}{\partial u_1},\ \cdots,\ \frac{\partial P(t,\ u)}{\partial u_n}\right)$，$\frac{\partial^2 P(t,\ u)}{\partial u^2}=\left(\frac{\partial^2 P(t,\ u)}{\partial u_i u_j}\right)_{i,j}$，参数 $i=1,\ 2$。

为了消除系统（3.47）至系统（3.49）中的变量 R，利用等式 $R=N-I-S$ 将其替换，得到简化的（I，S）系统。

根据 Khasminskii（2012）给出的定理 3.5，对系统（I，S）运用如下定理。

定理 3.5　假设系统（3.46）至系统（3.48）在每一柱面 $[a,\ b]\times U_R$ 上满足存在唯一性定理，并且存在定义在 $[0,\ \Omega]\times R_{++}^2\rightarrow R_{++}$ 上的非负函数 $P(t,\ u)\in C_{1,2}$，则对 $c>0$ 有 $LP\leqslant cP$，且当 $R\rightarrow\infty$ 时，$P_R=inf_{|x|>R}P(t,\ u)\rightarrow\infty$。对于每一个独立于过程 $W(t)-W(t_0)$ 的随机变量 $X(t_0)=(I(t_0),\ S(t_0))$，简化的随机微分方程都存在连续的唯一解 $X(t)=(I(t),\ S(t))$。

证明：定义函数 P：$[0,\ \Omega]\times R_{++}^2\rightarrow R_{++}$ 如下：

$$P(I,\ S)=I-\ln I+S-\ln S$$

根据 Itô 公式，微分算子 $L(P)$ 表示如下：

$$L(P)=\left(1-\frac{1}{I}\right)\begin{pmatrix}b(1-N(t))-(2a-a^2)\lambda\bar{k}I(t)S(t)-\mu I(t)-\\ \frac{1}{2}(2\eta(1-a)\lambda\bar{k})^2I(t)S(t)(S(t)-I(t))\end{pmatrix}+$$

$$\left(1-\frac{1}{S}\right)\begin{pmatrix}(2a-a^2)\lambda\bar{k}I(t)S(t)-\mu S(t)-\delta S(t)-\\ (2a-a^2)\sigma\bar{k}S(t)(N(t)-I(t))+\\ \frac{1}{2}(2\eta(1-a)\lambda\bar{k})^2I(t)S(t)(I(t)-S(t))+\\ \frac{1}{2}(2\eta(1-a)\sigma\bar{k})^2S(t)(N(t)-I(t))(N(t)-I(t)-S(t))\end{pmatrix}$$

由于对于任意 x 存在 $x-\ln x\geqslant 1$，这意味着 $P\geqslant 2$ 且 $R=N-I-S\leqslant 1$。因此，存在正常数 c 使得 $LP\leqslant cP$。易得当 $n\rightarrow\infty$ 时，$P_n=inf_{|x|>n}P(I,\ S)\rightarrow\infty$。得证。

根据 Khasminskii（2012）所提出的推论，系统解仍在区域 Ω 内。

根据系统(3.46)至系统(3.48)在无不实信息平衡点E^0附近的线性化，得到系统(3.46)至系统(3.48)演化为地方性不实信息的条件。

为了实现这一目标，进行以下变换：

$$u=(u_1,\ u_2,\ u_3)=(I,\ S,\ R)-(I^0,\ 0,\ 0)$$

利用上述变换，可以得到系统(3.47)和系统(3.49)的另一种非线性形式：

$$\begin{cases} du_1(t)=f_1(t,\ u)-2\eta(1-a)\lambda\bar{k}(u_1+I^0)u_2dW_1(t) \\ du_2(t)=f_2(t,\ u)+2\eta(1-a)\lambda\bar{k}(u_1+I^0)u_2dW_1(t)- \\ \qquad 2\eta(1-a)\sigma\bar{k}u_2(u_2+u_3)dW_2(t) \\ du_3(t)=f_3(t,\ u)+2\eta(1-a)\sigma\bar{k}u_2(u_2+u_3)dW_2(t) \end{cases} \tag{3.50}$$

$$\begin{cases} f_1(t,\ u)=b(1-N(t))-(2a-a^2)\lambda\bar{k}(u_1+I^0)u_2-\mu(u_1+I^0)+ \\ \qquad \frac{1}{2}(2\eta(1-a)\lambda\bar{k})^2(u_1+I^0)u_2(u_2-u_1-I^0) \\ f_2(t,\ u)=(2a-a^2)\lambda\bar{k}(u_1+I^0)u_2-(2a-a^2)\sigma\bar{k}u_2(u_2+u_3)-(\mu+\delta)u_2+ \\ \qquad \frac{1}{2}(2\eta(1-a)\lambda\bar{k})^2(u_1+I^2)u_2(u_1+I^2-u_2)+ \\ \qquad \frac{1}{2}(2\eta(1-a)\sigma\bar{k})^2u_2u_3(u_2+u_3) \\ f_3(t,\ u)=(2a-a^2)\sigma\bar{k}u_2(u_2+u_3)+\delta u_2-\mu u_3- \\ \qquad \frac{1}{2}(2\eta(1-a)\sigma\bar{k})^2u_2u_3(u_2+u_3) \end{cases} \tag{3.51}$$

系统(3.50)在无不实信息平衡点$u=0$附近的线性化等价于系统(3.47)至系统(3.49)在无不实信息平衡点E^0附近的线性化，由此可得：

$$du=(A_1u+A_2)dt+BudW_1(t)u(t_0)=u_0 \tag{3.52}$$

其中，$A_1=\begin{bmatrix} -\mu & -(2a-a^2)\lambda\bar{k}I^0-\frac{1}{2}(2\eta(1-a)\lambda\bar{k})^2(I^0)^2 & 0 \\ 0 & (2a-a^2)\lambda\bar{k}I^0-(\mu+\delta)+\frac{1}{2}(2\eta(1-a)\lambda\bar{k})^2(I^0)^2 & 0 \\ 0 & \delta & -\mu \end{bmatrix}$

$$A_2=\begin{bmatrix} -\mu I^0 \\ 0 \\ 0 \end{bmatrix},\quad B=\begin{bmatrix} 0 & -2\eta(1-a)\lambda\bar{k}I^0 & 0 \\ 0 & 2\eta(1-a)\lambda\bar{k}I^0 & 0 \\ 0 & 0 & 0 \end{bmatrix}$$

因此，式(3.52)的特征值$E[u(t)]$表示如下：

$$E[u(t)]=(E_{u_1},\ E_{u_2},\ E_{u_3})^T \tag{3.53}$$

其中，$\begin{cases} E_{u_1}=-\dfrac{b_1}{a_{11}}+e^{a_{11}x}c[1]+\dfrac{a_{12}(e^{a_{11}x}-e^{a_{22}x})c[2]}{a_{11}-a_{22}} \\ E_{u_2}=e^{a_{22}x}c[2] \\ E_{u_3}=\dfrac{a_{32}(e^{a_{22}x}-e^{a_{33}x})c[2]}{a_{22}-a_{33}}+e^{a_{33}x}c[3] \end{cases}$

$c[i]$为常数，$i=1,\ 2,\ 3$。下一小节给出了随机系统(3.47)至系统(3.49)的无不实信息均衡的全局稳定性判据。

3.2.5　无不实信息平衡点的稳定性分析

本小节探究了系统(3.47)至系统(3.49)的无不实信息平衡点E^0的全局稳定性(Tornatore et al.，2005)。为了避免不实信息爆发，必须满足不等式$a_{22}<0$，即：

$$(2a-a^2)\lambda\bar{k}I^0-(\mu+\delta)+\frac{1}{2}(2\eta(1-a)\lambda\bar{k})^2(I^0)^2<0 \tag{3.54}$$

经过简化，可以得到如下不等式：

$$(2a-a^2)\lambda\bar{k}I^0+\frac{1}{2}(2\eta(1-a)\bar{k})^2\lambda^2(I^0)^2<\mu+\delta \tag{3.55}$$

为便于分析，定义$\Re_0^*$为随机不实信息系统的基本再生数，表示如下：

$$\Re_0^* = \frac{(2a-a^2)}{\mu+\delta}\lambda \bar{k} I^0 + \frac{1}{2}\frac{(2\eta(1-a)\bar{k})^2}{\mu+\delta}\lambda^2 (I^0)^2 \tag{3.56}$$

值得注意的是，定量与随机两个版本的基本再生数存在以下关系：

$$\Re_0^* = \Re_0 + \frac{1}{2}\frac{(2\eta(1-a)\bar{k})^2}{\mu+\delta}\lambda^2 (I^0)^2 \tag{3.57}$$

由式(3.57)易得 $\Re_0^* \geqslant \Re_0$。因此，在噪声存在的情况下，随机不实信息模型的基本再生数总是大于确定性不实信息模型。接下来，集中讨论以下定义：

定义 3.2 线性化系统(3.52)的解 $u(t)=0$ 满足以下条件：

(1)当 $\sup_{|u|\leqslant n, t\geqslant h}(E|u(t)|^r)\to 0$，$n\to 0$ 时，$u(t)$ 是 r 稳定的，其中 $t\geqslant 0$，$h\geqslant 0$；

(2)若 $u(t)$ 是 r 稳定的，且当 $t\to\infty$ 时，$E(|u(t)|^r)\to 0$，则称其 r 渐近稳定；

(3)若 M 和 p 是正常数，且 $E(|u(t)|^r)\leqslant M(|u|^r)e^{-p(t-h)}$，则称其 r 指数稳定；

(4)若 $p=1$，则均值稳定，且均方差满足 $p=2$。

对系统(3.52)运用定义 3.2，可以扩展得到以下定理：

定理 3.6 当 $\Re_0^*<1$ 时，线性化系统(3.52)的解 $u(t)=0$，全局渐近稳定；当 $\Re_0^*>1$ 时，全局不稳定。

证明： 当 $\Re_0^*<1$ 时，则 $\Re_0<1$。根据式(3.53)中 $u(t)$ 的期望值，可知 $\lim\limits_{t\to\infty}E(u(t))\to 0$，则说明系统是全局渐近稳定的。

若 $\Re_0>1$，则 $\Re_0^*>1$，即 $\lim\limits_{t\to\infty}E(u(t))\to\infty$。即 $\Re_0^*>1$ 时，系统不稳定。

当 $\Re_0^*=1$，则有：

$$1-\frac{1}{2}\frac{(2\eta(1-a)\bar{k})^2}{\mu+\delta}\lambda^2(I^0)^2 \leqslant \Re_0 \leqslant 1$$

因此，不实信息将在初始阶段增长，可能是不实信息暂时性传播的原因，同样也是由于噪声强度 η 对活跃率 a 的影响。

在此情况下，$a_{22}>0$ 恒成立，则 $\lim\limits_{t\to\infty}E(|u(t)|)\to\infty$。当等式 $c[1]=E(u_2(t_0))=E(S(t_0))=0$ 成立时，不实信息是可控的。因此，提出如下

定理：

定理 3.7　如果 $\Re_0^*=1$，当且仅当 $c[1]=E(u_2(t_0))=E(S(t_0))=0$ 时，系统(3.52)是全局渐近稳定的。

接下来，为分别证明非线性系统(3.47)至系统(3.49)、系统(3.50)的无不实信息平衡点 E^0 和解 $u(t)=0$ 的全局稳定性，提出如下定理：

定理 3.8　如果具有漂移系数 $F(t,u)$ 和扩散系数 $G(t,u)$ 的线性化系统(3.52)是全局渐近稳定的，则具有漂移系数 $f(t,u)$ 和扩散系数 $g(t,u)$ 的非线性化系统(3.50)的解 $u(t)=0$ 也是全局渐近稳定的，且在 $u=0$ 的一个充分小的邻域中有：

$$|f(t,u)-F(t,u)|+|g(t,u)-G(t,u)|<\varepsilon|u|$$

其中，ε 为充分小的常数。

证明：在 $u=0$ 的一个充分小的邻域内，存在足够小的 ζ 满足 $|u|<\zeta$，可得：

$$|f(t,u)-F(t,u)|+|g(t,u)-G(t,u)|=\sqrt{f_4^2+f_5^2+f_6^2}+\sqrt{g_4^2+g_5^2+g_6^2}<\zeta|u|$$

对正常数 ζ，下式成立：

$$\begin{cases} f_4=b(1-N(t))-(2a-a^2)\lambda\bar{k}u_1u_2- \\ \quad \mu I^2+\dfrac{1}{2}(2\eta(1-a)\lambda\bar{k})^2(u_1u_2^2-u_1^2u_2-2u_1u_2I^0+u_2^2I^0) \\ f_5=(2a-a^2)\lambda\bar{k}u_1u_2-(2a-a^2)\sigma\bar{k}u_2(u_2+u_3)+ \\ \quad \dfrac{1}{2}(2\eta(1-a)\lambda\bar{k})^2(u_1^2u_2+2u_1u_2I^0-u_1u_2^2-u_2^2I^0)- \\ \quad \dfrac{1}{2}(2\eta(1-a)\sigma\bar{k})^2(u_2^2u_3+u_2u_3^2) \\ f_6=(2a-a^2)\sigma\bar{k}u_2(u_2+u_3)+\dfrac{1}{2}(2\eta(1-a)\sigma\bar{k})^2(u_2^2u_3+u_2u_3^2) \end{cases}$$

$$\begin{cases} g_4=-2\eta(1-a)\lambda\bar{k}u_1u_2 \\ g_5=2\eta(1-a)\lambda\bar{k}u_1u_2-2\eta(1-a)\sigma\bar{k}(u_2^2+u_2u_3) \\ g_6=2\eta(1-a)\sigma\bar{k}(u_2^2+u_2u_3) \end{cases}$$

接下来将在数值模拟部分验证上述分析中结果的正确性，并将随机模型的演化轨线和定量模型进行比较。

3.2.6 数值模拟

本小节通过对定量和随机模型进行仿真模拟以证明前一节讨论分析的有效性。为了区分 Stratonovich 随机噪声和无噪声两种情况对模型渐近行为的影响，本小节对定量模型和随机模型的样本轨线进行了仿真，然后通过设置合适的参数对本节结论进行验证。

图 3.7 表明系统在 $\mathfrak{R}_0=1$ 和 $\mathfrak{R}_0^*=1$ 处出现分叉现象，这与分析结论一致。当超过 $\mathfrak{R}_0^*=1$ 时，稳态下的传播者的密度随着 $\mathfrak{R}_0^*$ 的增大而增大，即平衡点 E^* 处的传播者密度逐渐增大。通过图 3.7(a) 和图 3.7(b) 的比较可以看出，随着 $\mathfrak{R}_0$ 和 $\mathfrak{R}_0^*$ 的增加，定量模型中传播者的密度逐渐增大，而随机模型则表现为振荡增加，充分体现了 ER 网络的随机性。

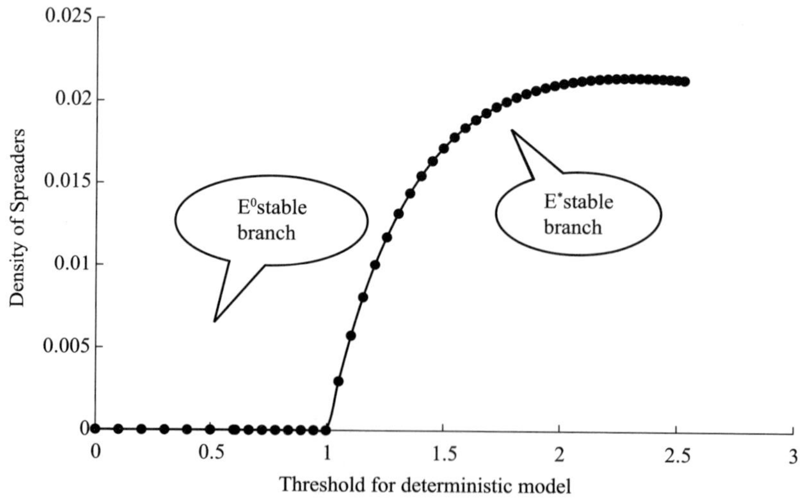

(a) $\mathfrak{R}_0=1$ 时的系统分岔图

图 3.7 系统分岔图

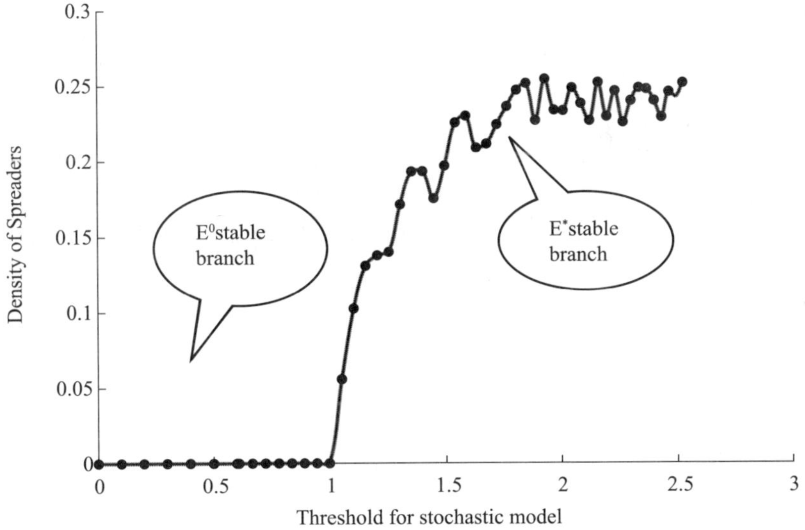

(b)　$\mathfrak{R}_0^*=1$ 时的系统分岔图

图 3.7　系统分岔图(续)

图 3.8 刻画了不同类型的节点密度随时间推移的演化轨线，图 3.8(a)、图 3.8(b)、图 3.8(c)对应于情况 $\mathfrak{R}_0<1$ 和 $\mathfrak{R}_0^*<1$，图 3.8(d)、图 3.8(e)、图 3.8(f)对应于情况 $\mathfrak{R}_0>1$ 和 $\mathfrak{R}_0^*>1$。从图 3.8 中可以看出，在随机干预的影响下，随机模型的各类别演化轨线围绕定量模型波动。虽然随机轨线波动很大，但它们并没有完全偏离定量模型的轨迹。对于定量模型，从图 3.8(a)、图 3.8(d)中的实线可以看出，无知者在经历了一系列峰谷之后，逐渐接近稳定常数。从图 3.8(c)、图 3.8(f)中可以看出，移出者从零开始向上振荡，然后稳定到一个常数。同时发现，无论是否存在噪声干扰，只要系统的基本再生数小于 1[即 $\mathfrak{R}_0<1$ 和 $\mathfrak{R}_0^*<1$，如图 3.8(b)所示]，传播者都会历经几个峰谷，然后稳定于零，即不实信息最终消失。相反，如果 $\mathfrak{R}_0>1$ 和 $\mathfrak{R}_0^*>1$，传播者则趋于一个常数，不实信息将始终存在并在系统中传播[如图 3.8(e)所示]。在 Stratonovich 随机噪声的干扰下，个体的渐近行为会产生较大的波动。由于 Stratonovich 随机噪声是一个右连续布朗过程(或维纳过程)，其运动轨迹在一定程度上偏离了相应的定量模型，与理论结果吻合的效果较好。

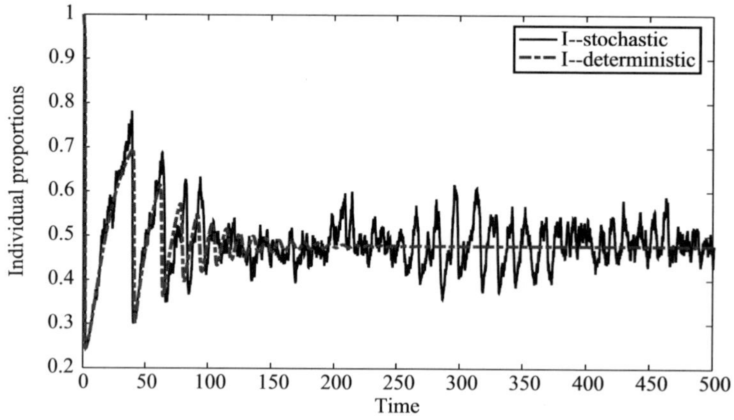

(a) $\Re_0<1$ 和 $\Re_0^*<1$

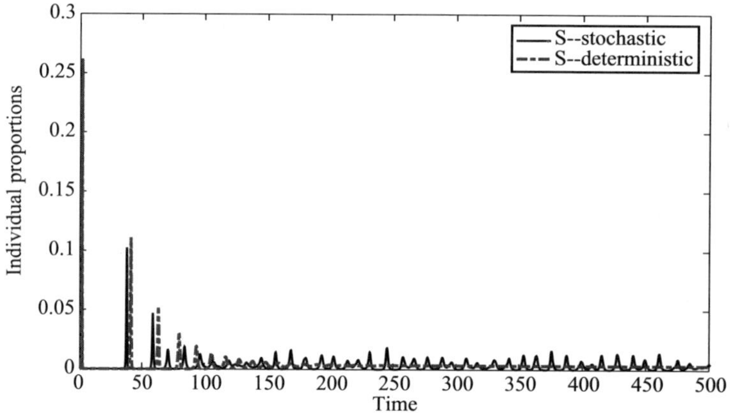

(b) $\Re_0<1$ 和 $\Re_0^*<1$

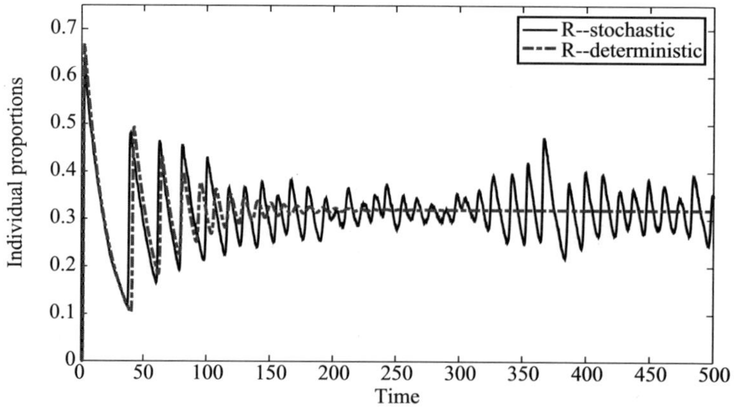

(c) $\Re_0<1$ 和 $\Re_0^*<1$

图 3.8 定量模型和随机模型中无知者、传播者和移出者的密度变化轨线

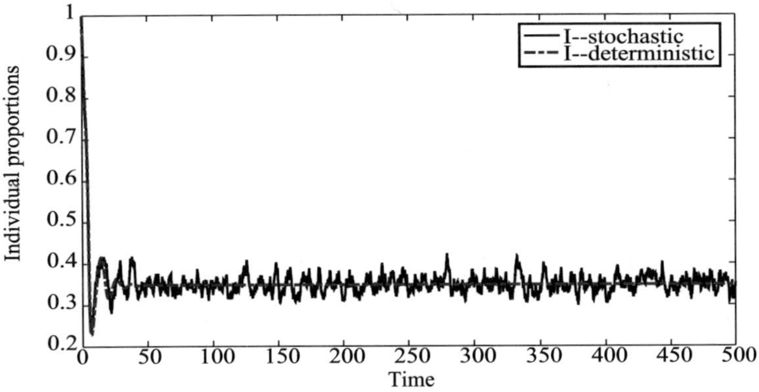

（d）　$\Re_0>1$ 和 $\Re_0^*>1$

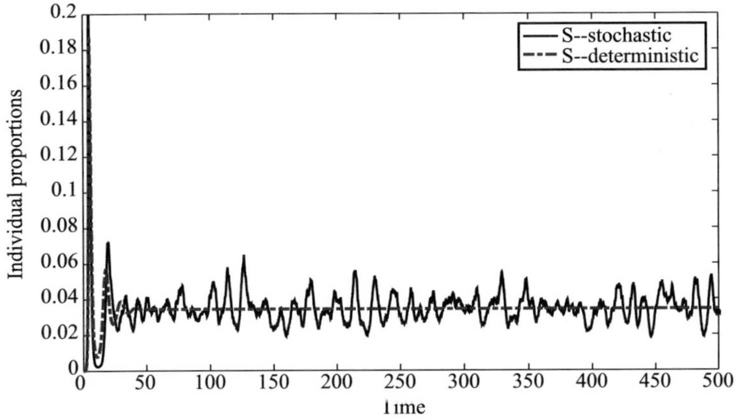

（e）　$\Re_0>1$ 和 $\Re_0^*>1$

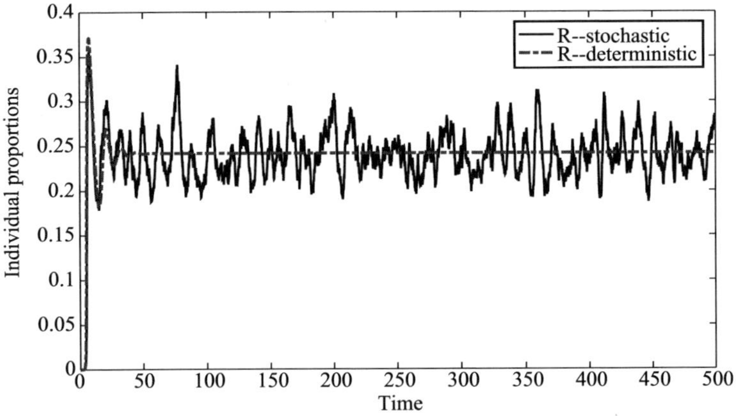

（f）　$\Re_0>1$ 和 $\Re_0^*>1$

图 3.8　定量模型和随机模型中无知者、传播者和移出者的密度变化轨线(续)

图 3.9 描绘了不同噪声强度干扰下系统中传播者与移出者的时间演化轨线，其中 $\eta=0$，0.1，0.2，0.3。图 3.9(a)、图 3.9(b)表示基本再生数 $\Re_0<1$ 和 $\Re_0^*<1$，图 3.9(c)、图 3.9(d)表示 $\Re_0>1$ 和 $\Re_0^*>1$。

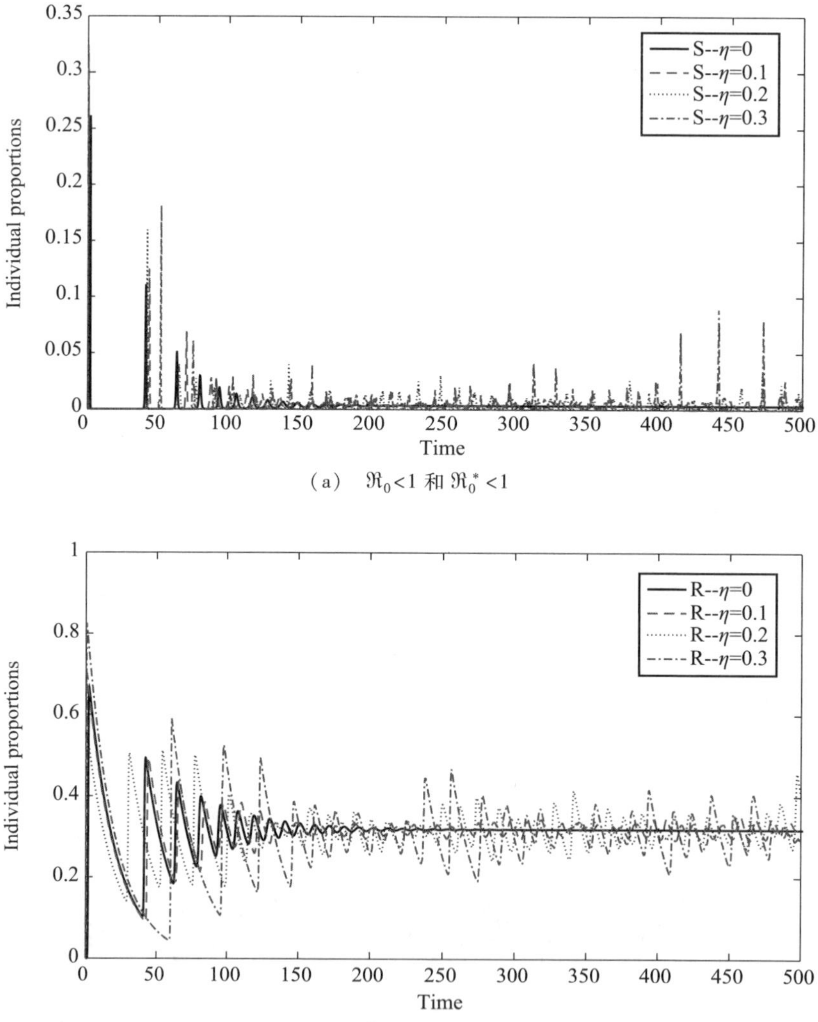

(a) $\Re_0<1$ 和 $\Re_0^*<1$

(b) $\Re_0<1$ 和 $\Re_0^*<1$

图 3.9 定量模型和随机模型中传播者和移出者的密度变化轨线

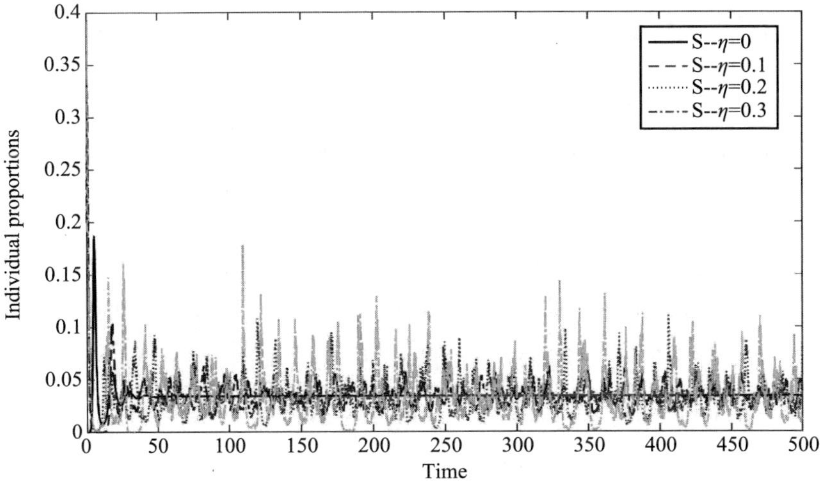

(c) $\Re_0>1$ 和 $\Re_0^*>1$

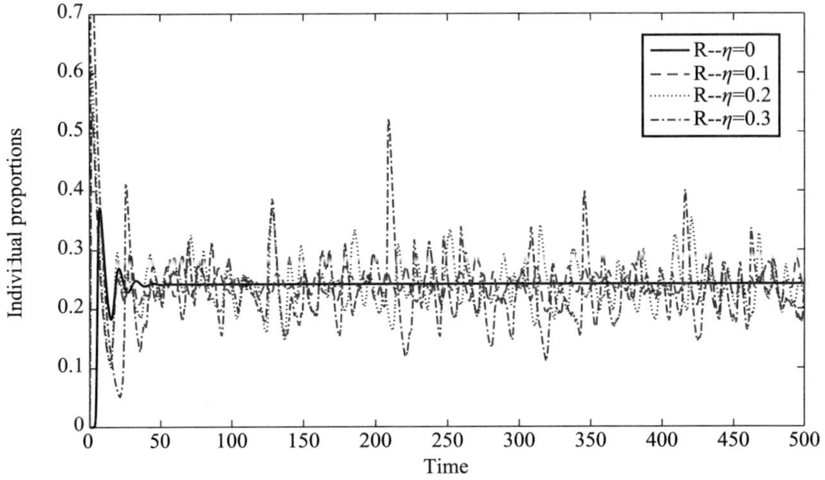

(d) $\Re_0>1$ 和 $\Re_0^*>1$

图 3.9 定量模型和随机模型中传播者和移出者的密度变化轨线(续)

通过比较图 3.8 和图 3.9，可以得到以下共同点：无论参数设置如何，只要 $\Re_0<1$ 和 $\Re_0^*<1$，不实信息就会消亡，然而，当 $\Re_0>1$ 和 $\Re_0^*>1$ 时，不实信息将永久存在于系统中。从图 3.9 中可以看出，噪声强度越大，时间演化图的轨线振幅越大，偏离定量模型轨线的程度越高，不实信息也就越难控制。

3.2.7 小结

本小节分析了考虑活跃度影响的同质网络中不实信息定量模型和随机模型的动态行为。运用数学分析导出了两个版本的基本再生数 $\mathfrak{R}_0$ 和 $\mathfrak{R}_0^*$，并分别由式(3.40)和式(3.54)定义。图 3.7 所示的基本再生数 $\mathfrak{R}_0=1$ 和 $\mathfrak{R}_0^*=1$ 是衡量不实信息是否爆发的临界条件。由图 3.8 可知，若 $\mathfrak{R}_0<1$ 或 $\mathfrak{R}_0^*<1$，则无不实信息平衡点是局部渐近稳定的，并且系统中不存在传播者，不实信息消亡。然而，若 $\mathfrak{R}_0>1$ 或 $\mathfrak{R}_0^*>1$，则不实信息将在社交网络中爆发，并永远存在系统中。同时，计算得到了随机模型无不实信息均衡的全局稳定性判据。在噪声 η 存在时，若 $\mathfrak{R}_0<1$ 且条件(3.42)成立，则无不实信息均衡点全局渐近稳定。

仿真结果表明，无论是定量模型还是随机模型，只要系统的基本再生数小于 1，不实信息传播者在经过一段时间的振荡后会逐渐稳定于 0，不实信息将会在系统中消亡。当基本再生数大于 1 时，不实信息传播者最终趋于一个稳定常数，不实信息将永远存在于系统中。同时，仿真发现随机模型的演化轨线在一定程度上围绕定量模型波动。在随机干涉模型中，噪声强度越大，轨迹偏差越大，不实信息控制难度越大。

3.3 本章小结

本章基于 ISR 经典模型，研究了社交网络中个体活跃度与传播环境对不实信息传播的影响。活跃的个体更加容易被不实信息影响，其中活跃的无知者可以被周围的所有传播者所影响，而不活跃的无知者只受到周围活跃的传播者的影响。同时无知者是否被不实信息感染还受到不实信息传播者的传播强度以及所处的传播环境即传播者密度所影响。此外，个体的活跃度并非一成不变的定量，它会因环境的随机干涉而扰动。

研究发现：

(1)不实信息的传播规模及传播阈值不仅与基本传播率相关，还受个体的活跃度、传播者的传播强度以及环境中传播者的密度影响。具体表现为，最终传播规模和传播阈值随着活跃度的加大而增加。

(2) 定量模型和随机模型都存在一个衡量不实信息是否传播扩散的关键阈值，超过阈值则不实信息泛滥；小于阈值则不实信息消亡。

(3) 环境的随机波动对于个体的活跃度、传播规模具有一定的影响，随机干扰强度越大，个体的传播轨线偏差越强，不实信息控制难度越大。

总之，在不实信息传播过程中考虑活跃度、非线性传播率，以及随机干涉更加切合实际情况，对于实际化不实信息传播控制有重要的指导借鉴意义。

第4章

考虑个体心理效应的不实信息传播模型

以往对不实信息传播方式的研究主要是基于媒体可信度、传播密度、周围环境、噪声影响、个体活跃度、传播偏好等方面。然而，先前的研究多将这些因素固定为常数。事实上，人们对事件的心理反应会受到不同因素的影响，而这些因素又会随着时间的推移而变化。一方面，人们的记忆力会自发下降；另一方面，作为社会成员，个体不可避免地接受社会外部因素的刺激，随着时间的推移，这种正向刺激则越加强烈，人们对不实信息的记忆会逐渐积累和加强；除此之外，人又是个体化动物，受自身心理、兴趣等内部因素影响，传谣兴趣逐渐衰减。任何事物的发展变化都离不开时间的影响，不实信息从一开始进入传播渠道，经历了滋生、传播和消除三个阶段。对于传播者和无知者，每个阶段都有不同的心理反应，它不仅影响人们对周围事物的记忆，而且能够改变个体对事物的认知。因此，不实信息的传播速度并非恒定的，而是一个随时间动态变化的变量。目前，关于时变系统的不实信息传播研究相对较少，因此，本节基于心理学视角从时间的维度上探讨时变系统中内外部因素对不实信息规模和传播阈值的影响，考虑个人兴趣随时间的变化以及外界社会环境对记忆的强化作用，利用 Ebbinghaus 遗忘曲线（Ebbinghaus，2013）建立一个系统动态行为不仅依赖于当前状态，还显式地依赖于时间变量的非自治系统中改进的 ISR 不实信息传播模型，同时对不实信息在时变系统中的传播过程进行探索。

4.1 模型建立

不实信息传播是一个复杂的内外交互的心理过程，它不仅取决于无知者的知识水平、社会经验，不实信息本身的吸引力、模糊性，同时也取决于传播者的传谣兴趣、媒体的反不实信息行为等。这些因素也会受到时间的影响，因此在传播动力学系统中充分考虑时变因素的影响是一个值得探讨的课题。

本节在 DK 模型的基础上，考虑人的主观能动性，引入时变因素，将线性传播率更新为关于时间的函数，从而建立如下不实信息传播模型：

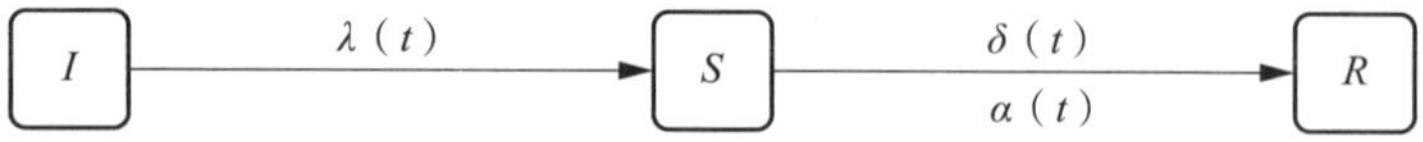

图 4.1 不实信息传播过程

如图 4.1 所示，当无知者与传播者接触时，无知者以概率 $\lambda(t)$ 转化为传播者。当传播者与传播者或移出者相遇时，传播者会以概率 $\alpha(t)$ 转化为移出者，称为免疫率。同时，由于遗忘机制的存在，传播者可以自发地停止传播不实信息，转化为移出者，即遗忘率 $\delta(t)$。

在无标度网络中，$I_k(t)$、$S_k(t)$ 和 $R_k(t)$ 分别表示度（一个个体周围有 k 个与之相连接的个体）为 k 的无知者、传播者和移出者在 t 时刻的密度。同时，满足归一化条件：$I_k(t)+S_k(t)+R_k(t)=1$。

为了充分论述时间对不实信息传播的影响，本节引入时变函数优化传播率、免疫率和遗忘率。

4.1.1 时间对传播率的影响

不实信息的传播受多种因素的影响：一方面，每个人对不实信息的记忆不断地被外界的社会传播环境加深和强化；另一方面，个人兴趣等内部行为因素也会影响不实信息在个体间的传播率。

4.1.1.1 外部因素

众所周知，作为一种基本的心理过程，记忆是一个复杂而微妙的心理现象，它涉及认知、情感和社会多个层面的相互作用。身处社会环境中的任何个体都不可避免地受到外界的信息轰炸，因此，随着时间的推移，外界对不实信息的不断重复使人们对不实信息的印象增加，人们对不实信息的信赖度也随之不断增强，即所谓的外部强化效应。随着人们对不实信息逐渐感兴趣，这种由外部强化效应引起的个体态度转化的过程被称为记忆的累积效应。

本节在 ISR 模型中引入记忆累积因子 $(p-q)e^{-t}+q$，其中 t 表示不实信息从开始传播所历经的时间(Gu et al.，2008)。参数 p 和 q 衡量了社会强化对记忆的累积效应的影响，其中参数 p 表示记忆积累因子在初始时刻 $t=1$ 的概率，常用来衡量不实信息的热度，事件越重要，不实信息越容易被记住。参数 q 表示记忆累积效应的峰值，记为累积效应极值。两个参数均满足 $0<p<q<1$，当时间 t 趋于无穷大时，记忆积累因子逼近 q。

4.1.1.2　内部行为因素

人的行为是非常复杂的，不仅受到外部环境的影响，自身的内在影响也是不容忽视的。随着时间的推移，人们可能会对个别事物产生浓厚的兴趣，也可能对事件渐渐漠不关心，失去兴趣。从经验来看，人们往往在一件事开始时表现出强烈的兴趣，随着时间的推移，兴趣逐渐弱化并习惯于它，也就是说，他们的兴趣水平逐渐趋于平稳。

为了描述这种现象，本小节提出以下兴趣衰减因子(Wang and Guo，2010)。假设在没有特殊心理影响的情况下，个人对某一话题的兴趣会随着时间线性下降，同时存在一个非线性衰减项来调节内部行为因素。兴趣衰减因子可用 $a+b/(1+t)$ 表示，其中，a 刻画不实信息的吸引力，它描述了人们最初对不实信息的关注程度，介于区间[0，1]。随着时间的推移，不实信息的虚假性逐渐暴露，兴趣逐渐下降，最终趋于稳定。系数 b 控制兴趣衰减的非线性部分，并用于调整兴趣衰减线的斜率。

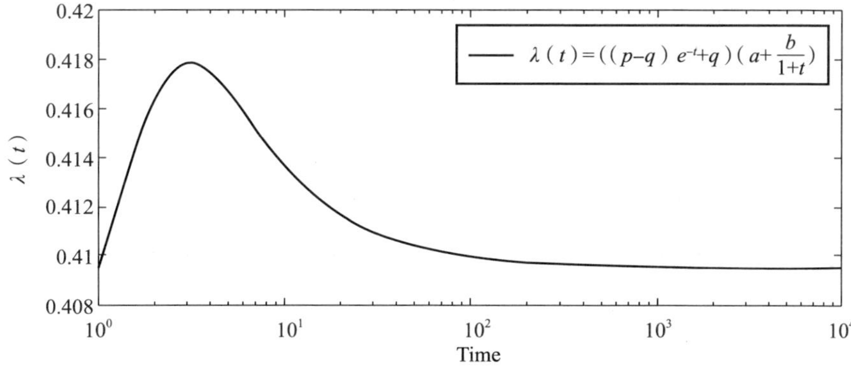

图 4.2　函数 $\lambda(t)$ 关于时间 t 的演化图

以上分析表明，外部强化效应和内部心理效应对不实信息传播率的影响不容忽视。随着时间的推移，外部效应不断刺激和加强个体对不实信息的记忆，然而内部兴趣衰减效应却逐渐削弱人们对不实信息的兴趣。结合这两个因素，社交网络中不实信息传播率的时间演化由图 4.2 和式(4.1)决定。

$$\lambda(t)=((p-q)e^{-t}+q)\left(a+\frac{b}{1+t}\right) \tag{4.1}$$

从图 4.2 中可以看出，传播率 $\lambda(t)$ 先增大后减小，具有明显的峰值，这是内部兴趣与外部强化这一对相反的驱动力相互作用的结果。在好奇心的驱使下，外部环境刺激占主导地位，内部因素被忽视，导致上升趋势，直至峰值。峰值过后，个人兴趣逐渐下降，内部影响释放并发挥主导作用，外部影响减弱，因此传播率呈现下降趋势。

4.1.2 时间对免疫率的影响

个体心理上的满足(或心理上的接受程度)是随时间而变化的，它可以是时间的线性函数或非线性函数。例如，在智力、年龄和经验水平相同的条件下，学习成绩会随着学习时间的延长而变化。韦伯-费希纳定律最初由德国物理学家古斯塔夫·费希纳提出，他认为人类的感觉强度(包括视觉、听觉、皮肤感觉、味觉、嗅觉和电击敏感性等)与刺激强度的对数成正比。数学上可以表示为 $\gamma=\kappa\log(l)$，其中 γ 是感觉强度，κ 是一个适当的感官强度常数，l 为刺激强度，我们假设该定律同样适用于不实信息传播领域，即当传播者不断听到来自其他传播者或移出者的不实信息时，传播者从不实信息传播中获得的心理接受程度将以对数增长。鉴于时间因素的制约，进一步将免疫率 $\alpha(t)$ 假设为这种心理接受度的一种度量，即 $\alpha(t)=\kappa\log(t)$，意味着当时间呈几何级数增加时，心理量(即免疫率)却随时间呈算术级数增加。图 4.3 刻画了不同常数 κ 刺激下免疫率(或感觉强度)的变化。

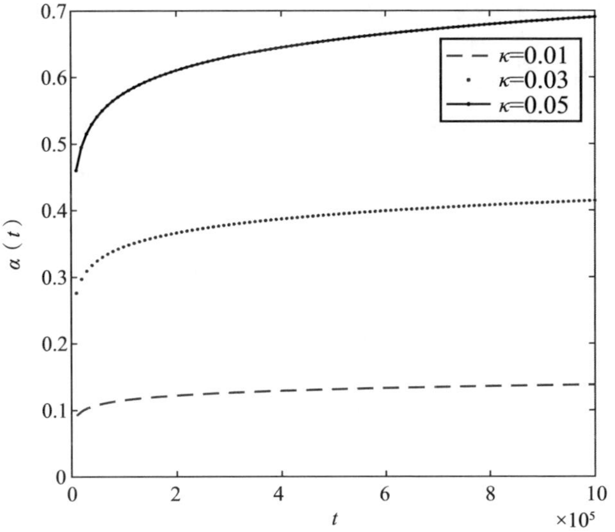

图 4.3　不同参数 κ 下免疫率 $\alpha(t)$ 关于时间的演化趋势图

4.1.3　时间对遗忘率的影响

众所周知，人们遗忘信息的概率随着信息被保存时间的延长而增加。遗忘在学习后即开始，但遗忘速度并非一成不变：一开始遗忘速度很快，随之减缓。因此，遗忘过程遵循德国心理学家赫尔曼·艾宾浩斯所发现的 Ebbinghaus 遗忘曲线（Ebbinghaus，2013），用 $\delta(t)$ 刻画：

$$\delta(t)=\begin{cases}0, & \mu+e^{-\eta t}<0\\ \mu+e^{-\eta t}, & 0<\mu+e^{-\eta t}<1\\ 1, & \mu+e^{-\eta t}>1\end{cases} \tag{4.2}$$

以上遗忘曲线适用于包括不实信息在内的所有类型信息。因此，本节认为：随着时间的推移，一个人听到不实信息后将以概率 $\delta(t)$ 遗忘。假设信息在人脑中保存时间越长就越容易忘记。

与 Gu 等（2008）的研究相同，参数 η 决定了遗忘率函数的形式，可以用来衡量人们遗忘不实信息的速度，显然 η 不小于零。函数 $\delta(t)$ 作为一个概率，介于 0 到 1 之间；当 $\eta=0$ 时，遗忘率接近于一个常数（Gu et al.，2008）。相似地，μ 的含义与 Gu 等（2008）的研究一致，反映了事件在不实信息传播过程中的重要性，μ 值越大，引发不实信息的事件就越不重要，不实信息就越容易被遗忘。

由于人们生活在一个复杂的环境中，社会网络并非单一的同质网络，复杂的人际关系构成了异质的社会网络。本节将所提的模型与 Zhao 等（2013）的分析相结合，t 时刻、度为 k 的传播者遗忘不实信息并转变为移出者的比例如下：

$$
\begin{aligned}
S_{k\delta}(t) = & \sum_{\tau=2}^{t}(t-1)\begin{pmatrix} \lambda(t-\tau-1)\left(I_k(t-\tau-1)-I_k(t-\tau)\right)\times \\ \prod_{n=1}^{\tau}\left[1-k\vartheta(t-n)\left(1-\sum_{k'}I_k(t-n)p(k'|k)\right)\right]\times \\ \prod_{n=1}^{\tau-1}[1-\delta(n)]\delta(t) \end{pmatrix}+ \\
& \lambda(t-2)\left[I_k(t-2)-I_k(t-1)\right]\times \\
& \left[1-k\vartheta(t-1)\left(1-\sum_{k'}I_k(t-1)p(k'|k)\right)\right]\delta(1)+ \\
& S_k(0)\prod_{n=1}^{t}\left[1-k\vartheta(t-n)\left(1-\sum_{k'}I_k(t-n)p(k'|k)\right)\right]\times \\
& \prod_{n=1}^{\tau-1}[1-\delta(n)]\delta(t)
\end{aligned}
\tag{4.3}
$$

其中，λ 为基本传播率，k 表示节点的度。$p(k'|k)$ 为度—度相关函数，刻画了度为 k' 的节点与度为 k 的节点相连接的条件概率。综合以上分析，改进模型的异质网络动力学平均场方程可以整合如下：

$$
\begin{cases}
\dfrac{dI_k(t)}{dt} = -\lambda\left((p-q)e^{-t}+q\right)\left(a+\dfrac{b}{1+t}\right)kI_k(t)\sum_{k'}p(k'|k)S_{k'}(t) \\
\dfrac{dS_k(t)}{dt} = \lambda\left((p-q)e^{-t}+q\right)\left(a+\dfrac{b}{1+t}\right)kI_k(t)(t)\sum_{k'}p(k'|k)S_{k'}(t)- \\
\qquad \alpha kS_k(t)\sum_{k'}p(k'|k)\left(S_{k'}(t)+R_{k'}(t)\right)-S_{k\delta}(t) \\
\dfrac{dR_k(t)}{dt} = \alpha kS_k(t)\sum_{k'}p(k'|k)\left(S_{k'}(t)+R_{k'}(t)\right)+S_{k\delta}(t)
\end{cases}
\tag{4.4}
$$

其中，$\sum_{k'}p(k'|k)S_{k'}(t)$ 表示在 t 时刻随机地选取一条边，且该边是由

度为 k 的无知者指向一个度为 k' 的传播者的概率。类似地，函数 $\sum_{k'} p(k' \mid k)(S_{k'}(t) + R_{k'}(t))$ 表示在 t 时刻随机地选取一条边，且该边是由度为 k' 的传播者指向一个度为 k 的传播者或者移出者的概率。

4.2　模型分析

在无相关的异质网络中，度度相关性可以改写为 $q(k') = p(k' \mid k)$，$p(k)$ 表示度分布函数。假设无知者节点在初始时刻满足 $I_k(0) = I(0)$，不失一般性，假设系统最开始只有一个不实信息传播者，且个体总数为 N。由此可知，无知者的比例约为 $I(0) = \dfrac{(N-1)}{N} \approx 1$。构建如下辅助函数：

$$\varphi(t) = \int_0^t \langle\langle S_k(t') \rangle\rangle dt' \tag{4.5}$$

式中二阶矩为 $\langle\langle O(k) \rangle\rangle = \sum_k O(k)q(k)$ 。为了得到最终不实信息传播规模，必须先计算 φ_∞，即 $\varphi_\infty = \lim\limits_{t\to\infty}\varphi(t) = \varphi(\infty)$，根据积分中值定理可知，必存在满足 $[0,\ \lambda aq]$ 的常数 A 使得：

$$\int_0^t \lambda((p-q)e^{-t} + q)\left(a + \frac{b}{1+t}\right)\langle\langle S_k(t) \rangle\rangle dt' = A\int_0^t \langle\langle S_k(t) \rangle\rangle dt' - A\varphi(t) \tag{4.6}$$

由于 $\lim\limits_{t\to\infty}\lambda((p-q)e^{-t}+q)\left(a+\dfrac{b}{1+t}\right) = \lambda aq$ 恒成立，则 $A \in [0,\ \lambda(t) = \lambda aq]$ 成立。

由 Zhao 等(2013)构建的模型可知，$S_{k\delta}(t)$ 表示由遗忘机制导致传播者转变为移出者的比例，是一个介于区间 $[0,\ 1]$ 的常数 B，如下式所示：

$$\langle\langle S_{k\delta}(t) \rangle\rangle = B\langle\langle S_k(t) \rangle\rangle \tag{4.7}$$

将式(4.3)中的第一个方程积分，结合式(4.4)，可得无知者的密度表达式如下：

$$I_k(t) = e^{-Ak\varphi(t)} \tag{4.8}$$

为得到不实信息的最终规模[用移出者的比例 $R(\infty)$ 表示]，需要计算

φ_∞，其中 $\varphi_\infty=\lim\limits_{t\to\infty}\varphi(t)=\varphi(\infty)$。将式(4.4)的第二个方程乘以 $q(k)$，并从 1 到 k 进行求和，同时关于时间 t 进行积分，可得：

$$\frac{d\varphi(t)}{dt}=1-\langle\langle e^{-Ak\varphi(t)}\rangle\rangle-B\varphi(t)-\int_0^t\alpha(t')\langle\langle k'S_{k'}(t)\rangle\rangle(1-\langle\langle e^{-Ak\varphi(t)}\rangle\rangle)\,dt' \tag{4.9}$$

当 $t\to\infty$ 时，$\frac{d\varphi(t)}{dt}=0$，则：

$$1-\langle\langle e^{-Ak\varphi_\infty}\rangle\rangle-B\varphi_\infty-\int_0^\infty\alpha(t')\langle\langle k'S_{k'}(t)\rangle\rangle(1-\langle\langle e^{-Ak\varphi(t)}\rangle\rangle)\,dt'=0 \tag{4.10}$$

用 ODE 方法得到 $S_k(t)$ 的表达式，将式(4.3)中的第二个方程积分到零阶，当它接近阈值时，$\varphi(t)$ 和 φ_∞ 将非常小，引入有界函数 $f(t)$，定义 $\varphi(t)=\varphi_\infty f(t)$。则 φ_∞ 的主导阶表达式如下：

$$S_k(t)=Ak\varphi_\infty\left[f(t)-B\int_0^t e^{B(t'-t)}f(t')\,dt'\right]+O(\varphi_\infty^2)+O(\alpha) \tag{4.11}$$

经整理计算可得：

$$\varphi_\infty\left\{A\langle\langle k\rangle\rangle-B-\left[\frac{A^2\langle\langle k^2\rangle\rangle}{2}+A^2\langle\langle k^2\rangle\rangle\langle\langle k\rangle\rangle C\right]\varphi_\infty\right\}+O(\varphi_\infty^3)+O(\alpha^2)=0 \tag{4.12}$$

从式(4.11)中可以看出，$\varphi_\infty=0$ 恒为其零解。由 $\langle\langle k\rangle\rangle=\frac{\langle k^2\rangle}{\langle k\rangle}$ 和 $\langle\langle k^2\rangle\rangle=\frac{\langle k^3\rangle}{\langle k\rangle}$ 可知，非平凡解为：

$$\varphi_\infty=\frac{A\langle k^2\rangle-B\langle k\rangle}{A^2\langle k^3\rangle\left(\frac{1}{2}+\frac{\langle k^2\rangle}{\langle k\rangle}\mathbb{C}\right)} \tag{4.13}$$

其中，$\mathbb{C}=\int_0^\infty\alpha(t)f(t)[f(t)-B\int_0^t e^{B(t'-t)}f(t')\,dt']\,dt$ 是一个有限的正定积分。为得到 α 的主导阶，假设 $A>\frac{B\langle k\rangle}{\langle k^2\rangle}$，其中 A 和 B 分别与传播率函数 $\lambda(t)$ 和遗忘率函数 $\delta(\tau)$ 有关。

基于以上分析可得：不实信息传播必然存在一个阈值，这个阈值与兴趣行为的稳定性和记忆的累积效应密切相关。显然，如果不实信息能够传播，阈值条件在条件 $A>aq$ 下必须满足 $a>\frac{B\langle k\rangle}{q\langle k^2\rangle}$ 和 $q\leqslant\frac{B\langle k\rangle}{a\langle k^2\rangle}$。当不实信息消亡后，所有的传播者都转变为移出者，换言之，只有无知者和移出者存在系统中。最终传播规模用 $R(\infty)$ 表示如下：

$$R(\infty)=1-I(\infty)=\sum_k P(k)\cdot(1-e^{-Ak\varphi_\infty}) \tag{4.14}$$

4.3　数值模拟

本小节将通过数值模拟验证前述理论分析的正确性。从微博、微信朋友圈等平台的特点可知，大多数人朋友圈内的好友通常也是他们的线下朋友、家人或同事，而且这些好友的数量通常有限，明星等微博大 V 或微信公众号被许多粉丝订阅的情况除外。因此，社交网络通常呈现小世界特征，但是部分网络，存在度非常大的 Hubs 节点，可能在局部表现出随机无标度特征。因此，本节使用 ER 随机网络和具有无标度特征的 BA 网络来研究不实信息在在线社交网络（OSNs）上的传播特性。对于 BA 无标度网络，本节使用一个规模 $N=1000$ 的网络，其归一化连通度分布为 $P(k)=(1+\gamma)m^{1+\gamma}k^{-2-\gamma}$，参数选取 $m=4$，$\gamma=3$。对于 BA 随机网络，同样使用网络规模为 $N=1000$，度分布满足二项概率分布（近似于泊松分布）$P(k)=C_{N-1}^{K}p^k(1-p)^{N-1-k}\approx\frac{\langle k\rangle^k}{k!}e^{-\langle k\rangle}$。假设，最初网络中只有一个传播者，所有其他节点均为无知者。当 $t\to\infty$ 时，系统趋于稳定状态，移出者的数量反映了不实信息在网络中的传播规模。

模型参数众多，鉴于参数 μ 和 η 已在文献（Zhao et al.，2013；Valdano et al.，2017）中讨论过，在此不再赘述。图 4.4 至图 4.8 刻画了不同心理效应参数影响下传播者的时间演化图以及 BA 无标度网络和 ER 随机网络中的最终不实信息规模。

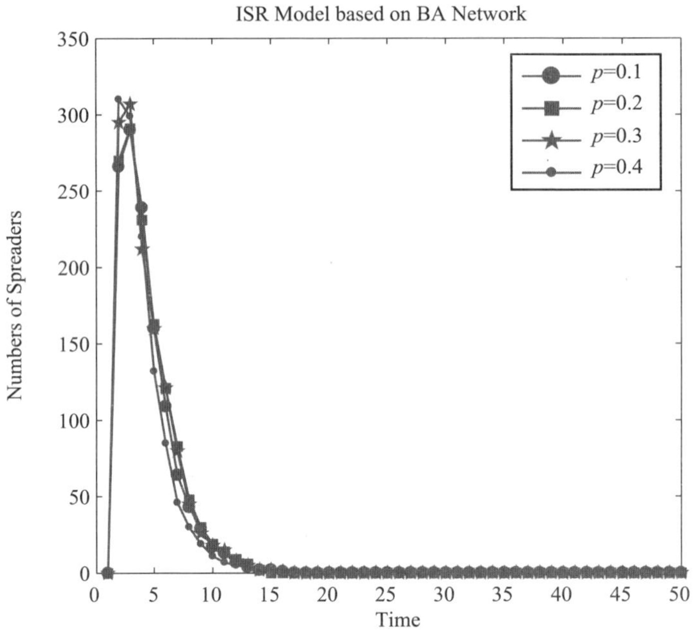

（a） BA 网络：*S* vs *p*

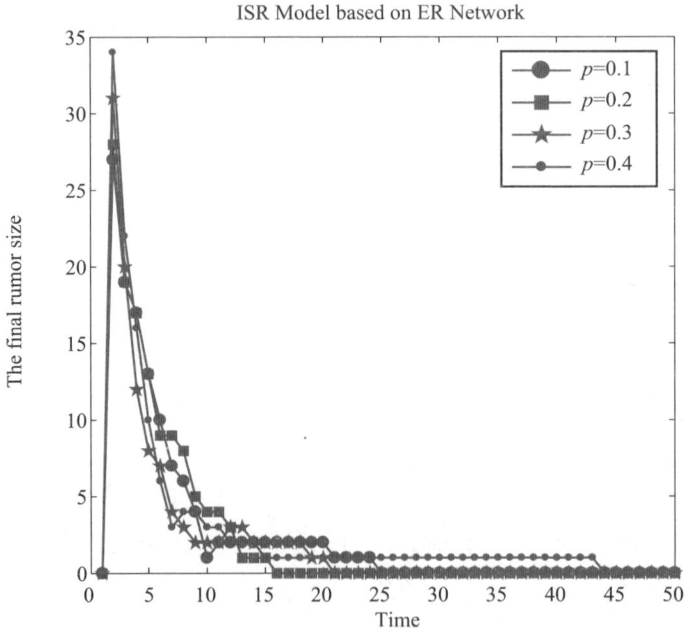

（b） ER 网络：*S* vs *p*

图 4.4 记忆累积效应的初始进入率 *p* 对不实信息传播者与最终不实信息规模的影响

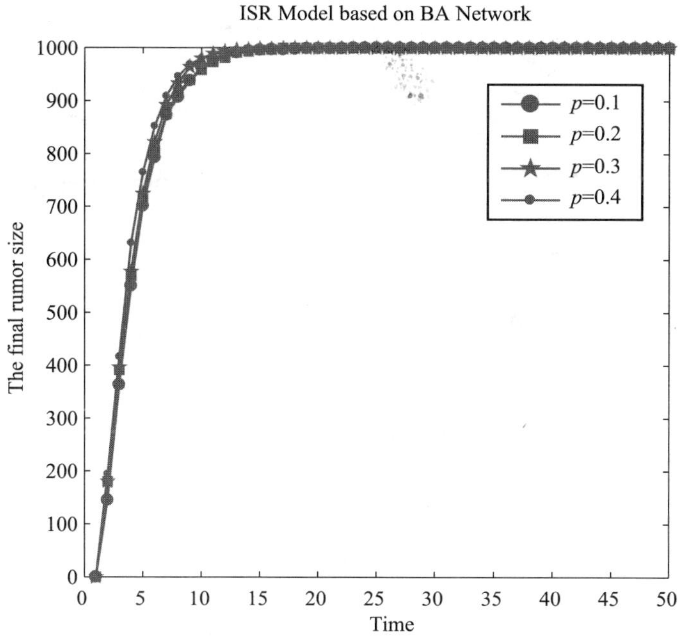

（c）　BA 网络：R^{∞} vs p

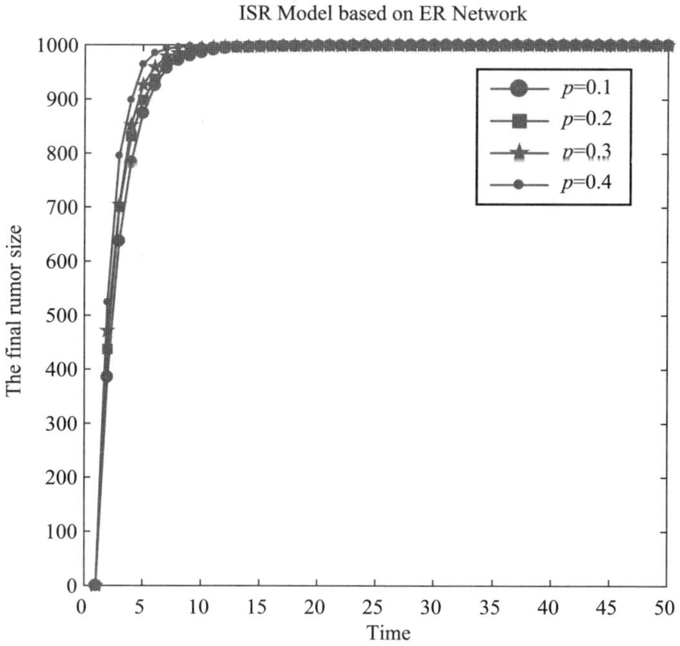

（d）　ER 网络：R^{∞} vs p

图 4.4　记忆累积效应的初始进入率 p 对不实信息传播者与最终不实信息规模的影响（续）

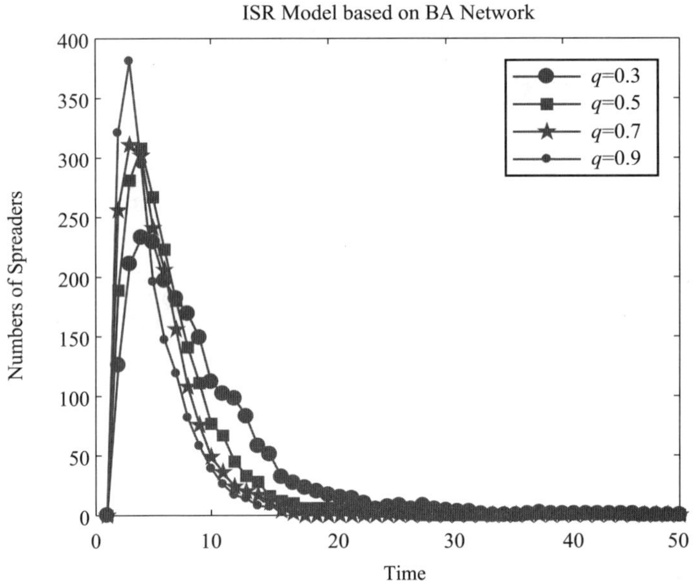

（a） BA 网络：S vs q

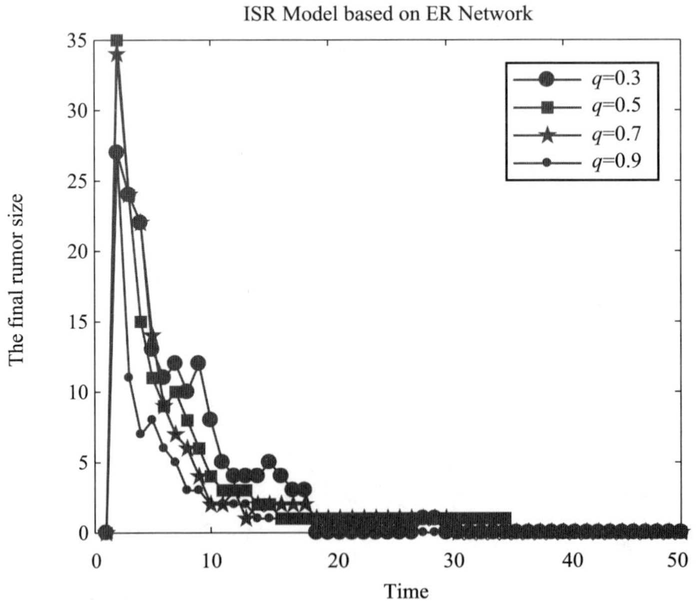

（b） ER 网络：S vs q

图 4.5　记忆累积效应极值 q 对不实信息传播过程与最终不实信息规模的影响

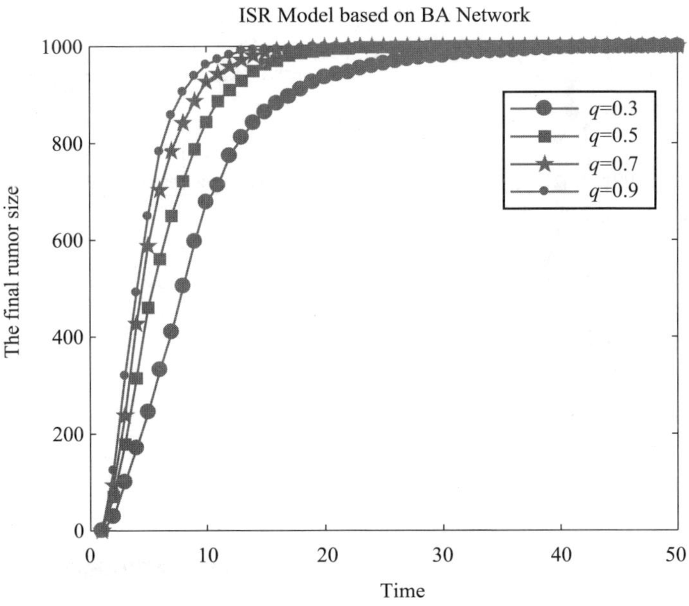

（c）　BA 网络：R^{∞} vs q

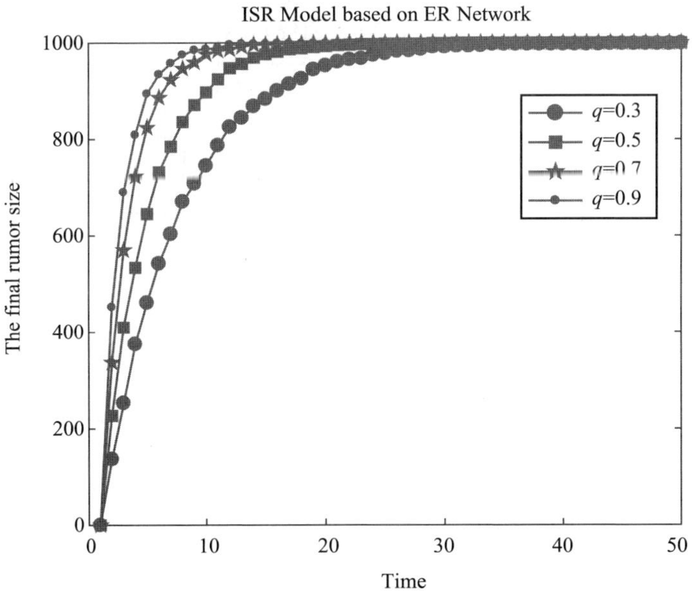

（d）　ER 网络：R^{∞} vs q

图 4.5　记忆累积效应极值 q 对不实信息传播过程与最终不实信息规模的影响（续）

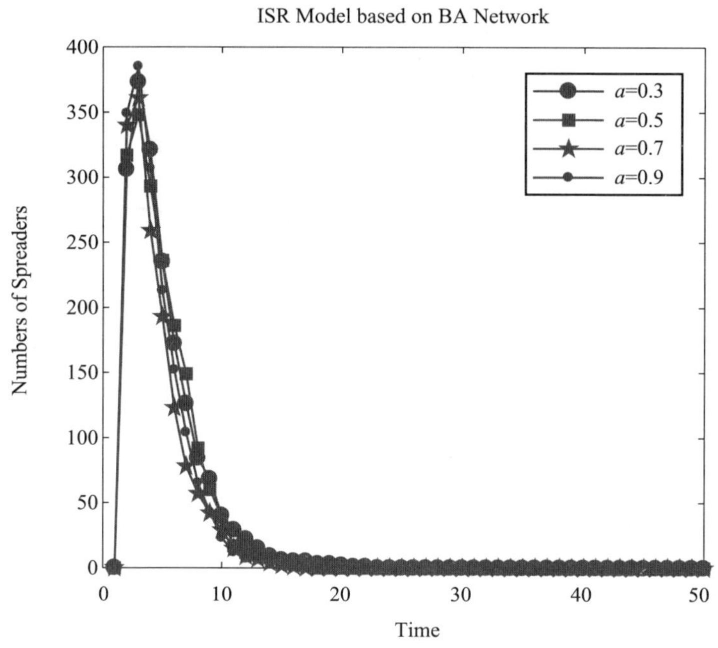

（a） BA 网络：S vs a

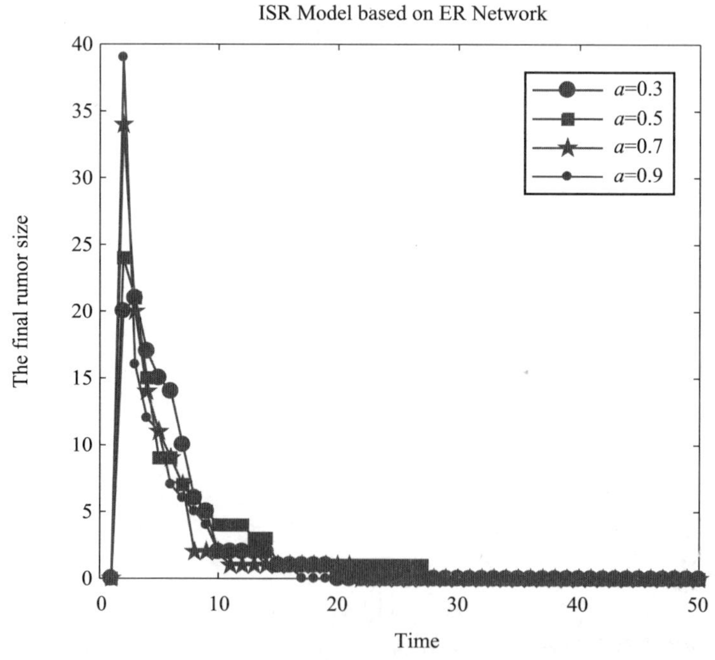

（b） ER 网络：S vs a

图 4.6　不实信息吸引率 a 对不实信息传播过程与最终不实信息规模的影响

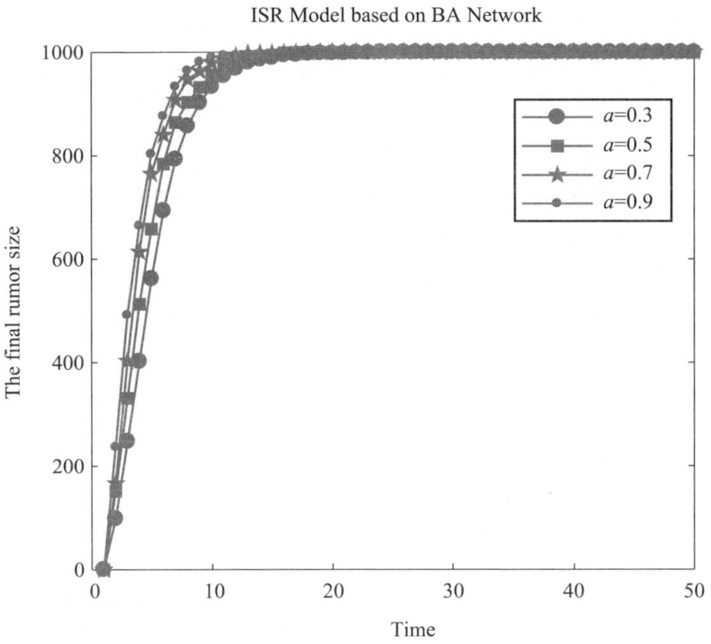

（c）　BA 网络：R^{∞} vs a

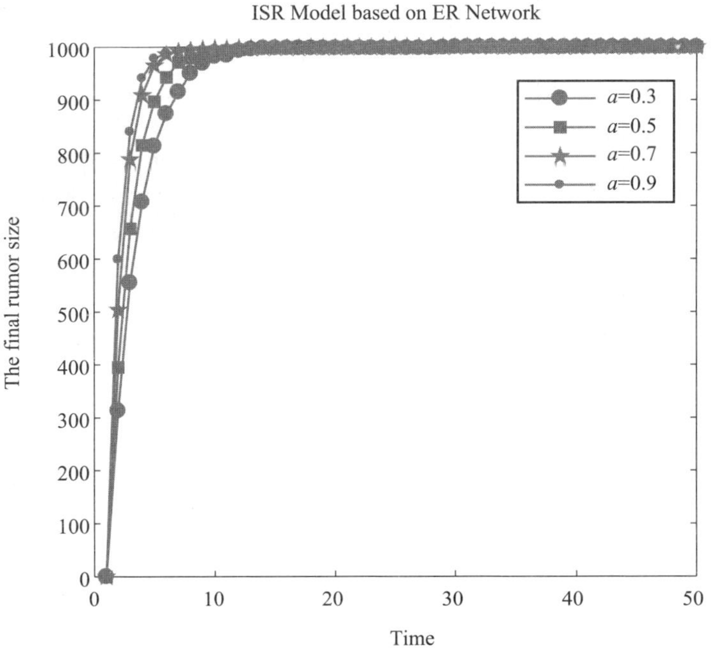

（d）　ER 网络：R^{∞} vs a

图 4.6　不实信息吸引率 a 对不实信息传播过程与最终不实信息规模的影响（续）

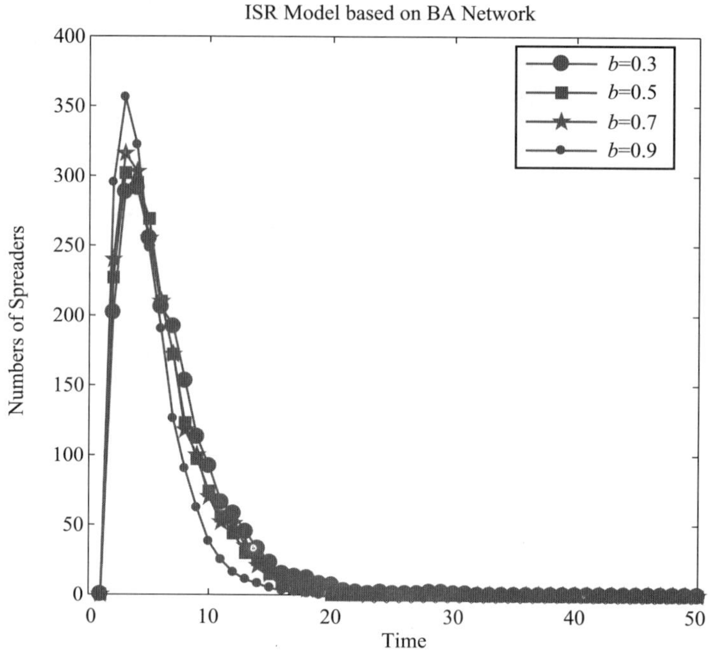

（a） BA 网络：S vs b

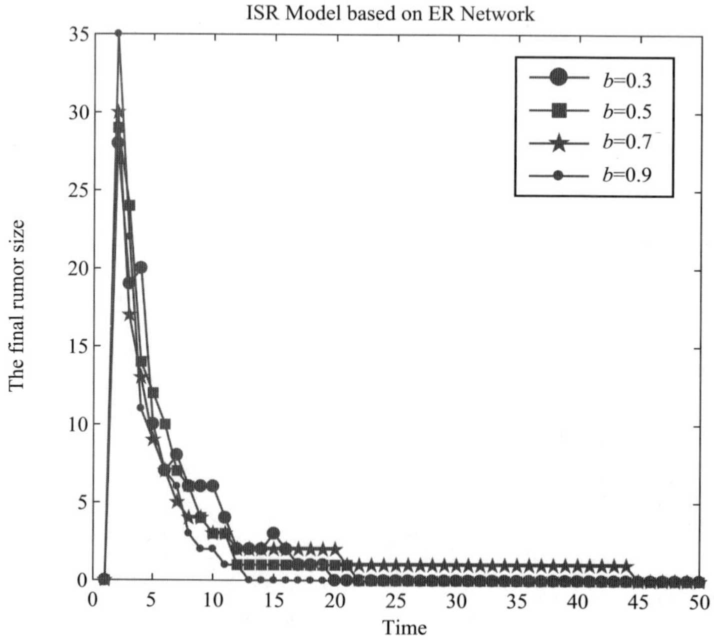

（b） ER 网络：S vs b

图 4.7 兴趣衰减因子 b 对不实信息传播过程与最终不实信息规模的影响

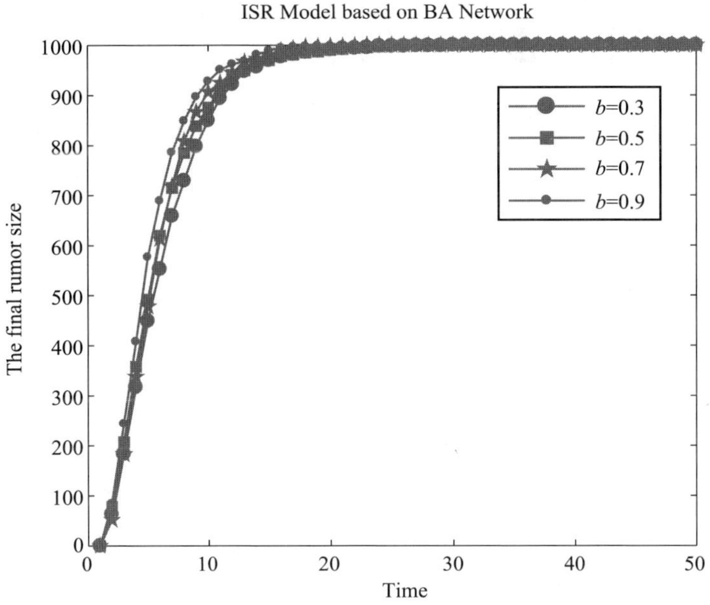

（c） BA 网络：R^{∞} vs b

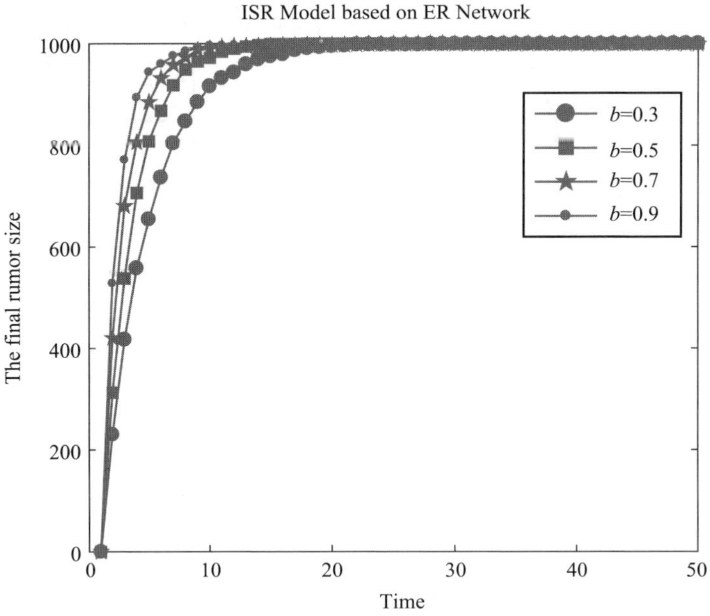

（d） ER 网络：R^{∞} vs b

图 4.7 兴趣衰减因子 b 对不实信息传播过程与最终不实信息规模的影响(续)

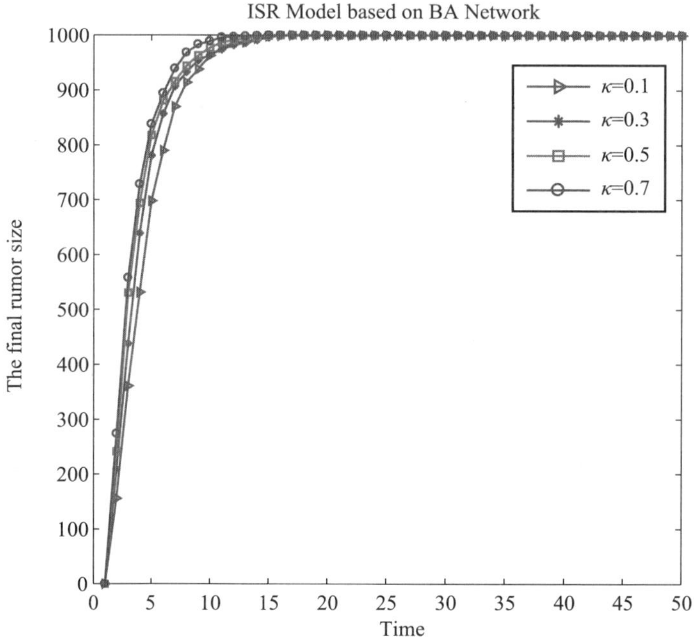

（a） BA 网络：R^{∞} vs κ

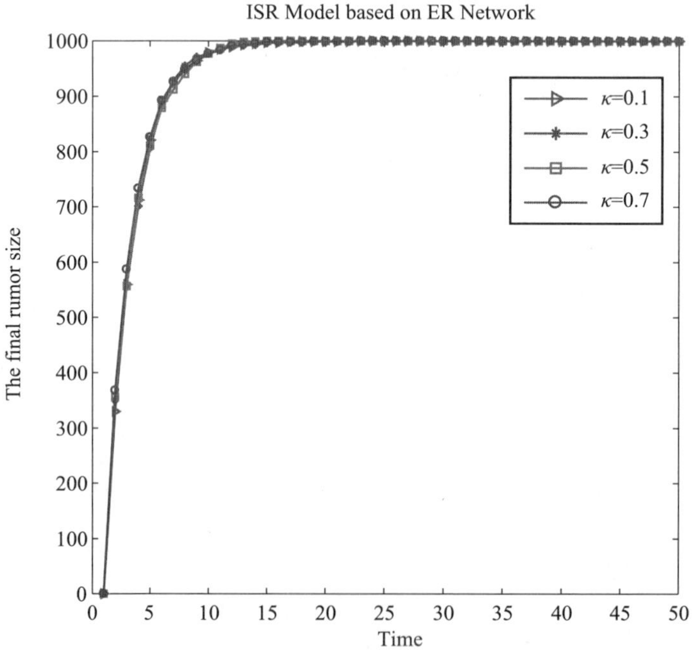

（b） ER 网络：R^{∞} vs κ

图 4. 8　BA 无标度网络与 ER 随机网络中不同免疫机制对不实信息规模的影响

图 4.4 至图 4.7 的共同特征是在所模拟的各种情况下，传播者的数量都会经历一个从初始状态到峰值的快速增长期，然后逐渐减少为零。从 ER 网络图中的波动可以看出 ER 网络具有极大的随机性。BA 网络有多个 Hubs 节点，不实信息传播者的峰值比 ER 网络大得多，接近于 10 倍。这表明，少量的大度节点 Hubs 的存在极大地提高了不实信息的传播速率，使得不实信息在无标度网络上迅速扩散，提高了传播的效率。图 4.4 刻画了 BA 无标度网络和 ER 随机网络中不同的 p 值(记忆累积效应的初始进入率)对不实信息传播者和最终不实信息规模的影响。图 4.4(a)和图 4.4(b)表明，传播者的峰值随着 p 值的增加而增加，即随着不实信息的热度的增加而增加。图 4.4(c)和图 4.4(d)绘制了最终不实信息规模的时间演化轨线。由图可知，不同网络中记忆累积效应的初始值对最终不实信息大小的影响不大。类似地，从图 4.5 中可以看出，随着记忆累积效应极值 q 的增大，传播者的峰值也随之变大，而不实信息规模达到平稳所需要的时间却相应变短。图 4.6 刻画了不实信息吸引率 a 对不实信息传播的影响。可见，不实信息越具吸引力，传播者的峰值越高，达到最终不实信息规模的时间越短。图 4.7 描述了兴趣衰减因子 b 对不实信息传播的影响。b 值越大，兴趣下降越慢，不实信息传播越快，传播峰值越大，达到最终不实信息规模的时间越短。

图 4.8 描绘了免疫机制的时间演化轨线和感官强度参数 κ 对最终不实信息规模的影响。从图中可以看出，免疫机制中不同参数 κ 对不实信息最终规模的影响几乎可以忽略不计，这与经典的 ISR 模型结论一致。本次模拟中的四个值对应的不实信息最终规模几乎一致，比较图 4.8(a)、图 4.8(b)可知，在 ER 随机网络和 BA 无标度网络中，不实信息的最终传播规模几乎相同。

4.4　本章小结

本章节将外部强化效应和内部衰减效应这一对相反的作用力引入不实信息传播模型，研究了时间因素对模型的影响。并假设个体的状态转移概率不是一个常数，而是各种因素相互交织的复杂函数。从理论分析和数值模拟中发现，记忆累积效应极值和不实信息吸引率与不实信息传播的峰值呈正相关，而与不实信息达到最终规模所需的时间呈负相关。记忆积累效应的初始进入率和免疫率对最终不实信息规模的影响不大。最后研究发现，增大兴趣衰减系数可以缩短不实信息达到最终规模所需的时间。

第5章

考虑自我成长机制的不实信息传播模型

不实信息传播的动态行为往往离不开个体的自我思考与反思，对这一现象的分析有助于我们更好地理解不实信息在社会网络中的传播。本节在经典的无知者—传播者—移出者（ISR）不实信息传播模型的基础上，建立了一个考虑自我成长机制的改进的无知者—智者—传播者—移出者（IWSR）模型。

5.1 模型建立

在现实生活中，由于生活阅历和知识储备的不同，人们对不实信息传播可能持有不同的态度。例如，如果一个人有较强的辨别能力，那么他可能会识破虚假的不实信息，从而拒绝传播不实信息。相反，如果一个人没有辨别能力或辨别能力较弱，那么他可能轻信并散布不实信息，即由于知识储备、经验等因素，不同的人对事件的模糊性或清晰程度的认知相去甚远。从某种意义上讲，事件的模糊性也可以被认为是个人无法辨别事件真伪的比例。因此，在本节中，为了模型化和简化不实信息传播机制，通过引入一个名为“智者”的类群，构建了一个四维 IWSR 信息传播模型。智者实际上指知识丰富、思维清晰、逻辑推理能力强的人。作为不实信息的抗体，智者有两个主要来源：一方面，有些人根据自己所知道的信息和掌握的知识能够识别不实信息，并能透过现象看到不实信息的本质，因此他们不容易受到传播者的怂恿和欺骗，从而以一定的概率由无知者转变为智者。另一方面，如同患者会根据自身问题，积极学习相关知识，寻求解决方案，类似于久病成医，病患自己医治自己，一些传播者根据接触到的大量不实信息，通过自身的成长机制识破真相进而转变为智者。因此，研究和思考个体的自我成长机制和事件的模糊性具有重要的现实意义。由此看来，智者不仅可以防止传播者传谣，而且能够主动对不实信息免疫，具有天然的免疫力。

结合经典的 ISR 传染病传播模型与奥尔波特和波特曼提出的不实信息公式 $Rumor=i\times a$，不同事件的模糊程度有很大差异，个人对不实信息的态度也不尽相同(Allport and Postman，2003)。此外，由于事件的模糊性，以及个人对事件的理解的不完整性导致了对不实信息的识别能力的差异。基于上述分析，将无知者分为两类：一类是高识别能力的无知者(用 H 型无知者表示，表示事件对个体来说是清晰的)；另一类是没有识别能力的无知者(用 N 型无知者表示，表示事件对个体来说是不可分辨的)。

假设不实信息在一个由 N 个个体组成的封闭混合群体中传播，可以将群体分为四类：无知者(I)、智者(W)、传播者(S)和移出者(R)。所谓智者，即那些知道事实，不再散布不实信息的人，从源头上看，智者来源于 H 型无知者和具有自我成长机制的传播者。图 5.1 描绘了四维不实信息传播模型。

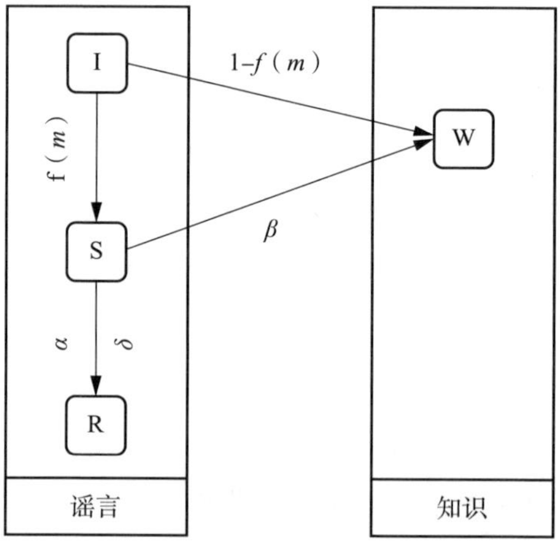

图 5.1　IWSR 不实信息传播模型示意图

因此，IWSR 模型的不实信息传播的规律可以概括如下：

(1)现实世界中传播率与不实信息的模糊性密切相关，在图 5.1 中，函数 $f(m)$($0<f<1$)表示无知者通过与传播者接触，接收和传播不实信息的

转移概率，相应地，$1-f(m)$ 表示无知者向智者的转移概率。其中参数 λ $(0<\lambda<1)$ 表示个体在不考虑事件的模糊性的情况下的基本传播率，$m(0<m<1)$ 用来刻画事件的模糊性程度，间接衡量个体识别不实信息的能力。鉴于事件的模糊性因人而异，本节假设 N 型无知者不能识别不实信息，而 H 型无知者却可以识破不实信息。当无知者与传播者接触时，由于事件的模糊性，N 型无知者将转化为传播者，而 H 型无知者则转变为智者。

(2) 当一个传播者接触到一个智者、传播者或移出者时，前一个传播者有可能以概率 α 转变为一个移出者，即免疫率。

(3) 传播者由于失去兴趣以概率 $\delta(0<\delta<1)$ 自发地转化为移出者。

(4) 在信息时代，个人得到信息的渠道来源增多、速度加快，在此过程中，人们会通过分析周围大量的信息来识别不实信息，进而转变为智者。类似于医学界的久病成医现象，传播者同样具有自我学习能力，这一由传播者自发地向智者转化的过程被称为自我成长机制，用自我成长率 β 来表示，反映人们的平均综合自我成长能力或自我认知能力。

为不失一般性，本节借用最简单的线性函数 $\lambda(m)=\lambda m$ 来表示传播率。模糊性程度用 $m(0<m<1)$ 表示，则平均场动力学方程如下：

$$\frac{dI(t)}{dt}=-\lambda\langle k\rangle I(t)S(t) \tag{5.1}$$

$$\frac{dW(t)}{dt}=(\lambda-\lambda(m))\langle k\rangle I(t)S(t)+\beta S(t) \tag{5.2}$$

$$\frac{dS(t)}{dt}=\lambda(m)\langle k\rangle I(t)S(t)-\alpha\langle k\rangle S(t)(S(t)+W(t)+R(t))-\beta S(t)-\delta S(t) \tag{5.3}$$

$$\frac{dR(t)}{dt}=\alpha\langle k\rangle S(t)(S(t)+W(t)+R(t))+\delta S(t) \tag{5.4}$$

社交网络中不实信息的传播阈值与网络的拓扑结构密切相关，为了探究拓扑特性的影响，本节分别讨论了同质网络和异质网络的传播动力。

5.1.1　同质网络中不实信息模型

令 $I(t)$、$W(t)$、$S(t)$、$R(t)$ 分别为同质网络中的无知者、智者、传播

者和移出者在 t 时刻的相对密度，则平均场耦合方程组如下：

$$\frac{dI(t)}{dt}=-\lambda\langle k\rangle I(t)S(t) \tag{5.5}$$

$$\frac{dW(t)}{dt}=\lambda(1-m)\langle k\rangle I(t)S(t)+\beta S(t) \tag{5.6}$$

$$\frac{dS(t)}{dt}=\lambda m\langle k\rangle I(t)S(t)-\alpha\langle k\rangle S(t)(S(t)+W(t)+R(t))-\beta S(t)-\delta S(t) \tag{5.7}$$

$$\frac{dR(t)}{dt}=\alpha\langle k\rangle S(t)(S(t)+W(t)+R(t))+\delta S(t) \tag{5.8}$$

其中，$\langle k\rangle$ 表示网络的平均度。

5.1.2 异质网络下不实信息模型

在异质网络中，t 时刻、度为 k 的无知者、智者、传播者和移出者的密度分别为 $I_k(t)$、$W_k(t)$、$S_k(t)$、$R_k(t)$，$p(k)$ 表示度分布。平均场方程如下：

$$\frac{dI_k(t)}{dt}=-\lambda kI_k(t)\sum_{k'}p(k'|k)S_{k'}(t) \tag{5.9}$$

$$\frac{dW_k(t)}{dt}=\lambda(1-m)kI_k(t)\sum_{k'}p(k'|k)S_{k'}(t)+\beta S_k(t) \tag{5.10}$$

$$\begin{aligned}\frac{dS_k(t)}{dt}=&\lambda mkI_k(t)\sum_{k'}p(k'|k)S_{k'}(t)-\\&\alpha kS_k(t)\sum_{k'}p(k'|k)(W_{k'}(t)+S_{k'}(t)+R_{k'}(t))\end{aligned} \tag{5.11}$$

$$\frac{dR_k(t)}{dt}=\alpha kS_k(t)\sum_{k'}p(k'|k)(W_{k'}(t)+S_{k'}(t)+R_{k'}(t))-\delta S_k(t) \tag{5.12}$$

$p(k'|k)$ 表示度为 k 的节点与度为 k' 的节点连接的条件概率，$\sum_{k'}p(k'|k)S_{k'}(t)$ 表示 t 时刻从度为 k 的节点指向度为 k' 的传播者的概率。同样地，$\sum_{k'}p(k'|k)(W_{k'}(t)+S_{k'}(t)+R_{k'}(t))$ 表示 t 时刻度为 k 的节

点指向度为 k' 的传播者、智者或移出者的概率 。

5.2　稳定性分析

本节给出了模型的平均场方程，根据传统的传播动力学研究方法，将所有节点根据自身的度 k 的大小分为不同的类别。鉴于网络拓扑结构具有很强的异质性，本节探究了不实信息在不同网络中的传播行为。在异质网络中，网络规模为 N，因此有 $S(t)=\sum_k p(k)S_k(t)$，且满足归一化条件 $I(t)+W(t)+S(t)+R(t)=1$ 和 $I_k(t)+W_k(t)+S_k(t)+R_k(t)=1$。

在不实信息传播初期，很少有人知道不实信息，因此假设系统中只有一个传播者，其余的均为无知者，则 $t=0$ 时刻，初始条件满足 $I(0)=\frac{(N-1)}{N}\approx 1$，$S(0)=\frac{1}{N}\approx 0$，$W(0)=0$ 和 $R(0)=0$。当系统达到稳态时，传播者将消亡（即 $\lim_{t\to\infty}S(t)=S(\infty)=0$），系统中只剩下无知者、智者和移出者。在此给出一个新的概念——传播规模 $\Lambda(t)$，表示不实信息传播的范围（即不实信息的影响规模），具体表示为：$\lim_{t\to\infty}\Lambda(t)=\Lambda(\infty)=W(\infty)+R(\infty)$。

5.2.1　同质网络中的稳定性分析

首先考虑波动较小且不存在度相关性的同质网络（Boguná et al.，2002；Chakrabartula，2014），通过对平均场方程(5.5)至方程(5.8)进行数学分析，借助不实信息传播规模 Λ 来研究均匀网络中的传播阈值。将式(5.6)和式(5.8)相加后除以式(5.5)可得：

$$\frac{d\Lambda(t)}{dI(t)}=\frac{d(W(t)+R(t))}{dI(t)}=\frac{-\lambda(1-m)+\alpha}{\lambda}+\frac{\beta+\delta+\alpha\langle k\rangle}{-\lambda\langle k\rangle I(t)} \tag{5.13}$$

即：

$$d\Lambda(t)=\frac{-\lambda(1-m)+\alpha}{\lambda}dI(t)+\frac{\beta+\delta+\alpha\langle k\rangle}{-\lambda\langle k\rangle I(t)}dI(t) \tag{5.14}$$

将式(5.14)两边的 $\Lambda(t)$ 和 $I(t)$ 从初始状态到稳态进行积分，并根据

稳态后的条件 $I(\infty)=1-\Lambda(\infty)=1-\Lambda$，可得如下超越方程（包含未知数的变换且无法通过代数手段解决的方程）：

$$\Lambda(t)=1-e^{-\varepsilon\Lambda(t)} \tag{5.15}$$

其中，$\varepsilon=\dfrac{(\alpha+\lambda m)\langle k\rangle}{\beta+\delta+\alpha\langle k\rangle}$，当且仅当 $\varepsilon=\dfrac{(\alpha+\lambda m)\langle k\rangle}{\beta+\delta+\alpha\langle k\rangle}>1$ 时，式(5.15)具有非零解，等价于限制条件 $\lambda>\lambda_c$，其中 IWSR 不实信息传播模型中的阈值 $\lambda_c=\dfrac{1}{m}\dfrac{\beta+\delta}{\langle k\rangle}$ 与同质网络结构有关。根据计算结果可知，m 越大，模糊性越强，不实信息就越易于传播。β 越大，自我成长能力越强，不实信息越难传播。

5.2.2 异质网络中的稳定性分析

在实际的传播动力学中，个体间的接触呈现非均匀分布特性，根据式(5.9)至式(5.12)，探究无相关异质网络中的动态行为。为此，引入度度相关性概念 $p(k'|k)=q(k')=\dfrac{k'p(k')}{\langle k\rangle}$，即一个度为 k 的节点随机连接到一个度为 k' 的节点的概率，其中 $p(k)$ 为网络的度分布函数。

在传播的初始状态时，设 $W_k(0)\approx0$，$S_k(0)\approx0$，$R_k(0)\approx0$ 和 $I_k(0)\approx1$，对式(5.9)进行全积分可得：

$$I_k(t)=e^{-\lambda k\phi(t)} \tag{5.16}$$

引入如下辅助函数：

$$\phi(t)=\int_0^t\sum\nolimits_k q(k)S_k(t')dt'=\int_0^t\langle\langle S_k(t')\rangle\rangle dt' \tag{5.17}$$

其中，函数 $\sum_k q(k)O(k)$ 可以用简化符号 $\langle\langle O(k)\rangle\rangle$ 来表示。

同样使用不实信息规模 $\Lambda(t)$ 来表示被不实信息感染的范围，其中 $\Lambda(t)$ 包括 $W_k(t)$、$S_k(t)$ 和 $R_k(t)$。$\Lambda(t)$ 与 $\phi(t)$ 相关，因此应先计算 ϕ_∞ 以求得 $\Lambda(t)$。将式(5.11)乘以 $q(k)$，并从 1 到 k 进行求和，然后关于 t 积分得到如下微分方程：

$$\frac{d\phi(t)}{dt}=m(1-\langle\langle e^{-\lambda k\phi(t)}\rangle\rangle)-(\beta+\delta)\phi(t)-$$
$$\alpha\int_0^t\langle\langle kS_k(t')\rangle\rangle(1-\langle\langle e^{-\lambda k\phi(t')}\rangle\rangle)dt' \tag{5.18}$$

同样地，构建相似的辅助函数如下：

$$\varphi(t)=\int_0^t q(k)W_k(t')dt'=\int_0^t\langle\langle W_k(t')\rangle\rangle dt' \tag{5.19}$$

将上述数学方法用于式(5.10)，得到：

$$\frac{d\varphi(t)}{dt}=(1-m)(1-\langle\langle e^{-\lambda k\phi(t)}\rangle\rangle)+\beta\phi(t) \tag{5.20}$$

当 $t\to\infty$ 时，有 $\frac{d\phi(t)}{dt}=0$ 和 $\frac{d\varphi(t)}{dt}=0$，根据式(5.18)和式(5.20)可得：

$$m(1-\langle\langle e^{-\lambda k\phi_\infty}\rangle\rangle)-\alpha\int_0^\infty\langle\langle kS_k(t')\rangle\rangle(1-\langle\langle e^{-\lambda k\phi(t')}\rangle\rangle)dt'-(\beta+\delta)\phi_\infty=0 \tag{5.21}$$

$$(1-m)(1-\langle\langle e^{-\lambda k\phi_\infty}\rangle\rangle)+\beta\phi_\infty=0 \tag{5.22}$$

其中，$\phi_\infty=\lim\limits_{t\to\infty}\phi(t)$。因此，合并式(5.21)和式(5.22)得到关于 ϕ_∞ 的方程：

$$(1-\langle\langle e^{-\lambda k\phi_\infty}\rangle\rangle)-\alpha\int_0^\infty\langle\langle kS_k(t')\rangle\rangle(1-\langle\langle e^{-\lambda k\phi(t')}\rangle\rangle)dt'-\delta\phi_\infty=0 \tag{5.23}$$

分别对式(5.10)和式(5.11)进行积分，得到如下两个方程：

$$W_k(t)=(1-m)(1-e^{-\lambda k\phi(t)})+\int_0^t\beta S_k(t')dt' \tag{5.24}$$

$$S_k(t)=m(1-e^{-\lambda k\phi(t)})-\alpha\int_0^t S_k(t')(1-\langle\langle e^{-\lambda k\phi(t)}\rangle\rangle)dt'-$$
$$(\delta+\beta)\int_0^t S_k(t')dt' \tag{5.25}$$

合并式(5.24)和式(5.25)，并整合到 α 的零阶，可得：

$$S_k(t)=1-e^{-\lambda k\phi(t)}-\delta\int_0^t S_k(t')dt'+O(\alpha)-W_k(t) \tag{5.26}$$

把式(5.24)代入式(5.26)，使用 ODE 方法，可得 $S_k(t)$ 的表达式：

$$S_k(t) = m(1 - e^{-\lambda k\phi(t)}) - m(\delta + \beta)\int_0^t (1 - e^{-\lambda k\phi(t')})e^{(\delta+\beta)(t'-t)}dt' + O(\alpha) \tag{5.27}$$

当传播率越接近传播阈值时，$\phi(t)$和ϕ_∞的值越小。借鉴尼科维和莫雷诺所提的方法(Nekovee and Moreno，2004)，假设$\phi(t)=\phi_\infty f(t)$，$f(t)$是一个有限函数，则展开式(5.27)到ϕ_∞的主导阶(即泰勒展开的最高阶项)，可得：

$$S_k(t) = m\lambda k\phi_\infty(f(t) - (\delta + \beta)\int_0^t f(t')e^{(\delta+\beta)(t'-t)}dt') + O({\phi_\infty}^2) + O(\alpha) \tag{5.28}$$

把式(5.28)代入式(5.23)，并展开到ϕ_∞的相关阶，可得：

$$\lambda\phi_\infty\langle\langle k\rangle\rangle-\frac{1}{2}\lambda^2{\phi_\infty}^2\langle\langle k^2\rangle\rangle-\delta\phi_\infty+O({\phi_\infty}^3)+O(\alpha^2)-$$

$$\alpha\int_0^t\lambda\phi_\infty\langle\langle k\rangle\rangle[f(t'') - (\delta + \beta)\int_0^t f(t')e^{(\delta+\beta)(t'-t'')}dt']m\lambda\phi_\infty\langle\langle k^2\rangle\rangle f(t'')dt'' = 0 \tag{5.29}$$

因此，

$$\phi_\infty\left[\lambda\langle\langle k\rangle\rangle-\delta-\lambda^2\phi_\infty\langle\langle k^2\rangle\rangle\left(\frac{1}{2}+\alpha m\aleph\langle\langle k\rangle\rangle\right)\right]+O({\phi_\infty}^3)+O(\alpha^2)=0 \tag{5.30}$$

其中，$\aleph = \int_0^t f(t'')[f(t'') - (\delta + \beta)\int_0^t f(t')e^{(\delta+\beta)(t'-t'')}dt']dt''$，这是一个有限正积分。显然，$\phi_\infty = 0$ 恒为式(5.30)的一个零解，当$\varphi_\infty \neq 0$ 时，式(5.30)的非平凡解为：

$$\phi_\infty = \frac{\lambda\langle\langle k\rangle\rangle-\delta}{\lambda^2\phi_\infty\langle\langle k^2\rangle\rangle\left(\frac{1}{2}+\alpha m\aleph\langle\langle k\rangle\rangle\right)} \tag{5.31}$$

由于$\langle\langle k\rangle\rangle=\frac{\langle k^2\rangle}{\langle k\rangle}$，$\langle\langle k\rangle\rangle=\frac{\langle k^3\rangle}{\langle k\rangle}$，可得$\phi_\infty$的表达式如下：

$$\phi_\infty = \frac{2\langle k\rangle(\lambda\langle k^2\rangle-\delta\langle k\rangle)}{\lambda^2\langle k^3\rangle(\langle k\rangle+2\alpha m\aleph\langle k^2\rangle)} \tag{5.32}$$

若式(5.33)成立，则可得到正解ϕ_∞：

$$\frac{\lambda}{\delta}=\frac{\langle k\rangle}{\langle k^2\rangle} \tag{5.33}$$

因此，异构网络中不实信息传播模型的阈值为：

$$\lambda_c=\frac{\delta\langle k\rangle}{\langle k^2\rangle} \tag{5.34}$$

由此可知，不相关异构网络上的 IWSR 不实信息阈值与经典 ISR 模型相同。当 $\delta=1$ 时，不实信息传播的临界阈值为 $\lambda_c=\frac{\langle k\rangle}{\langle k^2\rangle}$，可以看出，当网络具有很强的异质性时，当 $N\to\infty$ 时，不实信息的传播阈值 λ_c 很小甚至消失。同时，阈值与网络节点的自我成长机制和识别能力几乎无关，这意味着在异构网络中，这些因素几乎不能改变阈值。这是由于异构网络中存在 Hubs 节点，即与大量节点有连接的大度节点，由于其度极大，所以可以有效地扩大不实信息的传播。

当 $\Lambda_k(\infty)=1-I_k(\infty)$ 时，可得不实信息的规模 Λ：

$$\Lambda=\sum_k p(k)(1-e^{-\lambda k\phi_\infty}) \tag{5.35}$$

将式(5.32)代入式(5.35)并展开，可得最终传播规模：

$$\Lambda\approx\lambda\phi_\infty\sum_k kp(k)=\langle k\rangle\lambda\phi_\infty=\frac{2\langle k\rangle^2(\lambda\langle k^2\rangle-\delta\langle k\rangle)}{\lambda\langle k^3\rangle(\langle k\rangle+2\alpha m\aleph\langle k^2\rangle)} \tag{5.36}$$

5.3　数值模拟

本节将进行一些数值模拟以验证前文的理论结果。仿真将在平均度为 $\langle k\rangle=6$、网络规模为 $N=10^6$ 的齐次网络以及度序列为 $\{k_1, k_2, \cdots, k_N\}$、度分布满足 $p(k)$ 的 BA 无标度网络上进行。异构网络的度度相关性函数为 $p(k'|k)=q(k')=\frac{k'p(k')}{\langle k\rangle}$。本节模拟生成了规模分别为 10^4、10^5 和 10^6 且度分布遵循幂律分布 $p(k)=(1+\gamma)h^{1+\gamma}k^{-2-\gamma}$ 的广义无标度网络，其中，参数 h 是网络的最小度。参数选取 $\gamma=1$，$h=1$。本节只给出了规模为 10^6、平均度 $\langle k\rangle=1.62$、二阶矩为 $\langle k^2\rangle=7.93$ 的网络仿真图。初始条件下，假设每

个网络中只有一个传播者。

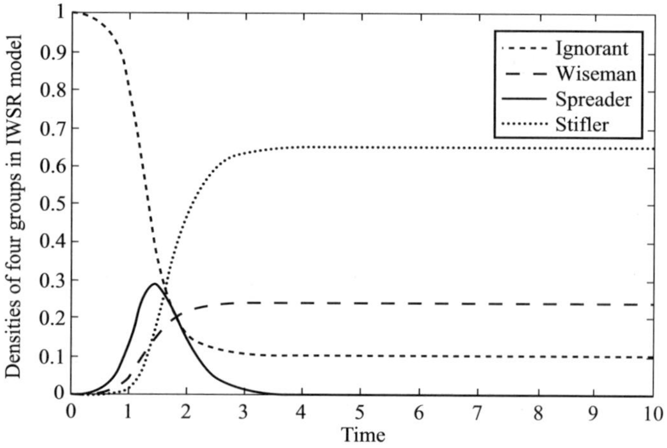

图 5. 2　不实信息传播模型中四类群体的密度演化

图 5. 2 刻画了 IWSR 不实信息传播模型中四个群体(无知者、智者、传播者和移出者)在参数 $\lambda=0.7$，$\beta=0.2$，$\delta=0.2$，$\alpha=0.3$，$m=0.8$ 下总密度的时间演化。通过仿真模拟可知：无知者的密度迅速减小，直至达到平衡状态。然而，随着不实信息的传播，移出者和智者的数量不断增加，最终趋于稳定。传播者的密度首先急剧增加，随着不实信息的进一步传播，传播者数量先达到一个峰值，然后逐渐下降到零，这意味着不实信息不再传播，最终消亡。

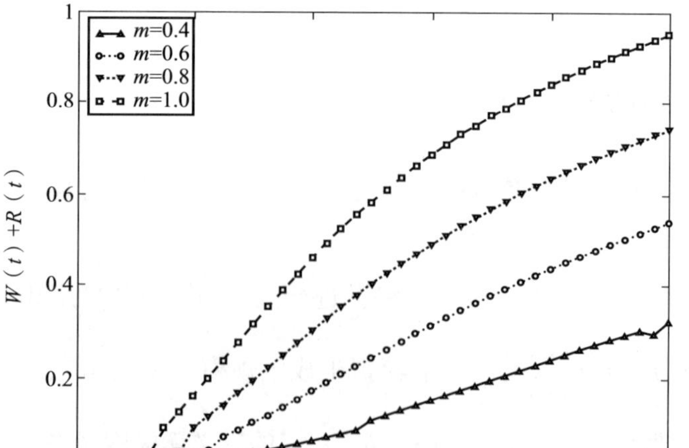

图 5. 3　不同模糊性参数 m 下，不实信息规模 $W+R$ 与传播速率 λ 的关系

图 5.3 探究了在 BA 无标度网络中不同事件模糊性参数 m 影响下不实信息传播规模与传播速率 λ 的关系。参数选择为：$\beta=0.2$，$\delta=0.2$，$\alpha=0.3$，$m=0.4$、0.6、0.8、1.0。图 5.3 表明，临界阈值大致落在区间[0，0.2]内。这是因为在 BA 无标度网络中，当 Hubs 节点存在时，随着模糊性参数 m 的增加，不实信息在异构网络中的传播速度大大提高，传播的临界阈值可能会降低，甚至在某些情况下消失，这是因为高度连接的节点可以迅速将信息传播到网络的各个角落。因此，为了有效控制不实信息的传播，权威机构和官方媒体必须迅速响应，提供清晰、准确的信息，降低事件的模糊性以减少公众的不确定性和焦虑。此外，通过提高公众的信息素养和批判性思维能力，可以进一步增强社会对不实信息的抵抗力。

图 5.4 清楚地刻画了智者的密度与事件模糊性及自我成长机制的关系。从图 5.4(a)中可以看出，智者的密度随着事件模糊性 m 的增加而减小，说明事件的模糊性越强，智者越难以获得清晰和准确的信息，从而影响其做出明智决策。智者的最终比例越小；相反，图 5.4(b)表明在模糊性 m 固定的条件下，自我成长率 β 越大，智者所占比例也越大。这是因为当一个人汲取知识的能力越强时，他/她的自我成长能力也更强，可以通过不断学习和适应来克服模糊性的挑战，更容易转变为一个智者。

参数 β 刻画了个体的自我成长能力，随着不实信息的传播，传播者会在短时间内急剧增加，传播者所处的环境也越来越复杂，基于自我成长能力，传播者会意识到不实信息的虚假性，进而转变成为一个智者。参数 m 刻画了事件的模糊性，如果参数 m 增加，事件将变得模糊，人们可能会相信并散布不实信息以获得关注。因此，可以认为参数 β 的增加导致智者密度的增大，而传播者和移出者的密度缩小。图 5.5(a)、图 5.5(b)和图 5.5(c)验证了本节的假设。由图 5.5(a)和图 5.5(c)可知，β 较大且 m 较小时，智者和移出者的比例将变大，但 β 较小且 m 较大将导致相应峰值增大。在图 5.5(b)所示的 SF 无标度网络中，不实信息终止时间几乎不随参数 β 或 m 的变化而变化。

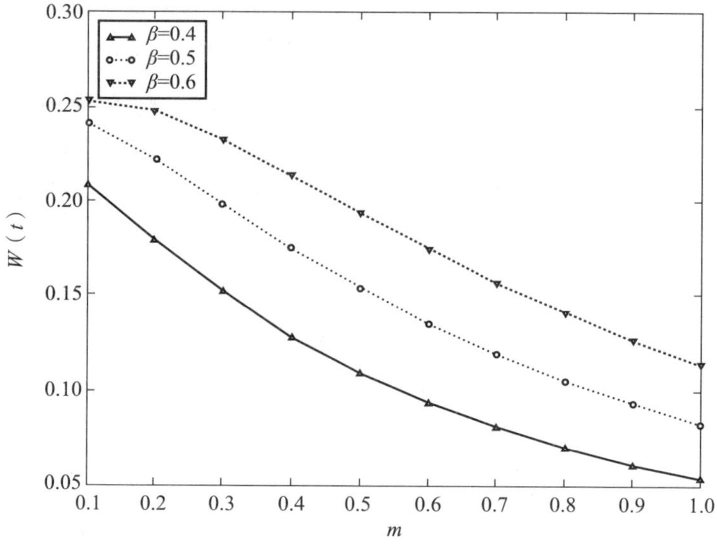

(a) $W(t)$ vs m

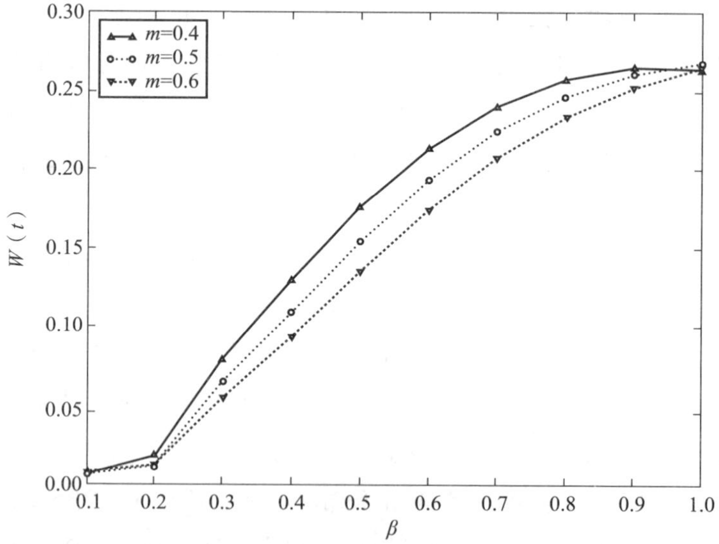

(b) $W(t)$ vs β

图 5.4 模糊性参数 m 和自我成长率参数 β 对智者密度的影响

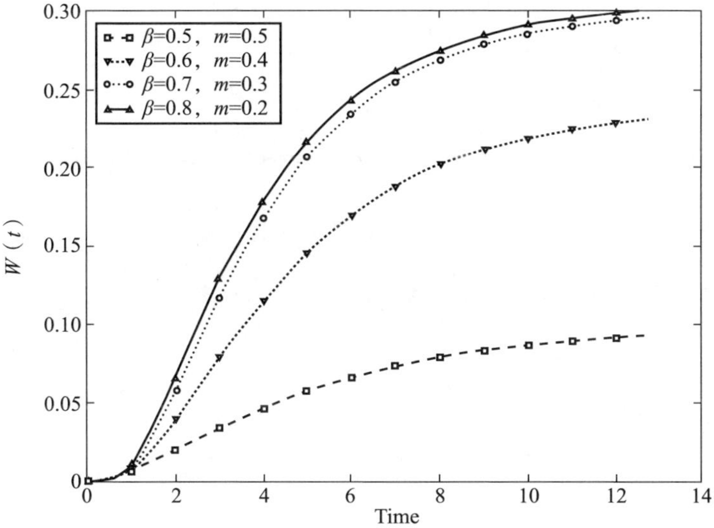

（a）　不同自我成长率 β 和模糊性参数 m 下的智者的时间演化轨线

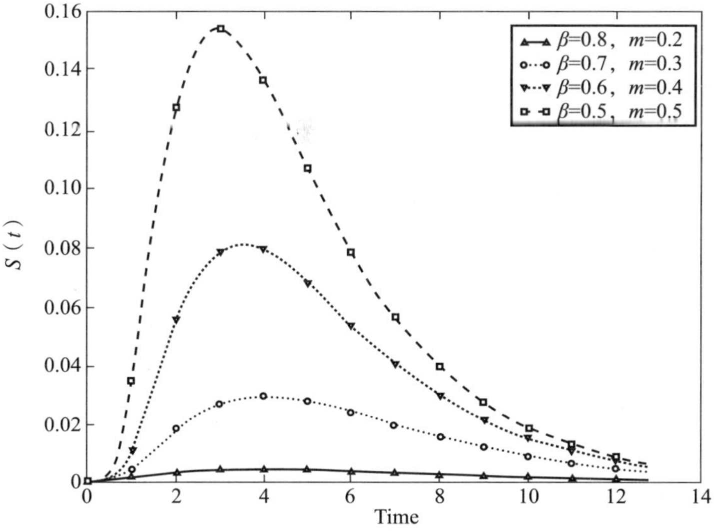

（b）　不同自我成长率 β 和模糊性参数 m 下的传播者的时间演化轨线

图 5.5　不同自我成长率 β 和模糊性参数 m 对不同类别的时间演化轨线

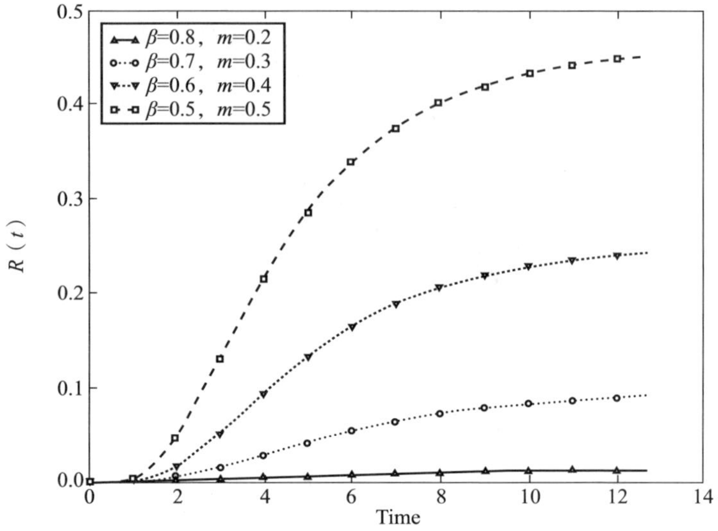

（c） 不同自我成长率 β 和模糊性参数 m 下的移出者的时间演化轨线

图 5.5　不同自我成长率 β 和模糊性参数 m 对不同类别的时间演化轨线（续）

根据本节分析，得出如下建议：一方面，可以通过扩大宣传或驳斥不实信息来降低不实信息的模糊性，进而提高人们的辨识能力；另一方面，普及科普知识可以提高个人的自我成长能力。2011 年日本福岛第一核电站因地震导致核材料泄漏后，“食用碘盐能抗核辐射”和“江浙沿海海水将受到污染并停止产盐”等衍生不实信息加剧了人们的恐慌，从 3 月中旬开始，平时堆积如山的食盐突然成了热门商品，导致抢盐狂潮，引发“盐荒”。在当地许多超市，碘盐缺货，造成“盐荒”，一些商贩趁机抬高食盐价格。从这起事件可以看出，由于民众缺乏科学知识，对碘盐是否能抗辐射缺乏准确、及时、独立的判断，导致恶意不实信息的高度模糊，最终导致公众恐慌。

5.4　本章小结

本节引入了事件模糊性和个体的自我成长机制来探究不实信息的传播。在上述分析的基础上，在经典的 ISR 模型中加入了一个新的群体——智者，即由于掌握了真相而形成的新群体。传播者与新群体智者之间的转变表明传播者吸收信息，自我成长，然后转化为智者。而从无知者到智者的转换则表明，由于事件伴随的某些明确性，无知者识破不实信息而转化为智者。然后，建立了一个改进的 IWSR 模型，并推导了平均场方程。

通过对平均场方程的数学分析得出：当不实信息达到稳定状态时，可得一个超越方程，进而求解出不实信息的传播阈值 λ_c。通过对平均场方程的数学分析得到了最终的不实信息传播规模。

最终通过仿真分析得到：传播率小于临界阈值时，不实信息不能在人群中传播；不实信息的模糊性越高，不实信息的影响力越大；个体的自我成长能力越强，不实信息传播的范围就越小。为进行不实信息控制，一方面可以通过扩大宣传真相或澄清不实信息来降低不实信息的模糊性，进而提高人们的辨识能力；另一方面通过普及科普知识以提高个体的自我成长能力，最终杜绝食盐、双黄连、消毒水抢购等事件的发生。

第6章

双层网络视角下的不实信息传播与控制模型

互联网的飞速发展使得人们越来越依赖社交网络，个体之间的信息可以通过 WeChat、Instagram 等社交软件即时广泛传播，热点事件也可以通过社交软件随时随地推送到人群中。这些软件的免费注册使人们能够自由地建立自己的朋友网络，因此个体不仅可以从媒介网站上获取不实信息，同时也可以从朋友网络中听到不实信息。因而小规模的朋友网络与媒介网站网络的交互对于不实信息的传播是不可忽视的因素。此外，不实信息在实际传播过程中可能存在时间延迟(即时滞)，个体对不实信息的认知和传播需要更多的时间，因而探讨时间延迟对不实信息的影响具有重要的现实意义。

随着科技的进步和发展，不实信息传播呈现出新的特点。目前，Google、百度等在线媒介已成为人际沟通和信息获取的主要手段。当恶意分子在媒介网站上发布不实信息时，原本没有不实信息的网站就会变成承载不实信息的网站。传播者在公共社交网络媒介上发布虚假、恶意的不实信息，个人访问这些网站，并通过朋友网络与好友分享不实信息，促使不实信息传播更加广泛。由于这些网站的开放性，任何用户都可以访问并搜索他们感兴趣的信息。因此，网络媒介的存在使得用户能够跨空间传播不实信息。转发不实信息需要时间，同时个人对是否转发也需要一个自我判断的过程，这必然会造成时间延迟。在以往的研究中，关于网络媒介对不实信息传播机制的影响研究较少，为了更真实地描述公共媒介网络影响下不实信息的传播机制，本节结合媒介网站网络与朋友网络的交互影响，并考虑传播过程中的时滞等因素，构建了双层 XY-ISR 时滞不实信息传播模型。在此基础上，本节进一步考虑了删除不实信息帖子、科普教育、免疫治疗等控制策略，提出了一个最小化不实信息传播规模和控制成本的最优控制问题，以进一步研究不实信息传播的动力学行为。

6.1 模型建立

在本书构建的双层 XY-ISR 网络中，XY 网络由 M 个媒介网站构成，朋友网络 ISR 则由 N 个个体组成，双层网络可以表示为 $G(V, E)$，其中 V 代表媒介网站与个体的节点组合，E 表示节点之间的连边组合。

在媒介网站网络中，媒介存在两种状态：一种是不受不实信息感染的易感媒介(表示为 X)，另一种是被不实信息感染的感染媒介(表示为 Y)。其中易感媒介中没有不实信息，当传播者访问易感媒介时，他们会在媒介网络上发布或留下评论，这将使易感媒介受到感染，成为感染媒介。在朋友网络中，个体分为三类：无知者(用 I 表示)、传播者(用 S 表示)、移出者(用 R 表示)。当无知者访问被感染的媒介网站时，他们会以一定的概率受到感染媒介的影响，并逐渐变成传播者。由此可见，不实信息不仅可以在不同的个体之间传播，而且可以在不同的个人和网络媒介之间进行传播，即在不同类型的网络中，不实信息是可以相互作用的。改进的 XY-ISR 模型如图 6.1 所示。

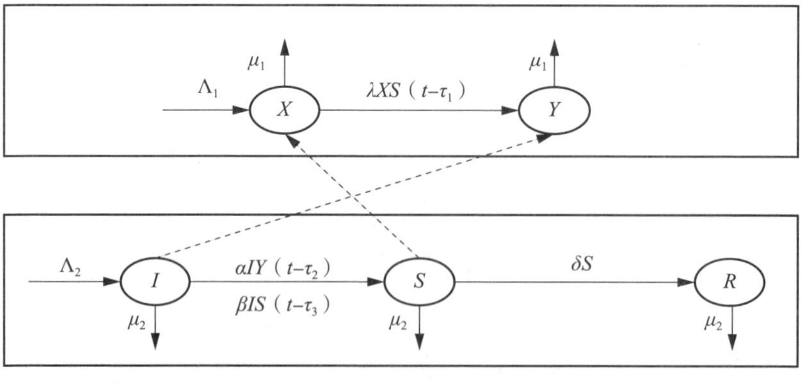

图 6.1　XY-ISR 不实信息传播模型的结构示意图

网络媒介的存在丰富了不实信息传播的特征，本节假设如下：

A1：由于个人上网时间的随机性，以及不同个体对信息的接收有一定的思考辨别过程，所以个体之间的信息传播存在一定的时滞 τ_1，τ_2，τ_3。

传播者访问易受影响的媒介网站后，需要一个思考过程留下帖子或评论。这一过程所需的时间被定义为评论延迟 τ_1。当无知者访问被感染网站时，网站上的不实信息说服无知者相信并传播，也需要一定的时间 τ_2。当无知者与传播者接触时，二者需要一定的时间来交换不实信息，存在一定的时间间隔，定义为 τ_3。

A2：在媒介网站网络层，媒介网站有一定的注册/注销率。易感媒介以概率 Λ_1 注册增加。当传播者访问易感媒介并留言或评论时，易感媒介会以一定的概率 λ 转化为感染媒介，即传播者对网站的感染率。同时，由于媒介网站之间的竞争，易感媒介和感染媒介将有可能以概率 μ_1 移出系统。

A3：在朋友网络层，无知者以概率 Λ_2 进入系统，以概率 μ_2 自发移出系统。当一个无知者访问/浏览感染媒介时，他/她将以一定的概率 α 转化为不实信息传播者，α 被称为媒介作用率。个体在朋友网络的互动过程中，当无知者与不实信息传播者接触时，被传播者感染，并以一定的概率 β 变成传播者，即基本传播率。

A4：随着时间的推移，由于遗忘、失去兴趣等原因，传播者将以概率 δ 转变为移出者，即遗忘率。

6.2　模型分析

本小节将在同质网络中探究不实信息传播的特征，结合 XY-ISR 模型的传播机制，同质网络上的平均场方程可以描述为：

$$\begin{cases}\dfrac{dX(t)}{dt}=\Lambda_1-\lambda X(t)S(t-\tau_1)-\mu_1 X(t)\\ \dfrac{dY(t)}{dt}=\lambda X(t)S(t-\tau_1)-\mu_1 Y(t)\\ \dfrac{dI(t)}{dt}=\Lambda_2-\alpha I(t)Y(t-\tau_2)-\beta I(t)S(t-\tau_3)-\mu_2 I(t)\\ \dfrac{dS(t)}{dt}=\alpha I(t)Y(t-\tau_2)+\beta I(t)S(t-\tau_3)-\delta S(t)-\mu_2 S(t)\\ \dfrac{dR(t)}{dt}=\delta S(t)-\mu_2 R(t)\end{cases}\tag{6.1}$$

具有如下初始条件：

$$X(\theta)=\varphi_1(\theta),\ Y(\theta)=\varphi_2(\theta),\ I(\theta)=\varphi_3(\theta),\ S(\theta)=\varphi_4(\theta),\ R(\theta)=\varphi_5(\theta)$$
$$\varphi_1(\theta)\geqslant 0,\ \theta\in[-\tau,\ 0],\ \varphi_i(0)>0,\ \varphi_i\in\mathbb{C}[[-\tau,\ 0],\ \mathbb{R}_+],\ i=1,\ 2,\ 3,\ 4,\ 5 \tag{6.2}$$

其中，$\tau=\max\{\tau_1,\ \tau_2,\ \tau_3\}$，$\mathbb{R}_+=\{x\in\mathbb{R}:\ x\geqslant 0\}$。

系统平衡点的稳定性通常用基本再生数 $\Re_0$ 衡量，即阈值，表示一个传播者在其平均传播期内感染的无知者的数量（Driessche and Watmough, 2002；Heffernan et al., 2005）。一般来说，$\Re_0=1$ 可以作为判断不实信息是否消亡的临界值，即，当 $\Re_0>1$ 时，不实信息永久存在。对于系统(6.1)，基本再生数可表示为：

$$\Re_0=\frac{\lambda\Lambda_1}{\mu_1^2}$$

由计算可知系统存在两个平衡点：

(1)无不实信息平衡点(RFE)如下：

$$E^0=(X^0(t),\ Y^0(t),\ I^0(t),\ S^0(t),\ R^0(t))=\left(\frac{\Lambda_1}{\mu_1},\ 0,\ \frac{\Lambda_2}{\mu_2},\ 0,\ 0\right)$$

(2)不实信息内部平衡点(REE)如下：

$$E^*=(X^*(t),\ Y^*(t),\ I^*(t),\ S^*(t),\ R^*(t))$$

6.2.1 解的非负性与边界性

接下来，本小节将证明解的非负性与边界性。

定理 6.1 系统(6.1)的解在条件(6.2)下是非负且有界的，即系统(6.1)存在一个正不变集。

证明： 对于系统(6.1)，存在以下条件：

$$\frac{dX}{dt}\bigg|X=0=\Lambda_1,\ \frac{dX}{dt}\bigg|Y=0=0,\ \frac{dI}{dt}\bigg|I=0=\Lambda_2,\ \frac{dS}{dt}\bigg|S=0=0,\ \frac{dR}{dt}\bigg|R=0=0$$

以上所有值在 $\mathbb{R}_5^+=\{(x_1,\ x_2,\ x_3,\ x_4,\ x_5):\ x_i\geqslant 0,\ i=1,\ 2,\ 3,\ 4,\ 5\}$ 的有界平面上都是非负的。因此，如果系统(6.1)的初始值保持在 $\mathbb{R}_5^+$ 内，那么系统(6.1)的所有解都是非负的。

假设(X, Y, I, S, R)满足初始条件(6.2)的解。令 $X+Y=M$，$I+S+$

$R=N$。由系统(6.1)的前两个方程可以得到：

$$\frac{dM}{dt}=\Lambda_1-\mu_1(X+Y)=\Lambda_1-\mu_1 M \tag{6.3}$$

易得$\limsup\limits_{t\to\infty} M\leqslant\frac{\Lambda_1}{\mu_1}$。因此，所有的解 X 和 Y 都受限于$\frac{\Lambda_1}{\mu_1}$。用同样的方法可知，I，S，R 以$\frac{\Lambda_2}{\mu_2}$为界。因此，系统(6.1)的正不变集为：

$$\Gamma=\left\{(X,\ Y,\ I,\ S,\ R)\in\mathbb{R}_5^+:\ X+Y\leqslant\frac{\Lambda_1}{\mu_1},\ I+S+R\leqslant\frac{\Lambda_2}{\mu_2}\right\} \tag{6.4}$$

所以，$\mathbb{R}_5^+$ 中所有解的轨迹都会进入并一直保持在正不变集 Γ 中。

系统(6.1)的所有解都是非负的，这与现实世界中媒介(人类)规模是非负的这一事实相一致。

6.2.2　平衡点的稳定性分析

6.2.2.1　无不实信息平衡点 E^0 的稳定性分析

本节将探讨系统(6.1)中无不实信息平衡点 E^0 的稳定性。

定理 6.2　若 $\Re_0<1$，则无不实信息平衡点 E^0 是局部渐近稳定的。反之，当 $\Re_0>1$ 时，不稳定。

证明： 无不实信息平衡点 E^0 处的雅可比矩阵为：

$$J(E^0)=\begin{bmatrix} -\mu_1 & 0 & 0 & -\lambda\frac{\Lambda_1}{\mu_1}e^{-\eta\tau_1} & 0 \\ 0 & -\mu_1 & 0 & \lambda\frac{\Lambda_1}{\mu_1}e^{-\eta\tau_1} & 0 \\ 0 & -\alpha\frac{\Lambda_2}{\mu_2} & -\mu_2 & -\beta\frac{\Lambda_2}{\mu_2} & 0 \\ 0 & \alpha\frac{\Lambda_2}{\mu_2} & 0 & \beta\frac{\Lambda_2}{\mu_2}-\delta-\mu_2 & 0 \\ 0 & 0 & 0 & \delta & -\mu_2 \end{bmatrix}$$

易得其特征方程形式如下：

$$(\eta+\mu_1)(\eta+\mu_2)^2\left(\eta-\beta\frac{\Lambda_2}{\mu_2}+\delta+\mu_2\right)\left(\eta-\lambda\frac{\Lambda_1}{\mu_1}e^{-\eta\tau_1}+\mu_1\right)=0 \tag{6.5}$$

由上式可以得到四个特征值 $\eta_1=-\mu_1$，$\eta_{2,3}=-\mu_2$，$\eta_4=\beta\frac{\Lambda_2}{\mu_2}-\delta-\mu_2$，且均为负。式(6.5)的第五个特征值是下面方程的根：

$$f_1(\eta)=\eta\lambda\frac{\Lambda_1}{\mu_1}e^{-\eta\tau_1}-\mu_1-\eta=0 \tag{6.6}$$

在条件 $\tau_1=0$ 下，若 $\Re_0<1$，则 $\eta_5=\frac{\Lambda_1}{\mu_1}-\mu_1<0$；反之，若 $\Re_0>1$，则 $\eta_5=\frac{\Lambda_1}{\mu_1}-\mu_1>0$。因此，当 $\tau_1=0$ 且阈值满足 $\Re_0<1$ 时，无不实信息平衡点 E^0 是局部渐近稳定的。

当参数 $\tau_1>0$ 时，令 $\eta=i\omega$ 为方程的根，其中 $\omega>0$ 为实部，i 为虚数单位且满足 $i^2=-1$。利用欧拉公式将实部和虚部分离，得：

$$\begin{cases}\lambda\frac{\Lambda_1}{\mu_1}\cos(\omega\tau_1)=\mu_1\\ -\lambda\frac{\Lambda_1}{\mu_1}i\sin(\omega\tau_1)=i\omega\end{cases}\Rightarrow\left(\lambda\frac{\Lambda_1}{\mu_1}\right)^2-(\mu_1)^2=\omega^2 \tag{6.7}$$

因为 $\Re_0<1$，所以可以得到$\left(\lambda\frac{\Lambda_1}{\mu_1}\right)^2<(\mu_1)^2$。因此 $\omega^2<0$，与假设矛盾。所以，当 $\Re_0<1$ 时，方程 $f_1(\eta)=\lambda\frac{\Lambda_1}{\mu_1}e^{-\eta\tau_1}-\mu_1-\eta=0$ 的根有负的实部。换言之，在 $\Re_0<1$ 的情况下，系统(6.1)的无不实信息平衡点 E^0 是局部渐近稳定的。

当 $\Re_0>1$ 时，由于 $f_1(0)=\lambda\frac{\Lambda_1}{\mu_1}-\mu_1>0$，可知公式 $\lim\limits_{\eta\to+\infty}f_1(\eta)=-\infty$ 有一个正的实根。所以，当 $\Re_0>1$ 时，无不实信息平衡点 E^0 是不稳定的。

接下来，本节将探究系统(6.1)的无不实信息平衡点 E^0 的全局渐近稳定性。根据定理 6.2 可知，当 $\Re_0>1$ 时，E^0 是稳定的，因此只需要考虑在 $\Re_0<1$ 时 E^0 的全局稳定性情况。

定理 6.3　当 $\Re_0<1$ 时，无不实信息平衡点 E^0 是全局渐近稳定的。

证明：定义李雅普诺夫函数 V_1 如下：

$$V_1=X-X^0-X^0\ln\frac{X}{X^0}+Y+I-I^0-I^0\ln\frac{I}{I^0}+S+R+\int_{t-\tau_1}^{0}\lambda X^0S(s)ds+\int_{t-\tau_2}^{0}\alpha I^0Y(s)ds+\int_{t-\tau_3}^{0}\alpha I^0Y(s)ds+\lambda X^0Y \tag{6.8}$$

函数 V_1 的全导数计算如下：

$$\begin{aligned}\frac{dV_1}{dt}&=\frac{X-X^0}{X}(\Lambda_1-\lambda X(t)S(t-\tau_1)-\mu_1X(t))+(\lambda X(t)S(t-\tau_1)-\mu_1Y(t))+\\&\quad\frac{I-I^0}{I}(\Lambda_2-\alpha I(t)Y(t-\tau_2)-\beta I(t)S(t-\tau_3)-\mu_2I(t))+\\&\quad(\alpha I(t)Y(t-\tau_2)+\beta I(t)S(t-\tau_3)-\delta S(t)-\mu_2S(t))+\\&\quad(\delta S(t)-\mu_2R(t))-\lambda X^0S(t-\tau_1)-\\&\quad\lambda I^0Y(t-\tau_2)-\beta I^0S(t-\tau_3)\\&=-\frac{\mu_1(X-X^0)^2}{X}-\frac{\mu_2(I-I^0)^2}{I}-\mu_1(1-\Re_0)Y(t)-\\&\quad\lambda X^0Y(t)-\mu_2S(t)-\mu_2R(t)\end{aligned} \tag{6.9}$$

根据条件$\left\{(X,\ Y,\ I,\ S,\ R)\in\mathbb{R}_+^5:\ \frac{dV_1}{dt}=0\right\}=\{(X,\ Y,\ I,\ S,\ R)\in\mathbb{R}_+^5:\ X=X^0=\frac{\Lambda_1}{\mu_1},\ Y=Y^0=0,\ I=I^0=\frac{\Lambda_2}{\mu_2},\ S=S^0=0,\ R=R^0=0\}$以及拉萨尔不变性原理(La Salle et al. , 1962)，可知当 $\Re_0<1$ 时，无不实信息平衡点 E^0 是全局渐近稳定的。

6.2.2.2　内部平衡点 E^* 的稳定性分析

本小节主要探讨系统(6.1)的内部平衡点 E^* 的渐近稳定性，将从两个方面进行讨论：局部与全局稳定性。首先证明 E^* 的局部渐近稳定性。

定理 6.4　当 $\Re_0>1$ 时，系统(6.1)的内部平衡点 E^* 是局部渐近稳定的。

证明： 通过求解式(6.10)，可以得到内部平衡解：

$$\begin{cases}\Lambda_1-\lambda X(t)S(t-\tau_1)-\mu_1 X(t)=0\\ \lambda X(t)S(t-\tau_1)-\mu_1 Y(t)=0\\ \Lambda_2-\alpha I(t)Y(t-\tau_2)-\beta I(t)S(t-\tau_3)-\mu_2 I(t)=0\\ \alpha I(t)Y(t-\tau_2)+\beta I(t)S(t-\tau_3)-\delta S(t)-\mu_2 S(t)=0\\ \delta S(t)-\mu_2 R(t)=0\end{cases} \tag{6.10}$$

当 $t\to\infty$ 时，系统的最终演化过程中的时滞可以忽略不计。所以，内部平衡点 E^* 可表示如下：

$$X^*=\frac{\Lambda_1}{\lambda S^*+\mu_1},\ Y^*=\frac{\lambda\Lambda_1 S^*}{\mu_1(\lambda S^*+\mu_1)},$$

$$I^*=\frac{\Lambda_2\mu_1(S^*\lambda+\mu_1)}{\alpha\lambda\Lambda_1 S^*+\mu_1(\lambda S^*+\mu_1)(\beta S^*+\mu_2)},\ R^*=\frac{\delta S^*}{\mu_2}$$

其中，传播者满足以下条件：

$$S^*=\frac{-b+\sqrt{b^2-4ac}}{2a} \tag{6.11}$$

参数 a，b，c 表达式如下：

$$a=\lambda\beta\mu_1(\delta+\mu_2)$$

$$b=[\alpha\lambda\Lambda_1+\mu_1(\lambda\mu_2+\beta\mu_1)](\delta+\mu_2)-\lambda\beta\Lambda_2\mu_1$$

$$c=(\alpha\lambda\Lambda_1\Lambda_2+\mu_1^2(\beta\Lambda_2-\mu_2(\delta+\mu_2)))$$

在内部平衡点 E^* 处的雅可比矩阵计算如下：

$$J(E^*)=\begin{bmatrix}-\lambda S^*-\mu_1 & -\lambda X^* e^{-\eta\tau_1} & 0 & 0 & 0\\ \lambda S^* & \lambda X^* e^{-\eta\tau_1}-\mu_1 & 0 & 0 & 0\\ 0 & -\alpha I^* & -\alpha Y^* e^{-\eta\tau_2}-\beta S^* e^{-\eta\tau_3}-\mu_2 & -\beta I^* & 0\\ 0 & \alpha I^* & \alpha Y^* e^{-\eta\tau_2}+\beta S^* e^{-\eta\tau_3} & \beta I^*-\delta-\mu_2 & 0\\ 0 & 0 & 0 & \delta & -\mu_2\end{bmatrix}$$

其相应的特征方程具有以下形式：

$$(\mu_1+\eta)\times((-\lambda S^*-\mu_1-\eta)(\lambda X^* e^{-\eta\tau_1}-\mu_1-\eta)+\lambda^2 S^* X^* e^{-\eta\tau_1})\times$$
$$\begin{pmatrix}(-\alpha Y^* e^{-\eta\tau_2}-\beta S^* e^{-\eta\tau_3}-\mu_2-\eta)(\beta I^*-\delta-\mu_2-\eta)+\\ \beta I^*(\alpha Y^* e^{-\eta\tau_2}+\beta S^* e^{-\eta\tau_3})\end{pmatrix}=0 \qquad (6.12)$$

式(6.12)恒存在一个负的实根 $\eta_1=-\mu_1$。其他特征值由以下方程给出：

$$(-\lambda S^*-\mu_1-\eta)\times(\lambda X^* e^{-\eta\tau_1}-\mu_1-\eta)+\lambda^2 S^* X^* e^{-\eta\tau_1}=0 \qquad (6.13)$$

$$(-\alpha Y^* e^{-\eta\tau_2}-\beta S^* e^{-\eta\tau_3}-\mu_2-\eta)(\beta I^*-\delta-\mu_2-\eta)+$$
$$\beta I^*(\alpha Y^* e^{-\eta\tau_2}+\beta S^* e^{-\eta\tau_3})=0 \qquad (6.14)$$

式(6.13)可简化如下：

$$(\mu_1+\eta)\times(\lambda(S^*-X^* e^{-\eta\tau_1})+\mu_1+\eta)=0 \qquad (6.15)$$

易得式(6.15)恒存在一个负根 $\eta_2=\eta_1=-\mu_1$。$\eta_3=-\lambda(S^*-X^* e^{-\eta\tau_1})-\mu_1$ 的正负取决于变量$(S^*-X^* e^{-\eta\tau_1})$。将 X^* 代入表达式$(S^*-X^* e^{-\eta\tau_1})$可得：

$$S^*-X^* e^{-\eta\tau_1}=S^*-\frac{\Lambda_1}{\lambda S^*+\mu_1}e^{-\eta\tau_1}=\frac{\lambda(S^*)^2+\mu S^*-\Lambda_1 e^{-\eta\tau_1}}{\lambda S^*+\mu_1} \qquad (6.16)$$

即：特征值 η_3 的正负取决于函数 $f(S^*)=\lambda(S^*)^2+\mu_1 S^*-\Lambda_1 e^{-\eta\tau_1}$ 的最小值，显然，当 $\Re_0=\frac{\lambda\Lambda_1}{\mu_1^2}>1$ 时，函数 $f(S^*)\frac{4\lambda\Lambda_1 e^{-\eta\tau_1}-(\mu_1)^2}{4\lambda}_{\min}$ 恒成立。因此，另外一个特征值 $\eta_3=-\lambda(S^*-X^* e^{-\eta\tau_1})-\mu_1<0$。

为证明式(6.14)存在一个负根，可通过简化式(6.14)得到以下公式：

$$f(\eta)=(\mu_2+\delta+\eta)\times(\alpha Y^* e^{-\eta\tau_2}+\beta S^* e^{-\eta\tau_3}+\mu_2+\eta)-\beta I^*(\mu_2+\eta) \qquad (6.17)$$

鉴于式(6.17)的一阶导数满足以下关系式：

$$f'(\eta)=\begin{pmatrix}-\tau_2\times(\mu_2+\delta+\eta)\times\alpha Y^* e^{-\eta\tau_2}\\ -\tau_3\times(\mu_2+\delta+\eta)\times\beta S^* e^{-\eta\tau_3}+\\ 2(\mu_2+\eta)+\delta-\beta I^*\end{pmatrix}>0 \qquad (6.18)$$

为了证明式(6.17)的唯一负根的存在性，函数需要满足关系 $f(-\infty)<0$ 和 $f(0)=(\mu_2+\delta)\times(\alpha Y^*+\beta S^*+\mu_2)-\beta I^*\mu_2>0$。只有当这两个条件都满足时，式(6.17)才能确定唯一的负根。即当 $\Re_0>1$ 时，内部平衡点 E^* 是局部渐近稳定的。

接下来，用李雅普诺夫方法探究内部平衡点 E^* 的全局渐近稳定性，通过定理 6.5 来证明 $\Re_0$ 为系统(6.1)的阈值。

定理 6.5 当 $\Re_0>1$ 时，内部平衡点 E^* 是全局渐近稳定的。

证明： 定义李雅普诺夫函数 V_2 如下：

$$V_2=U_1+U_2+U_3+U_4 \tag{6.19}$$

其中：

$$U_1=\frac{X}{X^*}-1-\ln\frac{X}{X^*},\quad U_2=\frac{Y}{Y^*}-1-\ln\frac{Y}{Y^*}$$

$$U_3=I-I^*-I^*\ln\frac{I}{I^*},\quad U_4=R-R^*-R^*\ln\frac{R}{R^*}$$

利用条件 $\Lambda_1=\lambda X^*S^*+\mu_1X^*$，$\Lambda_2=\alpha I^*Y^*+\beta I^*S^*+\mu_2I^*$ 以及 $\delta S^*=\mu_2R^*$，可以得到下列方程：

$$\frac{dU_1}{dt}=X^*\left(1-\frac{X^*}{X}\right)\times(\Lambda_1-\lambda XS^*-\mu_1S^*)=-\frac{\lambda S^*+\mu_1}{XX^*}(X-X^*)^2 \tag{6.20}$$

$$\frac{dU_2}{dt}=Y^*\left(1-\frac{Y^*}{Y}\right)\times(\lambda X^*S^*-\mu_1Y)=-\frac{\mu_1}{Y}(Y-Y^*)^2 \tag{6.21}$$

$$\frac{dU_3}{dt}=\left(1-\frac{I^*}{I}\right)(\alpha I^*Y^*+\beta I^*S^*+\mu_2I)=-\frac{\alpha Y^*+\beta S^*+\mu_2}{I}(I-I^*)^2 \tag{6.22}$$

$$\frac{dU_4}{dt}=\left(1-\frac{R^*}{R}\right)\times(\delta S^*-\mu_2R)=-\frac{\mu_2}{R}(R-R^*)^2 \tag{6.23}$$

根据式(6.19)，可得：

$$\begin{aligned}\frac{dV_2}{dt}&=\frac{dU_1}{dt}+\frac{dU_2}{dt}+\frac{dU_3}{dt}+\frac{dU_4}{dt}\\&=\frac{\lambda S^*+\mu_1}{XX^*}(X-X^*)^2-\frac{\mu_1}{Y}(Y-Y^*)^2-\frac{\alpha Y^*+\beta S^*}{I}(I-I^*)^2-\frac{\mu_2}{R}(R-R^*)^2\leqslant 0\end{aligned}$$

因此，

$$\left\{(X,\ Y,\ I,\ S,\ R)\in\mathbb{R}_+^5:\ \frac{dU}{dt}=0\right\}=$$

$$\{(X,\ Y,\ I,\ S,\ R)\in\mathbb{R}_+^5:\ X=X^*,\ Y=Y^*,\ I=I^*,\ S=S^*,\ R=R^*\}$$

根据拉萨尔不变性原理，系统(6.1)的内部平衡点 E^* 是全局稳定的。

定理 6.3 表明，如果 $\Re_0<1$，不实信息将消亡；由定理 6.5 可知，如果 $\Re_0>1$，不实信息将盛行。这意味着 $\Re_0$ 是系统(6.1)的阈值。

6.3　最优控制

不实信息的肆意传播会给公众造成极大的恐慌，因此控制不实信息具有重大的现实意义。本节集中讨论如何实施有效的控制措施，使得不实信息传播规模最小化，同时将控制成本限制在最低水平。为此引入三个时变控制变量 $u_1(t)$、$u_2(t)$、$u_3(t)$，且满足如下假设：

(1)通过人为注销感染网站，可以消除不实信息，降低感染媒介的比例。因此，将感染媒介的删帖强度作为控制变量，用 $u_1(t)$表示。

(2)通过对无知者进行科普教育，揭示真实信息，增强无知者的辨别能力，使无知者直接转化为传播者。因此，科普教育可以看作控制不实信息的有效工具，用 $u_2(t)$表示。

(3)众所周知，传播者的存在加大了不实信息的传播规模，因此有必要对传播者进行免疫治疗，以达到控制不实信息的目的。控制变量表示为 $u_3(t)$。

(4)所有时变控制变量均满足条件 $0\leqslant u_i(t)\leqslant 1$，$i=1$，2，3。其中，0 表示不实施控制，1 表示全面实施控制。

基于上述假设，时滞模型的控制问题由下式给出：

$$\begin{cases}\dfrac{dX(t)}{dt}=\Lambda_1-\lambda X(t)S(t-\tau_1)-\mu_1 X(t)\\ \dfrac{dY(t)}{dt}=\lambda X(t)S(t-\tau_1)-\mu_1 Y(t)-u_1(t)Y(t)\\ \dfrac{dI(t)}{dt}=\Lambda_2-\alpha I(t)Y(t-\tau_2)-\beta I(t)S(t-\tau_3)-\mu_2 I(t)-u_2(t)I(t)\\ \dfrac{dS(t)}{dt}=\alpha I(t)Y(t-\tau_2)+\beta I(t)S(t-\tau_3)-\delta S(t)-\mu_2 S(t)-u_3(t)S(t)\\ \dfrac{dR(t)}{dt}=\delta S(t)-\mu_2 R(t)+u_2(t)I(t)+u_3(t)S(t)\end{cases} \tag{6.24}$$

初始条件如下：

$$X(\theta)=\varphi_1(\theta),\ Y(\theta)=\varphi_2(\theta),\ I(\theta)=\varphi_3(\theta),\ S(\theta)=\varphi_4(\theta),\ R(\theta)=\varphi_5(\theta)$$
$$\varphi_1(\theta)\geqslant 0,\ \theta\in[-\tau,\ 0],\ \varphi_i(0)>0,\ \varphi_i\in\mathbb{C}[[-\tau,\ 0],\ \mathbb{R}_+],\ i=1,\ 2,\ 3,\ 4,\ 5 \tag{6.25}$$

为建立最优控制问题，首先给出以下符号定义。将常数 T 作为实施控制策略的最终时间，并定义控制集 U 如下：

$$U=\{u=(u_1, u_2) \mid u_i(t)\, measurable, 0\leqslant u_i(t)\leqslant u_i^{\max}, 0\leqslant t\leqslant T, i=1, 2, 3\} \tag{6.26}$$

其中，$u_i(t)$ 为 Lebesgue 可测控制。

最优控制的目的是使控制成本最小化，减小不实信息造成的负面影响，实现社会效用最大化。一方面，降低感染媒介的比例；另一方面，尽可能让每个无知者都了解真相，转变成移出者，不再轻易相信和传播不实信息。本节的数学模型旨在最小化感染媒介和传播者的规模，并尽可能降低控制成本。最小化目标函数可表示如下：

$$J(u_1, u_2, u_2)=\int_0^T\left[A_1Y(t)+A_2S(t)+\frac{1}{2}B_1u_1^2(t)+\frac{1}{2}B_2u_2^2(t)+\frac{1}{2}B_3u_3^2(t)\right]dt \tag{6.27}$$

其中，A_1 和 A_2 为感染媒介和传播者的权重系数，B_1，B_2，B_3 分别表示单位时间内进行三类控制所需的成本。控制变量的平方反映了边际作用的程度。$u_1=1$，$u_2=1$，$u_3=1$ 分别代表删帖、科普教育普及和免疫治疗的最大化程度，从而最大限度地实现控制效用(Lenhart and Workman，2007)。

6.3.1 最优控制的存在性

根据弗莱明和里谢尔关于最优控制解存在性的讨论，定理 6.6 详细地证明了最优控制解的存在性(Fleming and Rishel's，1960)。

首先定义拉格朗日函数如下：

$$L(x, y, u_1, u_2, u_3)=A_1Y(t)+A_2S(t)+\frac{1}{2}B_1u_1^2(t)+\frac{1}{2}B_2u_2^2(t)+\frac{1}{2}B_3u_3^2(t) \tag{6.28}$$

定理 6.6 系统存在最优控制 $u_1^*(t)$，$u_2^*(t)$，$u_3^*(t)$，即：

$$J(u_1^*(t), u_2^*(t), u_3^*(t))=\min_{(u_1,u_2,u_3\in U)}J(u_1(t), u_2(t), u_3(t)) \tag{6.29}$$

证明：系统的最优控制必须满足以下性质：

(1)控制集和相应的状态变量非空；

(2)控制集 U 是凸性的闭集；

(3)状态方程的右边是一个连续的有界的关于 U 的线性函数，系数依赖时间和状态变量；

(4)系统的积分在控制集 U 中为凹函数(定义在某个区间上，并且对于该区间内的任意两点 x_1 和 x_2 以及任意 λ 满足 $0 \leqslant \lambda \leqslant 1$，$f(\lambda x_1+(1-\lambda)x_2) \geqslant \lambda f(x_1)+(1-\lambda)f(x_2)$ 成立，且函数图像位于任意两点连线的下方)；

(5)存在正的常数 c_1，$c_2>0$ 和 $\rho>1$ 使得目标函数的被积函数 $L(Y, S, u_1, u_2, u_3)$(即拉格朗日函数)是凹的且满足：

$$L(x, y, u_1, u_2, u_3) \geqslant c_2+c_1(|u_1|^2+|u_2|^2+|u_3|^2)$$

根据卢克斯所提的定理(Lukes，1985)，系统(6.24)的边界点在控制集中，满足条件(1)；控制集 U 是凸性闭集，满足条件(2)；由定义可知状态方程是线性函数，满足条件(3)；通过解的有界性，目标函数的被积函数是一个凸函数(定义在某个区间上，并且对于该区间内的任意两点 x_1 和 x_2 以及任意 λ 满足 $0 \leqslant \lambda \leqslant 1$，$f(\lambda x_1+(1-\lambda)x_2) \leqslant \lambda f(x_1)+(1-\lambda)f(x_2)$ 成立。且函数图像位于任意两点连线的上方)，满足条件(4)；令 $c_2=\min(A_1Y+A_2S)$，$c_1=\inf(B_1(t), B_2(t), B_3(t))$，则：

$$\begin{aligned} L(x, y, u_1, u_2) &= A_1Y(t)+A_2S(t)+\frac{1}{2}B_1u_1^2(t)+\frac{1}{2}B_2u_2^2(t)+\frac{1}{2}B_2u_3^2(t) \\ &\geqslant c_2+c_1(|u_1|^2+|u_2|^2+|u_3|^2) \end{aligned} \tag{6.30}$$

由于系统满足以上五个条件，所以最优控制系统存在。得证。

6.3.2　最优控制分析

接下来将利用庞特里亚金极大值原理(Lenhart and Workman，2007；Kamien and Schwartz，1998)来探索最优控制的必要条件。

定理 6.7　设$(u_1^*(t), u_2^*(t), u_3^*(t))$为系统(6.24)的一个最优控制变量，$(X^*, Y^*, I^*, S^*, R^*)$为系统(6.24)相应最优状态解，则必存在伴随变量 $\lambda_1(t)$，$\lambda_2(t)$，$\lambda_3(t)$，$\lambda_4(t)$，$\lambda_5(t)$，满足下列伴随方程(Göllmann et al.，2010)。

$$\begin{cases}\dfrac{d\lambda_1}{dt}=(\lambda_1(t)-\lambda_2(t))\lambda S(t-\tau_1)+\lambda_1(t)\mu_1\\ \dfrac{d\lambda_2}{dt}=\lambda_2(t)(\mu_1+u_1(t))+\chi[0,\ t-\tau_2](\lambda_3(t+\tau_2)-\lambda_4(t+\tau_2))\alpha I-A_1\\ \dfrac{d\lambda_3}{dt}=(\lambda_3(t)-\lambda_4(t))(\alpha Y(t-\tau_2)+\lambda_3(t)\beta S(t-\tau_3))+\\ \qquad\lambda_3(t)(\mu_2+u_2(t))-\lambda_5(t)u_2(t)\\ \dfrac{d\lambda_4}{dt}=\chi[0,\ t-\tau_1](\lambda_1(t+\tau_1)-\lambda_2(t+\tau_1))\lambda X+\\ \qquad\chi[0,\ t-\tau_3](\lambda_3(t+\tau_3)-\lambda_4(t+\tau_3))\beta I-\\ \qquad\delta(\lambda_4(t)-\lambda_5(t))-\lambda_4(t)(\mu_2+u_3(t))-\lambda_5(t)u_3(t)-A_2\\ \dfrac{d\lambda_5}{dt}=\lambda_5(t)\mu_2\end{cases} \tag{6.31}$$

横截条件为 $\lambda_i(T)=0(i=1,\ 2,\ 3,\ 4,\ 5)$。

相应的最优控制如下：

$$u_1^*(t)=\min\left\{\max\left\{\frac{\lambda_2(t)Y^*}{B_1},\ 0\right\},\ 1\right\}$$

$$u_2^*(t)=\min\left\{\max\left\{\frac{(\lambda_3(t)-\lambda_5(t))I^*}{B_2},\ 0\right\},\ 1\right\}$$

$$u_3^*(t)=\min\left\{\max\left\{\frac{(\lambda_4(t)-\lambda_5(t))S^*}{B_3},\ 0\right\},\ 1\right\} \tag{6.32}$$

证明：哈密尔顿函数构建如下：

$$\begin{aligned}H(t)=&A_1Y(t)+A_2S(t)+\frac{1}{2}B_1\mu_1^2(t)+\frac{1}{2}B_2\mu_2^2(t)+\frac{1}{2}B_3\mu_3^2(t)+\\&\lambda_1(\Lambda_1\lambda X(t)S(t-\tau_1)-\mu_1Y(t)-u_1(t)Y(t))+\\&\lambda_2(\lambda X(t)S(t-\tau_1)-\mu_1Y(t)-u_1(t)Y(t))+\\&\lambda_3(\Lambda_2-\alpha I(t)Y(t-\tau_2)-\beta I(t)S(t-\tau_3)-\mu_2I(t)-u_2(t)I(t))+\\&\lambda_4(\alpha I(t)Y(t-\tau_2)+\beta I(t)S(t-\tau_3)-\delta S(t)-\mu_2S(t)-u_3(t)S(t))+\\&\lambda_5(\delta S(t)-\mu_2R(t)+u_2(t)I(t)+u_3(t)S(t))\end{aligned} \tag{6.33}$$

首先，定义特征函数$\chi_{[a,b]}(t)$如下：

$$\chi_{[a,b]}(t)=\begin{cases}0, & \text{if } t\in[a,\ b]\\ 1, & otherswise\end{cases} \tag{6.34}$$

令 u_1^*，u_2^*，u_3^* 为给定的最优控制变量，(X^*，Y^*，I^*，S^*，R^*)是系统(6.24)、系统(6.25)对应的最优状态。根据具有时滞的庞特里亚金极大值原理，对哈密尔顿函数的每个状态求偏导数，存在满足以下正则方程的伴随变量 $\lambda_1(t)$，$\lambda_2(t)$，$\lambda_3(t)$，$\lambda_4(t)$和 $\lambda_5(t)$：

$$\begin{cases}\dfrac{d\lambda_1(t)}{dt}=-\dfrac{\partial H}{\partial X}\\ \dfrac{d\lambda_2(t)}{dt}=-\left[\dfrac{\partial H}{\partial Y}(t)+\chi_{[o,T-\tau_1]}(t)\dfrac{\partial H}{\partial Y(t-\tau_1)}\right]\\ \dfrac{d\lambda_3(t)}{dt}=-\dfrac{\partial H}{\partial I}(t)\\ \dfrac{d\lambda_4(t)}{dt}=-\left[\dfrac{\partial H}{\partial S}(t)+\chi_{[o,T-\tau_2]}(t)\dfrac{\partial H}{\partial S(t-\tau_1)}+\chi_{[o,T-\tau_3]}(t)\dfrac{\partial H}{\partial S(t-\tau_3)}\right]\\ \dfrac{d\lambda_5(t)}{dt}=-\dfrac{\partial H}{\partial R}\end{cases} \tag{6.35}$$

横截条件为 $\lambda_i(T)=0(i=1,\ 2,\ 3,\ 4,\ 5)$。结合式(6.34)对上述相应的导数进行求解，得到伴随方程(6.31)。根据最优性条件，可得：

$$\begin{cases}\dfrac{\partial H}{\partial u_1}=0 \quad \text{at} \quad u_1=u_1^*(t)\\ \dfrac{\partial H}{\partial u_2}=0 \quad \text{at} \quad u_2=u_2^*(t)\\ \dfrac{\partial H}{\partial u_3}=0 \quad \text{at} \quad u_3=u_3^*(t)\end{cases}$$

由此可得：$u_1^*(t)=\dfrac{\lambda_2(t)Y^*}{B_1}$，$u_2^*(t)=\dfrac{(\lambda_3(t)-\lambda_5(t))I^*}{B_2}$，$u_3^*(t)=\dfrac{(\lambda_4(t)-\lambda_5(t))S^*}{B_3}$

根据控制集(6.26)的性质以及上述发现，可知：

$$u_1^*(t)=\begin{cases}0, & \text{if } \dfrac{\lambda_2(t)Y^*}{B_1}<0\\ \dfrac{\lambda_2(t)Y^*}{B_1}, & \text{if } 0\leqslant\dfrac{\lambda_2(t)Y^*}{B_1}\leqslant 1\\ 1, & \text{if } \dfrac{\lambda_2(t)Y^*}{B_1}>0\end{cases}$$

$$u_2^*(t)=\begin{cases}0, & \text{if } \dfrac{(\lambda_3(t)-\lambda_5(t))I^*}{B_2}<0\\ \dfrac{(\lambda_3(t)-\lambda_5(t))I^*}{B_2}, & \text{if } 0\leqslant\dfrac{(\lambda_3(t)-\lambda_5(t))I^*}{B_2}\leqslant 1\\ 1, & \text{if } \dfrac{(\lambda_3(t)-\lambda_5(t))I^*}{B_2}>0\end{cases}$$

$$u_3^*(t)=\begin{cases}0, & \text{if } \dfrac{(\lambda_4(t)-\lambda_5(t))S^*}{B_3}<0\\ \dfrac{(\lambda_4(t)-\lambda_5(t))S^*}{B_3}, & \text{if } 0\leqslant\dfrac{(\lambda_4(t)-\lambda_5(t))S^*}{B_3}\leqslant 1\\ 1, & \text{if } \dfrac{(\lambda_4(t)-\lambda_5(t))S^*}{B_3}>0\end{cases}$$

可以等价表示为式(6.31)。

将最优控制变量 u_1^*、u_2^* 和 u_3^* 代入式(6.24)、式(6.25)和式(6.31)，则在点(X^*，Y^*，I^*，S^*，R^*，u_1^*，u_2^*，u_3^*，λ_1，λ_2，λ_3，λ_4，λ_5)处具有最小哈密尔顿量 H^* 的最优性系统和相应的伴随系统可表示如下：

$$
\begin{cases}
\dfrac{dX(t)}{dt}=\Lambda_1-\lambda X(t)S(t-\tau_1)-\mu_1 X(t)\\
\dfrac{dY(t)}{dt}=\lambda X(t)S(t-\tau_1)-\mu_1 Y(t)-u_1^*(t)X(t)\\
\dfrac{dI(t)}{dt}=\Lambda_2-\alpha I(t)Y(t-\tau_2)-\beta I(t)S(t-\tau_3)-\mu_2 I(t)-u_2^*(t)I(t)\\
\dfrac{dS(t)}{dt}=\alpha I(t)Y(t-\tau_2)+\beta I(t)S(t-\tau_3)-\sigma S(t)(S(t)+R(t))-\\
\qquad \delta S(t)-\mu_2 S(t)-u_3^*(t)S(t)\\
\dfrac{dR(t)}{dt}=\delta S(t)-\mu_2 R(t)+u_2^*(t)I(t)+u_3^*(t)S(t)\\
\dfrac{d\lambda_1}{dt}=(\lambda_1(t)-\lambda_2(t))\lambda S^*(t-\tau_1)+\lambda_1(t)\mu_1\\
\dfrac{d\lambda_2}{dt}=\lambda_2(t)(\mu_1+u_1^*)+\chi[0,\ t-\tau_2](\lambda_3(t+\tau_2)-\lambda_4(t+\tau_2))\alpha I^*-A_1\\
\dfrac{d\lambda_3}{dt}=(\lambda_3(t)-\lambda_4(t))(\alpha Y^*(t-\tau_2)+\lambda_3(t)\beta S^*(t-\tau_3))+\lambda_3(t)(\mu_2+u_2^*)-\lambda_5(t)u_2^*\\
\dfrac{d\lambda_4}{dt}=\chi[0,\ t-\tau_1](\lambda_1(t+\tau_1)-\lambda_2(t+\tau_1))\lambda X^*+\\
\qquad \chi[0,\ t-\tau_3](\lambda_3(t+\tau_3)-\lambda_4(t+\tau_3))\beta I^*-\\
\qquad \delta(\lambda_4(t)-\lambda_5(t))-\lambda_4(t)(\mu_2+u_3^*)-\lambda_5(t)u_3-A_2\\
\dfrac{d\lambda_5}{dt}=\lambda_5(t)\mu_2\\
u_1^*(t)=\min\left(\max\left(\dfrac{\lambda_2(t)Y^*}{B_1}\right),\ 0),\ 1\right)\\
u_2^*(t)=\min\left(\max\left(\dfrac{(\lambda_3(t)-\lambda_5(t))I^*}{B_2}\right),\ 0),\ 1\right)\\
u_3^*(t)=\min\left(\max\left(\dfrac{(\lambda_4(t)-\lambda_5(t))S^*}{B_2}\right),\ 0),\ 1\right)
\end{cases}
\tag{6.36}
$$

横截性条件为 $\lambda_i(T)=0(i=1,\ 2,\ 3,\ 4,\ 5)$。

6.4 数值模拟

6.4.1 平衡点的稳定性仿真

本小节旨在验证理论分析中平衡点的稳定性，参考 Kang 等(2019)，系统中的参数设置如表 6.1 所示。系统初始值选择为：

$$(X(\theta), Y(\theta), I(\theta), S(\theta), R(\theta))=(0.99, 0.01, 0.995, 0.001, 0.004),\quad \theta\in[-\tau, 0] \tag{6.37}$$

其中，$\tau=\max\{\tau_1, \tau_2, \tau_3\}$。接下来将探讨传播者对媒介网站的感染率 λ 和媒介作用率 α 等参数对系统动力学的影响。

表 6.1　系统(6.1)的数值模拟参数值设置

参数	方案 1	方案 2
Λ_1	0.0001	0.05
Λ_2	0.0001	0.2
μ_1	0.0001	0.1
μ_2	0.0001	0.2
α	0 to 1	0 to 1
β	0.8	0.8
λ	0.1	0.5
δ	0.1	0.1
$\Re_0$	$\Re_0<1$	$\Re_0>1$

根据定理 6.2，无不实信息平衡点 E^0 是全局渐近稳定的，即传播者最终消亡，如图 6.2 所示。首先，分别选取参数 $\lambda=0.1$、$\lambda=0.2$、$\lambda=0.4$ 和 $\lambda=0.8$，在条件 $\Re_0>1$ 下研究传播者对媒介的感染率 λ 的有效性，其余参数的值设置如表 6.1 的方案 2 所示。从图 6.2(a)中可以看出，感染媒介趋于稳定所需时间随着参数 λ 的增加而减少，且 λ 越大，系统稳定后感染媒介的峰值越大。在 $\Re_0<1$ 的情况下，分别设置参数 $\lambda=0.1$、$\lambda=0.2$、$\lambda=0.4$ 和

$\lambda=0.8$，其他参数取表6.1中方案1的值，仿真模拟如图6.2(b)所示。由图6.2(b)可知，感染媒介$Y(t)$的峰值和趋于稳定时间随着参数λ的增加而显著增加。

同样地，令参数$\alpha=0.1$、$\alpha=0.2$、$\alpha=0.4$和$\alpha=0.8$以探究当$\mathfrak{R}_0>1$时，媒介作用率α对传播者的影响，其余参数的值设置如表6.1中方案1所示。从图6.2(c)中可以看出，传播者趋于稳定所需时间随着α的增加而减少，相反α越大传播者的峰值越大。为了模拟$\mathfrak{R}_0<1$的情况，分别取参数$\alpha=0.1$、$\alpha=0.2$、$\alpha=0.4$和$\alpha=0.8$，其他参数设置如表6.1的方案2所示，数值模拟如图6.2(d)所示。由图6.2(d)可知，随着α的增加，传播者峰值$S(t)$相应显著增加，然而趋于稳定所需时间几乎不变。比较图6.2(a)和图6.2(b)可知，传播者对网站的感染率λ的大小直接关系到感染媒介网络的规模，所以为了给网民提供一个干净健康的网站，应该限制发帖数量。此外，当$\mathfrak{R}_0>1$时，媒介作用率α对传播者的峰值有促进作用，但当$\mathfrak{R}_0<1$时，效果并不显著。因此，应采用适当的媒介作用率，降低基本再生数至$\mathfrak{R}_0<1$，以达到控制不实信息传播的目的。

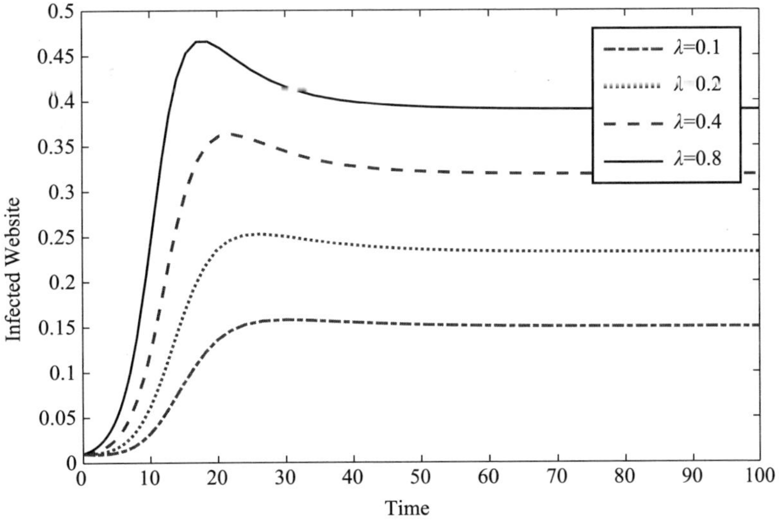

(a)　λ对$Y(t)$的影响($\mathfrak{R}_0>1$)

图6.2　条件$\mathfrak{R}_0>1$或$\mathfrak{R}_0<1$下，不同λ和α对$Y(t)$和$S(t)$的影响

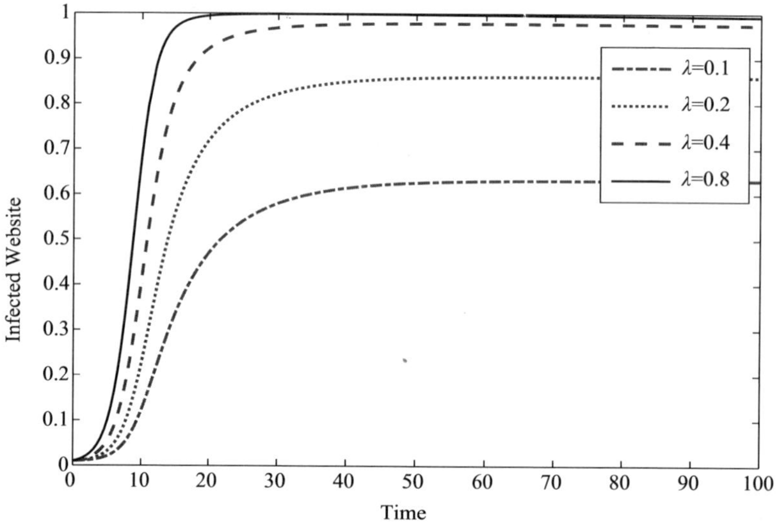

(b)　λ 对 $Y(t)$ 的影响($\Re_0<1$)

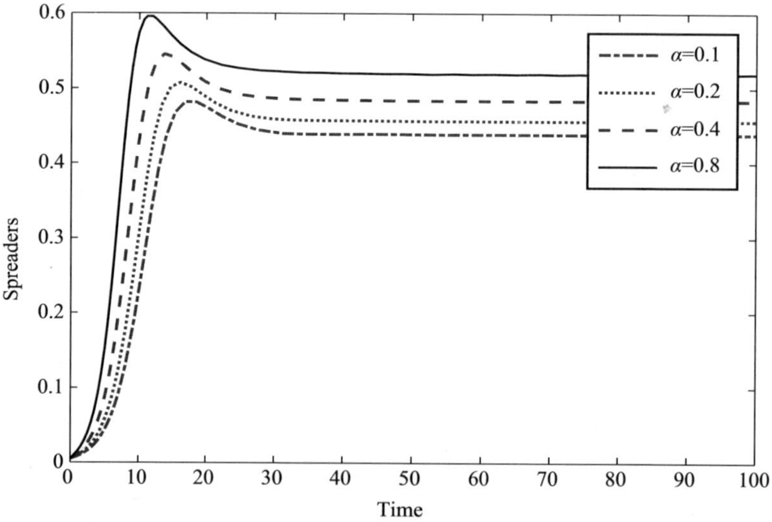

(c)　α 对 $S(t)$ 的影响($\Re_0>1$)

图 6.2　条件 $\Re_0>1$ 或 $\Re_0<1$ 下，不同 λ 和 α 对 $Y(t)$ 和 $S(t)$ 的影响(续)

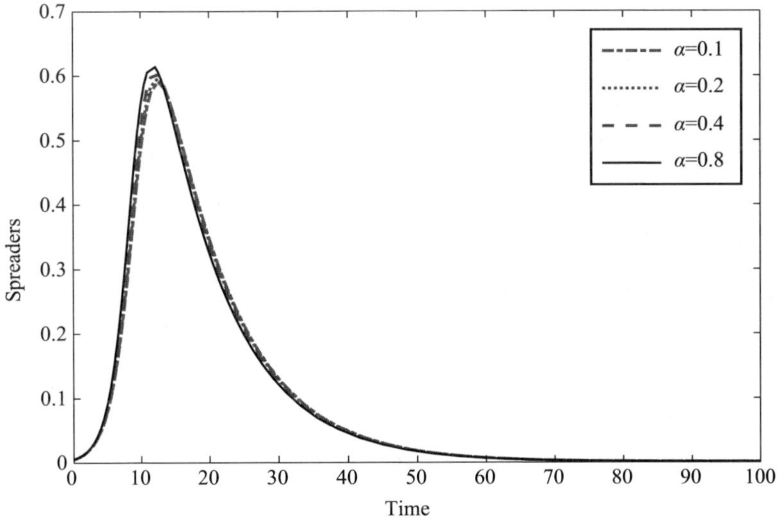

（d）　α 对 $S(t)$ 的影响（$\Re_0<1$）

图 6.2　条件 $\Re_0>1$ 或 $\Re_0<1$ 下，不同 λ 和 α 对 $Y(t)$ 和 $S(t)$ 的影响（续）

6.4.2　不同时滞对不实信息传播的影响

本小节通过数值模拟探讨了时滞对感染媒介以及传播者数量的影响。为了简单起见，假设 $\tau_1=\tau_2=\tau_3=\tau$，考虑 τ 取不同的值 $\tau=0.05$，0.5，1，5。在 $\Re_0<1$ 的情况下，如图 6.3(a)、图 6.3(b)所示，随着时滞 τ 的增加，感染媒介达到峰值所需时间逐渐增加，而传播者的峰值却逐渐减小。传播者的比例先增大后减小，然后趋于稳定，趋稳时间随着时滞的增加逐渐延长。当 $\Re_0>1$ 时，如图 6.3(c)、图 6.3(d)所示，感染媒介和传播者均表现出先增加后减少，然后趋于稳定常数的趋势，即当 $\Re_0>1$ 时，不实信息的内部平衡点是全局渐近稳定的。此时，不实信息在人群中泛滥，传播者将稳定于非零常数。由此可知，时滞越小，越有利于不实信息传播。为减少不实信息的危害，有关部门必须采取措施，加大时滞，减缓不实信息的传播。

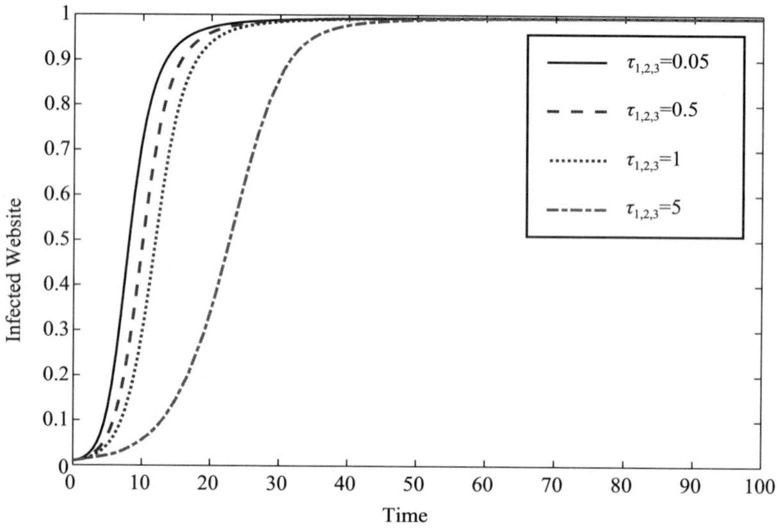

（a） τ 对 $Y(t)$ 的影响（$\Re_0<1$）

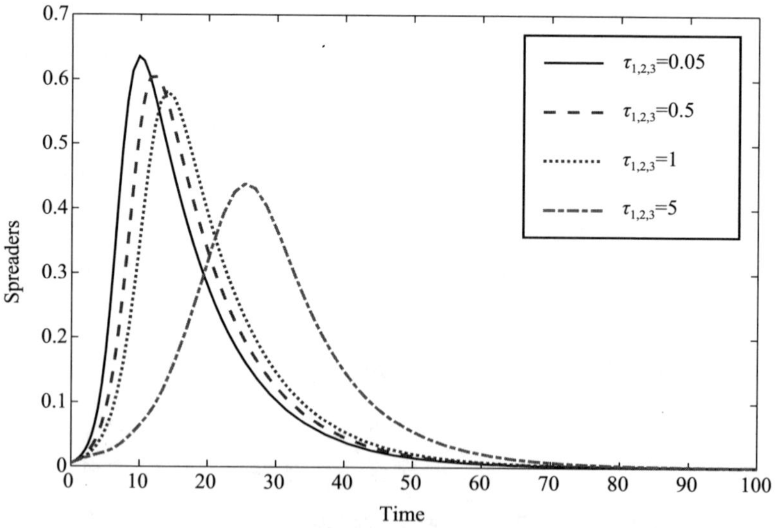

（b） τ 对 $S(t)$ 的影响（$\Re_0<1$）

图 6.3　条件 $\Re_0>1$ 或 $\Re_0<1$ 下，不同的 τ 对 $Y(t)$ 和 $S(t)$ 的影响

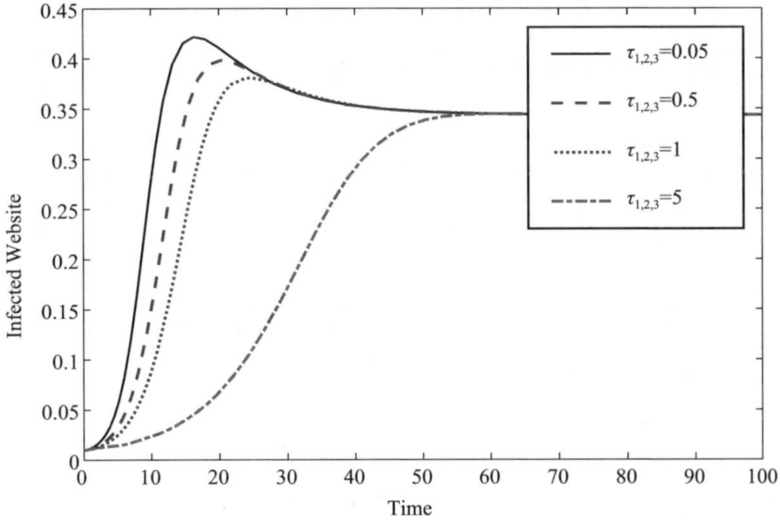

（c）　τ 对 $Y(t)$ 的影响（$\Re_0>1$）

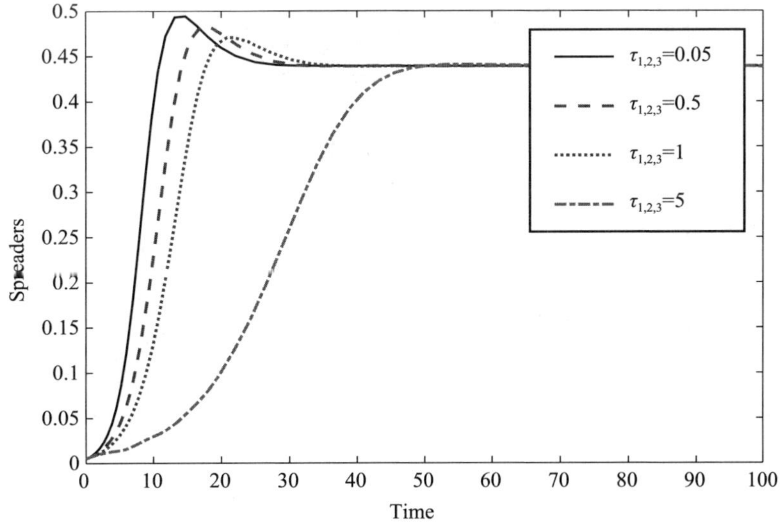

（d）　τ 对 $S(t)$ 的影响（$\Re_0>1$）

图 6.3　条件 $\Re_0>1$ 或 $\Re_0<1$ 下，不同的 τ 对 $Y(t)$ 和 $S(t)$ 的影响（续）

6.4.3　最优控制模拟

本小节通过数值模拟刻画最优控制的效果。系统（6.24）的参数设置如表 6.1中方案 1 所示，权重常数取：$A_1=1$，$A_2=1$，$B_1=10$，$B_2=10$，$B_3=10$。

图 6.4 描绘了当采取最优控制措施时不同时滞的影响。由图可知，时

滞越小，感染媒介和传播者的峰值越小，控制效果就越有效。因此，我们应该在发现不实信息后尽快进行有效控制，而不是在不实信息发酵一段时间后采取措施。

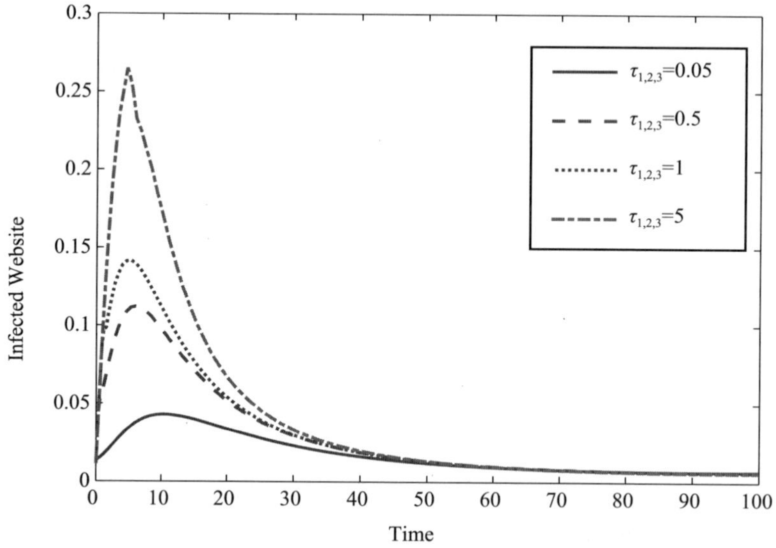

（a） 不同时滞影响下感染媒介 $Y(t)$ 的最优控制时间演化趋势

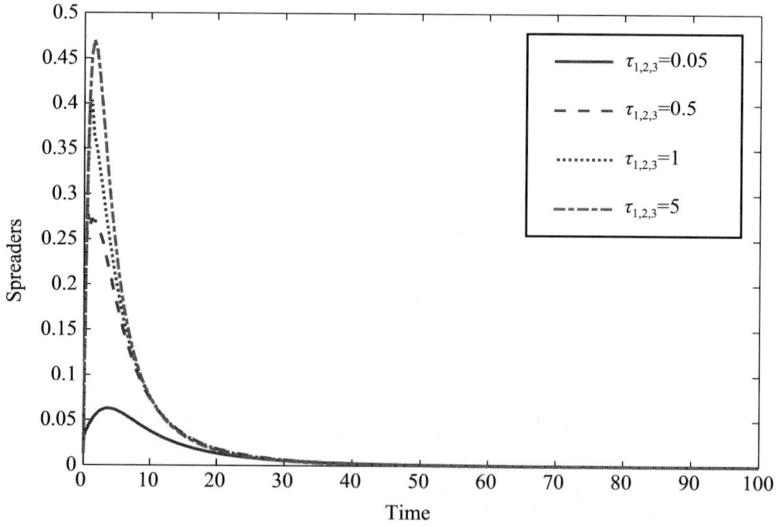

（b） 不同时滞影响下传播者 $S(t)$ 的最优控制时间演化趋势

图 6.4 不同时滞影响下感染媒介 $Y(t)$ 与传播者 $S(t)$ 的最优控制时间演化趋势

图 6.5 刻画了最优控制系统中不同时滞对控制变量时间演化路径的影

响，从中可以看出，随着时滞的增大，控制变量 u_1（删帖）和 u_3（免疫治疗）先达到峰值，然后逐渐降到零，且时滞越大，二者峰值越小。而控制变量 u_2（科普教育）在开始时具有最大值，然后随时间逐渐减小。同时观察到，时滞很小时，控制变量的值更大，即当时间滞后较短时，由于无知者没有足够的时间学习、无法识别不实信息而转变为不实信息传播者，因而需要更大的成本来进行不实信息控制。

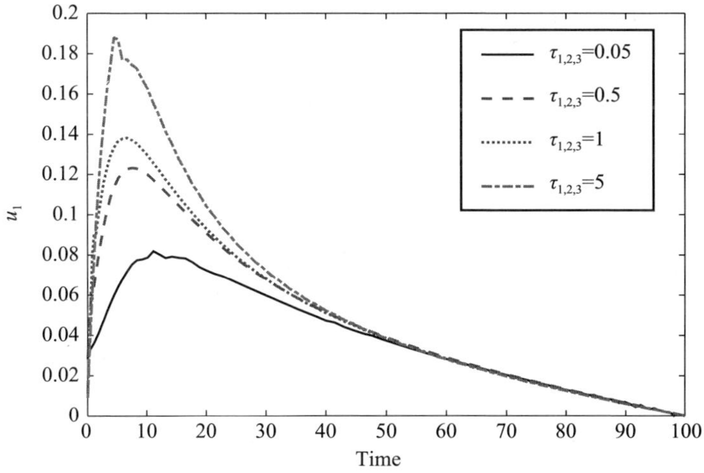

（a）　不同时滞影响下控制变量 u_1 的演化路径

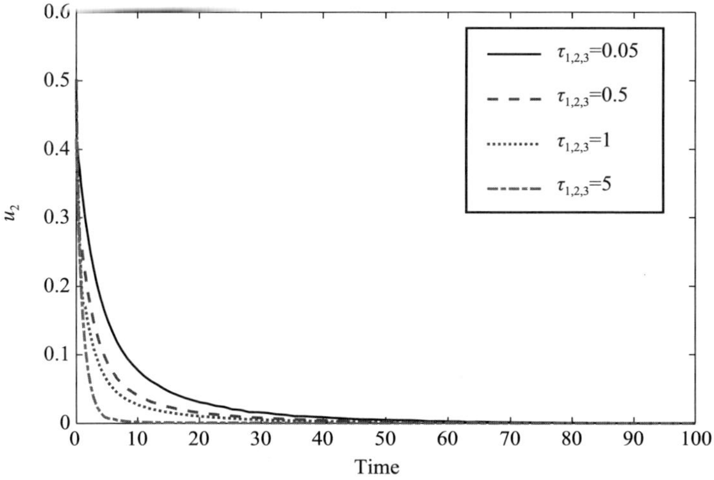

（b）　不同时滞影响下控制变量 u_2 的演化路径

图 6.5　不同时滞影响下控制变量 u_1，u_2 和 u_3 的演化路径

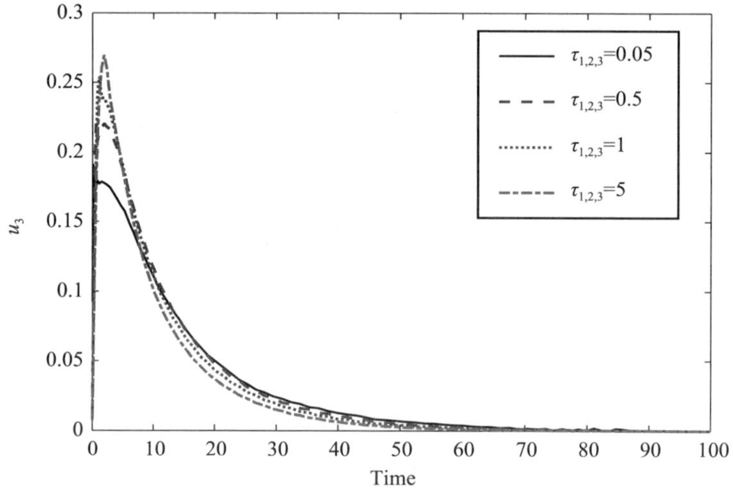

（c） 不同时滞影响下控制变量 u_3 的演化路径

图 6.5　不同时滞影响下控制变量 u_1，u_2 和 u_3 的演化路径（续）

图 6.6 绘制了在实施控制和无控制两种情况对比下，感染媒介 $Y(t)$ 和传播者 $S(t)$ 的演化趋势。由图 6.6(a)可知，在不实信息传播过程中，综合使用这三种控制手段比不使用控制手段要好，这种联合效应不仅显著地抑制了感染媒介的传播，而且使 $Y(t)$ 趋于消亡。从图 6.6(b)观察到，三种控制的组合使用大大降低了传播者的峰值，并且明显缩短了其趋于稳定的时间。

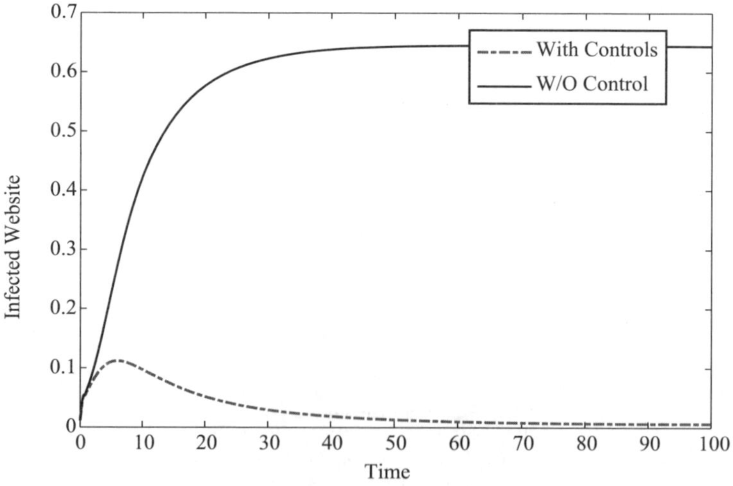

（a） 感染媒介 $Y(t)$ 的变化

图 6.6　有无控制影响下的感染媒介 $Y(t)$ 与传播者 $S(t)$ 的演化路径

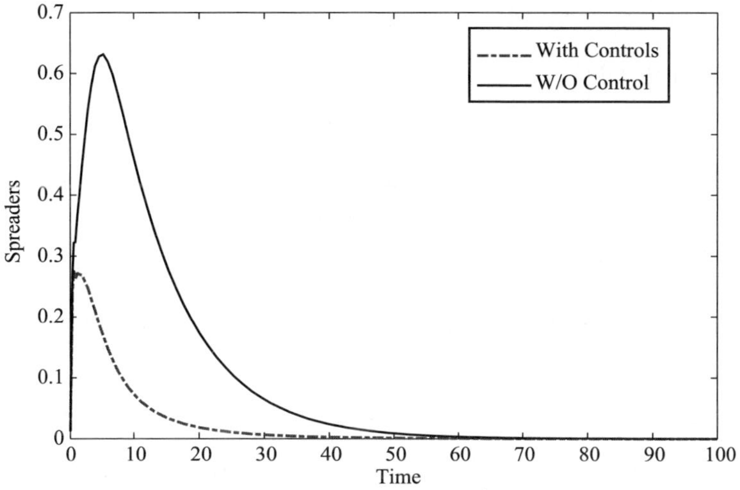

（b）　传播者 $S(t)$ 变化

图 6.6　有无控制影响下的感染媒介 $Y(t)$ 与传播者 $S(t)$ 的演化路径（续）

图 6.7 描绘了当时滞取 $\tau=5$ 时各最优控制变量的变化趋势。在时滞传播模型中，随着时间的推移，控制变量 u_1 和 u_3 先增大到峰值，然后减小直至消失，这与传播者的增长趋势一致，这意味着删除帖子和惩罚传播者两项措施与传播者数量的增长趋势呈正相关。控制变量 u_2 的成本在扩散初期最高，然后呈下降趋势直至为零。这种现象表明科普教育需要提前进行，前期成本投入相对较大，取得的效果也最好，但后期不需要太多投资。

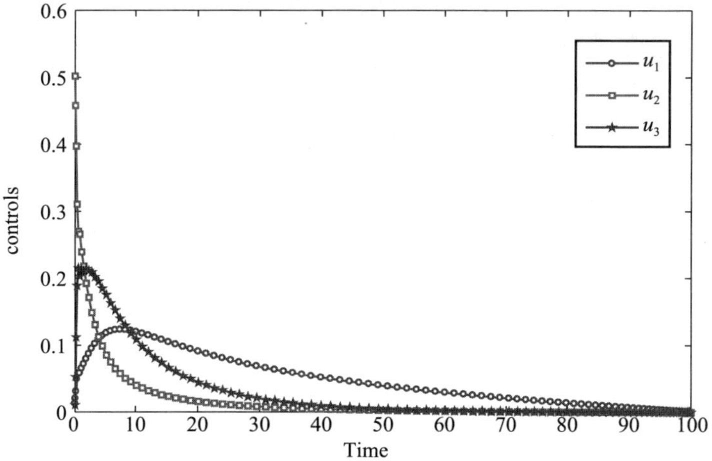

图 6.7　控制变量 u_1、u_2 和 u_3 的时间演化趋势

6.5 本章小结

本章在经典的ISR不实信息模型的基础上，考虑了媒介网站网络和朋友网络交互影响的时滞不实信息传播模型。首先，本模型认为早期传播者在易感公共媒介上发布不实信息帖子，并在媒介网站上留下痕迹，从而将易感媒介网站转化为不实信息感染媒介。此外，当不实信息无知者访问感染媒介时，他们会以一定的概率变成不实信息传播者。同时，本章全面探讨了不同时滞大小对不实信息传播的影响，并提出用删帖、科普教育和免疫治疗三种措施对不实信息进行最优化控制，以使不实信息规模和控制成本最小化。本章通过构建的双层时滞不实信息传播模型，计算了不实信息传播的关键阈值——基本再生数，同时，结合李雅普诺夫稳定性理论，证明了无不实信息平衡点和不实信息内部平衡点的局部和全局渐近稳定性。最后，通过数值模拟验证了以下结论：

(1)传播者对媒介网站的感染率 λ 和媒介作用率 α 对不实信息传播具有正向促进作用。且 λ 与 α 越大，不实信息传播扩散越快，越不利于控制传播。

(2)同时发现，官方在应对不实信息扩散的时候，不可忽略时滞的作用，减小时滞能够有效缩小不实信息传播的规模，且时滞越大，传播越容易，不实信息越难控制。

(3)官方的三项控制措施的综合使用，可以明显降低不实信息的危害，缩小不实信息的传播规模。删帖和免疫治疗应随着不实信息的发展趋势来实施，适时地释放一下辟谣信息，引导舆论，减少不必要的猜疑；科普教育的实施应在前期进行，政府应该在平时通过电视、网络等渠道对民众进行知识普及。

第7章

媒体对不实信息传播的影响与控制研究

不实信息的肆意传播不仅会误导公众的判断，同时还会造成不必要的猜疑，给人们的日常生活带来很大的麻烦。官方权威信息的缺失是不实信息泛滥的原因之一，民众缺乏权威的真实信息，因而对事件充满疑虑。民众借助网络媒体这个言论自由的平台，促进了不实信息的肆意传播。例如，在新冠疫情期间，很多人缺乏基本的科学知识和自我识别能力，以至于认为口服消毒液或漂白剂可以有效对抗新冠病毒，更有甚者，一些人认为这种传染病是5G无线技术的衍生品，可以通过网络染病。

政府部门利用媒体网络及时、有效地与公众沟通，发布真实信息，保持信息畅通和公开透明，可以帮助公众获取与不实信息相关的事实信息，从而达到不信谣、不传谣的目的。为了降低不实信息带来的危害，本节在ISR不实信息模型中引入媒体播报，并考虑不同的控制和干预，根据不实信息传播的特点，改进并分析不实信息模型及其动力学和优化问题。

7.1 媒体覆盖与应急策略对不实信息传播的影响

在线社交网络的便利使得不实信息的传播受到媒体报道的影响。一方面，媒体报道通过日常的科普信息提高了个体的辨别能力，从而降低了不实信息的传播率。另一方面，政府为了在应对不实信息时降低突发事件造成的损失，必须采取有效的应急策略，及时地召开新闻发布会来公布相关事实，这些措施可以有效地防止不实信息的传播。

本小节在研究经典的DK模型（Dalay and Kendall，1964）的基础上，将政府的媒体报道和应急策略两个因素加入不实信息传播中，分析了这两个因素对不实信息传播的影响机制，为进一步探讨不实信息的控制策略奠定了理论基础。

7.1.1 模型假设

(1)基于经典的DK(Dalay and Kendall, 1964)不实信息传播模型，进一步假设无知者在与传播者相遇时，受媒体报道的影响，传播概率逐渐降低，最终达到一个稳定值。

(2)当不实信息传播者与移出者接触时，传播者失去传谣兴趣；当两个传播者相遇时，其中一个传播者失去传播不实信息的兴趣。

(3)不实信息在一定范围的社区内传播，总人数保持动态平衡，且进入社区的个体不知道任何不实信息的相关信息。

7.1.2 模型建立

根据模型的基本假设，在开放混合的社区中人群可分为3类：无知者I、传播者S和移出者R。与传统模型一样，在任何时候，传播网络中的每个节点都是三种可能的类别之一。令$I_k(t)$、$S_k(t)$和$R_k(t)$分别为无知者、传播者和移出者在t时刻、度为k的节点的密度，且满足归一化条件$I_k(t)+S_k(t)+R_k(t)=1$。考虑到新闻报道的影响，引入信息变量$M(t)$来描述t时刻其他地区媒体报道的累积密度。不同类型的个体之间的接触导致不实信息的传播过程如图7.1所示。

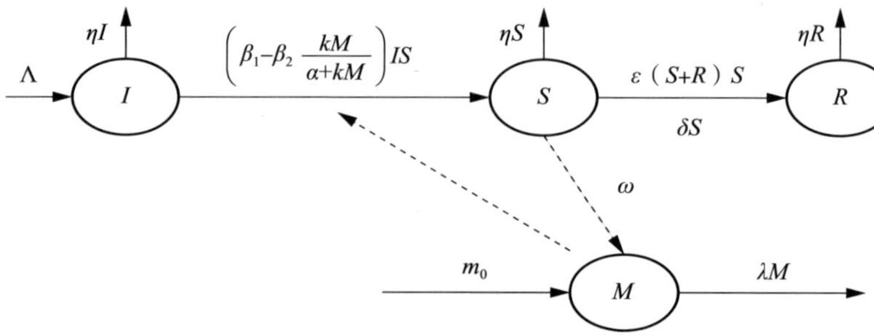

图7.1 媒体报道影响下不实信息传播及应急策略示意图

基于微分方程建模的思想，本小节进一步扩展DK模型(Dalay and Kendall, 1964)，建立了一个考虑媒体报道和政府应急策略影响的非线性动态模型。根据上述假设，构造以下 3n+1 维常微分方程系统（ODEs）：

$$
\begin{cases}
\dfrac{dI_k(t)}{dt} = \Lambda - \left(\beta_1 - \beta_2 \dfrac{kM(t)}{\alpha + kM(t)}\right) kI_k(t) \sum_{k'} P(k' \mid k) S_{k'}(t) - \eta I_k(t) \\
\dfrac{dS_k(t)}{dt} = \left(\beta_1 - \beta_2 \dfrac{kM(t)}{\alpha + kM(t)}\right) kI_k(t) \sum_{k'} P(k' \mid k) S_{k'}(t) - \eta S_k(t) - \delta S_k(t) - \\
\qquad \varepsilon k S_k(t) \sum_{k'} P(k' \mid k)(S_{k'}(t) + R_{k'}(t)) \\
\dfrac{dR_k(t)}{dt} = \varepsilon k S_k(t) \sum_{k'} P(k' \mid k)(S_{k'}(t) + R_{k'}(t)) + \delta S_k(t) - \eta R_k(t) \\
\dfrac{dM(t)}{dt} = m_0 + \omega \sum_{k'} P(k) S_{k'}(t) - \lambda M(t)
\end{cases}
\tag{7.1}
$$

其中，

Λ：自然进入率，表示个体以固定的速度进入系统。

α：半饱和常数，反映不实信息传播过程中媒体报道的影响。

η：自然移出率，表示每种类型的个体出于某种原因自发离开群体。

β_1：当无知者与传播者接触时，无知者接受并传播不实信息的概率。$\beta_1 IS$ 表明一些无知者选择信任并转化为传播者的比例。

β_2：当无知者接触传播者时，媒体对传播概率的最大影响系数。$\dfrac{\beta_2 kM}{(\alpha+kM)}$表示无知者与传播者接触，媒体干扰不实信息传播的概率，随着传播者数量、媒体报道强度的增加，媒体辟谣行为的干预逐渐增加，最终使得该概率趋于最大值 β_2。式中，半饱和系数 α 用来衡量媒体报道对不实信息传播的影响程度。鉴于媒体报道可以减缓不实信息的扩散与传播，却不能完全阻止不实信息的传播，因此假设 $\beta_1 \geqslant \beta_2$。

ε：免疫率，表示当一个传播者与另一个传播者或移出者接触时，仅前一个传播者转变为移出者的概率。

δ：应急效率。官方政府通过隔离等行政强制措施，使得不实信息传播者丧失传谣能力，转变为移出者的概率。

ω：传播环境对媒体覆盖的影响率。在媒体报道影响不实信息传播的同时，不实信息的发展反过来又影响媒体的报道，二者之间的影响是双向的。

λ：因执行不力导致媒体报道的失效率。

m_0：根据不实信息在另一地区的传播情况，该地区媒体报道的初始密度水平。即使当地没有不实信息，也必须给予警告，把可能发生的情况消灭在萌芽状态。

其中，$P(k'|k)=\frac{k'P(k')}{\langle k\rangle}$表示随机选取一个度为 k 的节点且其邻居恰好为度为 k' 的节点的概率，$\langle k\rangle = \sum_k kP(k)$ 为平均度。媒体报道函数 $\frac{kM(t)}{(\alpha+kM(t))}$，（$C$，$D\geqslant 0$），参考 Michaelis-Menten 函数（Luo，2019；Lai et al.，2020），表示当前不实信息流行率的线性函数，用于衡量媒体报道对度为 k 的群体的影响。它和与之接触的节点数量和当前媒体报道的密度有关。

7.1.3 模型分析

本节基于微分方程稳定性相关理论对数学模型进行分析，该模型描述了不实信息在人群中的动态传播过程，所涉及的参数假设均非负。为便于分析，定义 $\Theta(t)=\sum_{k'}P(k'|k)S_{k'}(t)=\frac{1}{\langle k\rangle}\sum_{k'}k'P(k')S_{k'}(t)$ 为给定度为 k 的节点随机指向的邻居是度为 k' 的传播者的概率，而 $\Phi(t)=\sum_{k'}P(k'|k)(R_{k'}(t))=\frac{1}{\langle k\rangle}\sum_{k'}k'P(k')R_{k'}(t)$ 表示度为 k 的节点的随机指向的邻居是度为 k' 的移出者的概率。则系统（7.1）可以改写为：

$$\begin{cases}\frac{dS_k(t)}{dt}=\left(\beta_1-\beta_2\frac{kM(t)}{\alpha+kM(t)}\right)k(1-S_k(t)-R_k(t))\Theta(t)-\eta S_k(t)-\delta S_k(t)-\\ \qquad \varepsilon kS_k(t)(\Theta(t)+\Phi(t))\\ \frac{dR_k(t)}{dt}=\varepsilon kS_k(t)(\Theta(t)+\Phi(t))+\delta S_k(t)-\eta R_k(t)\\ \frac{dM(t)}{dt}=m_0+\omega\sum_{k'}P(k)S_{k'}(t)-\lambda M(t)\end{cases} \tag{7.2}$$

为不失一般性，假设$\beta_1=\beta_2=\beta$，则系统(7.2)将转变为系统(7.3)：

$$\begin{cases}\dfrac{\alpha\beta}{\alpha+kM(t)}k(1-S_k(t)-R_k(t))\Theta(t)-\eta S_k(t)-\delta S_k(t)-\varepsilon kS_k(t)(\Theta(t)+\Phi(t))=0\\ \varepsilon kS_k(t)(\Theta(t)+\Phi(t))+\delta S_k(t)-\eta R_k(t)=0\\ m_0+\omega\sum_{k'}P(k)S_{k'}(t)-\lambda M(t)=0\end{cases}\tag{7.3}$$

显然，系统(7.3)存在唯一的无不实信息均衡点E^0如下：

$$E^0=\left(0,\ 0,\ \cdots,\ 0,\ \frac{m_0}{\lambda}\right)_{1\times(2n+1)}$$

接下来探讨不实信息内部平衡点E^*的存在性。由系统(7.3)计算可知：

$$E^*=\left(S_1^*(t),\ S_2^*(t),\ \cdots,\ S_n^*(t),\ R_1^*(t),\ R_2^*(t),\ \cdots,\right.$$
$$\left.R_n^*(t),\ \frac{(m_0+\omega\sum_k S_k^*(t)P(k))}{\lambda}\right)_{1\times(2n+1)}\tag{7.4}$$

$$\begin{cases}S_k^*(t)=\alpha\beta\eta k\Theta/H\\ R_k^*(t)=\alpha\beta\eta k\Theta\cdot(\delta+k\varepsilon(\Theta+\Phi))/H\\ M^*=(m_0+\omega\sum_k S_k^*(t)P(k))/\lambda\end{cases}\tag{7.5}$$

其中，$H=(\alpha\eta+k\eta M^*+\alpha\beta k\Theta)\cdot(\eta+\delta+k\varepsilon(\Theta+\Phi))$。

按照 van den Driessche 和 Watmough 所提出的方法，系统(7.4)可以改写为$\dfrac{dx}{dt}=F(x)-\upsilon(x)$和$x=(S_k,\ R_k)^T$。其中向量组$x_1$，$x_2$，…，$x_n$表示$S_1$，$S_2$，…，$S_n$；$x_{n+1}$，$x_{n+2}$，…，$x_{2n}$表示$R_1$，$R_2$，…，$R_n$。应用 Driessche 和 Watmough(2002)给出的下一代矩阵法可知：

新进入系统的个体为：

$$F(x)=\begin{pmatrix}\dfrac{\alpha\beta k}{\alpha+kM(t)}(1-S_k(t)-R_k(t))\Theta(t)\\ 0\end{pmatrix}_{2n\times1}\tag{7.6}$$

移出仓室系统的个体为：

$$V(x)=\begin{pmatrix}\varepsilon kS_k(t)(\Theta(t)+\Phi(t))+\delta S_k(t)+\eta S_k(t)-\\ \varepsilon kS_k(t)(\Theta(t)+\Phi(t))-\delta S_k(t)+\eta R_k(t)\end{pmatrix}_{2n\times1}\tag{7.7}$$

无不实信息平衡点 $E^0=\left(0,\ 0,\ \cdots,\ 0,\ \frac{m_0}{\lambda}\right)_{1\times(2n+1)}$ 处 $F(x)$ 和 $\boldsymbol{v}(x)$ 的雅可比矩阵分别为：

$$F=DF(E^0)=\begin{pmatrix} F_{11} & 0 \\ 0 & 0 \end{pmatrix}_{2n\times 2n} \tag{7.8}$$

$$V=DV(E^0)=\begin{pmatrix} \delta+\eta & 0 \\ -\delta & \eta \end{pmatrix} E_{2n\times 2n} \tag{7.9}$$

$$F_{11}=\frac{\alpha\beta}{\langle k\rangle}\begin{pmatrix} \frac{1}{\alpha+1M(t)}1P(1) & \frac{1}{\alpha+1M(t)}2P(2) & \cdots & \frac{1}{\alpha+1M(t)}nP(n) \\ \frac{2}{\alpha+2M(t)}1P(1) & \frac{2}{\alpha+2M(t)}2P(2) & \cdots & \frac{2}{\alpha+2M(t)}nP(n) \\ \vdots & \vdots & \ddots & \vdots \\ \frac{n}{\alpha+nM(t)}1P(1) & \frac{n}{\alpha+nM(t)}2P(2) & \cdots & \frac{n}{\alpha+nM(t)}nP(n) \end{pmatrix} \tag{7.10}$$

$$V^{-1}=\begin{pmatrix} \frac{1}{\delta+\eta} & 0 \\ \frac{\delta}{\delta+\eta} & \frac{1}{\eta} \end{pmatrix}\cdot E_{2n\times 2n} \tag{7.11}$$

根据 Driessche 和 Watmough(2002)给出的下一代矩阵和基本再生数的概念可知，系统(7.2)的基本再生数为 $\Re_0=\rho(FV^{-1})$，其中$\rho(FV^{-1})$为矩阵FV^{-1}的谱半径。则

$$\Re_0=\rho(FV^{-1})=\frac{\alpha\beta\lambda}{(\eta+\delta)\langle k\rangle}\sum_{k=1}^{n}\frac{k^2P(k)}{\alpha\lambda+km_0} \tag{7.12}$$

由 Driessche 和 Watmough(2002)可知，如果 $\Re_0<1$，则网络不实信息消亡；如果 $\Re_0>1$，则不实信息将在网络上持续存在。

7.1.4 模型的最优控制策略分析

要想治理不实信息，仅仅讨论不实信息传播的阈值与动态过程是远远不够的，还需要控制策略，而最优控制技术在不实信息的应对中有着广泛的运用。本节将进一步扩展系统(7.1)，结合最优控制理论和数值模拟方法，探讨媒体报道和应急策略两个因素对不实信息最终传播规模的影响。

现实生活中不实信息爆发时，官方将采取一些控制措施，包括前馈控制(如科普教育、召开新闻发布会等媒体报道措施)和反馈控制(通过对传播者进行隔离和强制惩罚，使其转化为移出者)。

一方面，当不实信息盛行时，媒体应加大播报力度加以压制；另一方面，当不实信息得到控制时，媒体的报道量也应相应减少。因此，本节假设媒体报道是一个根据当前环境随传播者的密度变化而动态调整的变量。同时，当环境中存在大量传播者时，政府必须采取一系列应急策略来减少不实信息的危害，如强制隔离、加大处罚力度、切断不实信息传播源头等，但考虑到控制成本等因素，政府的应急策略可在不实信息事态减缓时有所放松。从这个角度看，应急措施也是一个动态调整的过程。

在实际的控制模型中，选择 Lebesgue 平方可积控制函数 $u_m(t)$ 和 $u_\delta(t)$ 分别表示媒体报道和政府应急策略的控制变量，则系统(7. 1)可改写为：

$$
\begin{cases}
\dfrac{dI_k(t)}{dt} = \Lambda - \left(\beta_1 - \beta_2 \dfrac{kM(t)}{\alpha(1-u_m(t)) + kM(t)}\right) kI_k(t) \sum_{k'} P(k'|k) S_{k'}(t) - \eta I_k(t) \\
\dfrac{dS_k(t)}{dt} = \left(\beta_1 - \beta_2 \dfrac{kM(t)}{\alpha(1-u_m(t)) + kM(t)}\right) kI_k(t) \sum_{k'} P(k'|k) S_{k'}(t) - \eta S_k(t) - \\
\qquad \delta(1-u_\delta(t)) S_k(t) - \varepsilon k S_k(t) \sum_{k'} P(k'|k)(S_{k'}(t) + R_{k'}(t)) \\
\dfrac{dR_k(t)}{dt} = \varepsilon k S_k(t) \sum_{k'} P(k'|k)(S_{k'}(t) + R_{k'}(t)) + \\
\qquad \delta(1-u_\delta(t)) S_k(t) - \eta R_k(t) \\
\dfrac{dM(t)}{dt} = m_0 + \omega \sum_{k'} P(k) S_{k'}(t) - \lambda M(t) \\
k = 1,\ 2,\ \cdots,\ n
\end{cases}
\tag{7.13}
$$

且具有如下初始条件，

$$I_k(0)=I_{k0}\geqslant 0,\ S_k(0)=S_{k0}\geqslant 0,\ R_k(0)=R_{k0}\geqslant 0$$

$$\text{and}(I_1(0),\ \cdots,\ I_n(0),\ S_1(0),\ \cdots,\ S_n(0),\ R_1(0),\ \cdots,\ R_n(0))^T \in \widetilde{\Omega}$$

其中，$\widetilde{\Omega} = \{(I_1,\ \cdots,\ I_n,\ S_1,\ \cdots,\ S_n,\ R_1,\ \cdots,\ R_n)^T \in \mathbb{R}_+^{3n} \mid I_k+S_k+R_k=1,\ k=1,\ 2,\ \cdots,\ n\}$。

最优控制的目标是使不实信息传播的负面影响最小化，同时使其正面的社会效用最大化。本节从以下3个方面来考虑不实信息传播的社会效用问题：

(1)最大限度地增加无知者和移出者的比例；

(2)尽量减少不实信息传播者的数量；

(3)控制成本最小化。

目标函数如下：

$$\text{Max } J(u_m, u_\delta) = \int_0^{t_f} \sum_k [A_k(I_k(t) + R_k(t)) - B_k S_k(t) - C_k(u_k^2(t) + u_k^2(t))] dt \tag{7.14}$$

其中，$[0, t_f]$表示施加在系统(7.13)上的控制策略的时间长度，参数A_k，B_k，C_k为控制过程的权重系数，可以看作不同变量在时间t_f上的平衡系数，所有的社会效用都转化为以成本为目标的函数。控制变量$u_m(t) = u_m^{\max}$和$u_\delta(t) = u_\delta^{\max}$分别表示媒体报道的强度和政府的应急策略对系统的最大影响。$C_k u_m^2$和$C_k u_\delta^2$分别代表媒体和政府的应急报道成本。定义拉格朗日方程如下：

$$L(I_k(t), S_k(t), R_k(t), u_m, u_\delta) = A_k(I_k(t)+R_k(t)) - B_k S_k(t) - C_k(u_m^2 + u_\delta^2) \tag{7.15}$$

最优控制变量$u_m(t)$和$u_\delta(t)$由以下等式确定：

$$J(u_m^*, u_\delta^*) = \text{Max}\{J(u_m, u_\delta) \mid u_m, u_\delta \in U\} \tag{7.16}$$

其中，$U = \{(u_m, u_\delta) \mid measurable: 0 \leqslant u_m \leqslant 1, 0 \leqslant u_\delta \leqslant 1, t \in [0, t_f], k = 1, 2, \cdots, n\}$为控制集，$u_m(t)$和$u_\delta(t)$是可测变量，$[0, t_f]$表示施加在系统(7.13)上的容许控制时间周期。

结合弗莱明和里谢尔关于最优控制解存在性的结论，定理7.1详细证明了最优控制解的存在性(Fleming and Rishel's，1960)。

定理7.1 在式(7.16)的限制下，系统(7.13)存在一个最优控制(u_m^*, u_δ^*)，即$\text{Max}\{J(u_m, u_\delta) \mid u_m, u_\delta \in U\} = J(u_m^*, u_\delta^*)$。

为了证明定理7.1的结论，结合弗莱明和里谢尔的理论(Fleming and Rishel's，1960)，系统必须满足以下条件：

(1)控制集和相应的状态变量为非空集。

(2)控制集定义为凸性的闭集。

(3)系统(7.13)的解的上界是一个线性函数；状态系统的右端都是连续的，并且由有界控制和状态的总和所限定。此外，它可以写成控制变量 $u_m(t)$ 和 $u_\delta(t)$ 的线性函数，其系数取决于时间和状态。

(4)系统(7.13)的积分在控制集上是凹函数，$c_2-c_1(|u_m|^k+|u_\delta|^k)$ 是积分函数的上界且满足 $c_2>0$，$c_1>0$，$k>1$。

根据卢克斯(Lukes，1985)提出的定理 9.2.1，系统(7.13)边界上的点在控制集 U 中。由定义可知，控制集 U 是凸性的闭集。根据定理 7.1，系统(7.13)的解有上界且满足条件(3)；目标函数中的 $A_k(I_k(t)+R_k(t))-B_kS_k(t)-C_k(u_m^2+u_\delta^2)$ 是控制集 U 上的凹函数，且存在常数 $c_2>0$，$c_1>0$，$k>1$，使得

$$A_k(I_k(t)+R_k(t))-B_kS_k(t)-C_k(u_m^2+u_\delta^2)\leqslant c_2-c_1(|u_m|^k+|u_\delta|^k) \tag{7.17}$$

则系统(7.13)满足所有四个条件并具有最优控制。即存在 u_m^* 和 u_δ^*，使得 $\mathrm{Max}\{J(u_m,u_\delta)\mid u_m,u_\delta\in U\}=J(u_m^*,u_\delta^*)$ 成立，得证。

定理 7.1 证明了约束系统(7.13)下最优控制的存在性，并利用庞特里亚金极小值原理讨论了最优控制的必要条件(Lenhart and Workman，2007；Kamien and Schwartz，1998)。构建关于控制问题的哈密尔顿(Hamiltonian)函数如下：

$$\begin{aligned}
&H(I_k(t),S_k(t),R_k(t),u_m(t),u_\delta(t),\lambda_{1k}(t),\lambda_{2k}(t),\lambda_{3k}(t),\lambda_{4k}(t))=\\
&\quad L(I_k(t),S_k(t),R_k(t),u_m(t),u_\delta(t))+\\
&\sum_{k=1}^{n}\left[\lambda_{1k}(t)\frac{I_k(t)}{dt}+\lambda_{2k}(t)\frac{S_k(t)}{dt}+\lambda_{3k}(t)\frac{R_k(t)}{dt}+\lambda_{4k}(t)\frac{M_k(t)}{dt}\right]=\\
&\quad L(I_k(t),S_k(t),R_k(t),u_m(t),u_\delta(t))+\\
&\sum_{k=1}^{n}\left[\begin{array}{l}
\lambda_{1k}(t)\left(\Lambda-\left(\beta_1-\beta_2\dfrac{kM(t)}{\alpha(1-u_m(t))+kM(t)}\right)kI_k(t)\sum_{k'}P(k'|k)S_{k'}(t)-\eta I_k(t)\right)\\
\lambda_{2k}(t)\left(\begin{array}{l}\left(\beta_1-\beta_2\dfrac{kM(t)}{\alpha(1-u_m(t))+kM(t)}\right)kI_k(t)\sum_{k'}P(k'|k)S_{k'}(t)-\eta S_k(t)-\\ \delta(1-u_\delta(t))S_k(t)-\varepsilon kS_k(t)\sum_{k'}P(k'|k)(S_{k'}(t)+R_{k'}(t))\end{array}\right)\\
\lambda_{3k}(t)\left(\begin{array}{l}\varepsilon kS_k(t)\sum_{k'}P(k'|k)(S_{k'}(t)+R_{k'}(t))+\\ \delta(1-u_\delta(t))S_k(t)-\eta R_k(t)\end{array}\right)\\
\lambda_{4k}(t)\left(m_0+\omega\sum_{k'}P(k)S_{k'}(t)-\lambda M(t)\right)
\end{array}\right]
\end{aligned} \tag{7.18}$$

以微分方程系统(7.13)作为目标函数的约束条件，在讨论了最优控制的存在性后，利用庞特里亚金极小值原理求解微分方程的辅助变量、相应的边界条件和控制变量 $u_m(t)$，$u_\delta(t)$ 的性质(Lenhart and Workman，2007；Kamien and Schwartz，1998)。

其中，$\lambda_{1k}(t)$，$\lambda_{2k}(t)$，$\lambda_{3k}(t)$，$\lambda_{4k}(t)$ 为待确定的伴随函数，为了简化分析，分别用 λ_{1k}，λ_{2k}，λ_{3k}，λ_{4k} 表示。

接下来，利用庞特里亚金极小值原理导出最优控制策略的必要条件(Lenhart and Workman，2007)。

定理 7.2 设 $I_k^*(t)$，$S_k^*(t)$，$R_k^*(t)$，$M^*(t)(k=1, 2, \cdots, n)$ 为满足受控系统(7.13)的最优控制变量 $u_m^*(t)$，$u_\delta^*(t)$ 相关联的最优状态解，则存在伴随函数 $\lambda_{1k}(t)$，$\lambda_{2k}(t)$，$\lambda_{3k}(t)$，$\lambda_{4k}(t)$，且满足：

$$\begin{cases} \dfrac{d\lambda_{1k}(t)}{dt}=-A_k+\lambda_{1k}(t)\left(\dfrac{\alpha\beta k\Theta}{\alpha(1-u_m(t))+kM}-\eta\right)-\lambda_{2k}(t)\dfrac{\alpha\beta k\Theta}{\alpha(1-u_m(t))+kM} \\ \dfrac{d\lambda_{2k}(t)}{dt}=B_k+\lambda_{1k}(t)\dfrac{\alpha\beta k^2P(k)I_k(t)}{(\alpha(1-u_m(t))+kM)\langle k\rangle}-\lambda_{2k}(t)\left(\dfrac{\alpha\beta k^2P(k)I_k(t)}{(\alpha(1-u_m(t))+kM)\langle k\rangle}-\right. \\ \qquad \left.\varepsilon k(\Theta(t)+\Phi(t))-\varepsilon kS_k(t)\dfrac{kP(k)}{\langle k\rangle}-\eta-\delta(1-u_\delta(t))\right)- \\ \qquad \lambda_{3k}(t)\left(\varepsilon k(\Theta(t)+\Phi(t))+\varepsilon kS_k(t)\dfrac{kP(k)}{\langle k\rangle}+\delta(1-u_\delta(t))\right) \\ \dfrac{d\lambda_{3k}(t)}{dt}=-A_k+\lambda_{2k}(t)\varepsilon kS_k(t)\dfrac{kP(k)}{\langle k\rangle}-\lambda_{3k}(t)\left(\varepsilon kS_k(t)\dfrac{kP(k)}{\langle k\rangle}+\eta\right) \\ \dfrac{d\lambda_{4k}(t)}{dt}=\lambda_{1k}(t)\dfrac{\alpha\beta k^2I_k(t)\Theta}{(\alpha(1-u_m(t))+kM)^2}-\lambda_{4k}(t)\cdot\lambda \end{cases} \tag{7.19}$$

满足横截条件，

$$\lambda_{1k}(t_f)=\lambda_{2k}(t_f)=\lambda_{3k}(t_f)=\lambda_{4k}(t_f)=0,\ k=1, 2, \cdots, n \tag{7.20}$$

此外，最优控制变量如下：

$$u_m^*(t)=\mathrm{Min}\left\{\mathrm{Max}\left\{0, \frac{\alpha\beta(\lambda_{1k}-\lambda_{2k})}{2C_k((1-u_m)\alpha+kM)^2}\right\}, u_m^{\max}\right\} \tag{7.21}$$

$$u_\delta^*(t)=\mathrm{Min}\left\{\mathrm{Max}\left\{0, \frac{\delta S_k(t)(\lambda_{2k}-\lambda_{3k})}{2C_k}\right\}, u_\delta^{\max}\right\} \tag{7.22}$$

其中，$k=1, 2, \cdots, n$。

证明：为了确定伴随方程和横截性条件，结合式(7.18)，并利用最优控制问题的必要条件以及哈密尔顿方程在 Δ 处对 $I_k(t)$，$S_k(t)$，$R_k(t)$ 的微分可得：

$$\Delta=\left\{I_k(t),\ S_k(t),\ R_k(t),\ M(t),\ u_m(t),\ u_\delta(t)\ \middle|\ \begin{matrix} I_k(t)=I_k^*(t),\ S_k(t)=S_k^*(t),\ R_k(t)=R_k^*(t), \\ M(t)=M^*(t),\ u_m(t)=u_m^*,\ u_\delta(t)=u_\delta^* \end{matrix}\right\}$$

分别对哈密尔顿函数的每个状态求偏导，即：

$$\begin{cases} \dfrac{d\lambda_{1k}(t)}{dt}=-\dfrac{\partial H|\Delta}{\partial I_k(t)} \\ \dfrac{d\lambda_{2k}(t)}{dt}=-\dfrac{\partial H|\Delta}{\partial S_k(t)} \\ \dfrac{d\lambda_{3k}(t)}{dt}=-\dfrac{\partial H|\Delta}{\partial R_k(t)} \\ \dfrac{d\lambda_{4k}(t)}{dt}=-\dfrac{\partial H|\Delta}{M(t)} \end{cases} \tag{7.23}$$

其中，$k=1, 2, \cdots, n$。

由哈密尔顿的极小条件可得如下控制方程：

$$\begin{cases} \dfrac{\partial}{\partial u_m(t)}H(I_k(t),\ S_k(t),\ R_k(t),\ M(t),\ u_m(t),\ u_\delta(t),\ \lambda_{1k}(t), \\ \lambda_{2k}(t),\ \lambda_{3k}(t),\ \lambda_{4k}(t))|\Delta= \\ -2C_k u_m+\dfrac{\alpha\beta(\lambda_{1k}-\lambda_{2k})}{((1-u_{mk})\alpha+kM)^2}=0 \\ \dfrac{\partial}{\partial u_\delta(t)}H(I_k(t),\ S_k(t),\ R_k(t),\ M(t),\ u_m(t),\ u_\delta(t),\ \lambda_{1k}(t), \\ \lambda_{2k}(t),\ \lambda_{3k}(t),\ \lambda_{4k}(t))|\Delta= \\ -2C_k u_\delta+\delta S_k(t)(\lambda_{2k}-\lambda_{3k})=0 \end{cases}$$

(7.24)

即：

$$u_m^*(t)=\begin{cases}0, & \dfrac{\alpha\beta(\lambda_{1k}-\lambda_{2k})}{2C_k((1-u_m)\alpha+kM)^2}<0\\ \dfrac{\alpha\beta(\lambda_{1k}-\lambda_{2k})}{2C_k((1-u_m)\alpha+kM)^2}, & 0\leqslant\dfrac{\alpha\beta(\lambda_{1k}-\lambda_{2k})}{2C_k((1-u_m)\alpha+kM)^2}\leqslant 1\\ u_m^{\max} & \dfrac{\alpha\beta(\lambda_{1k}-\lambda_{2k})}{2C_k((1-u_m)\alpha+kM)^2}>1\end{cases}\tag{7.25}$$

$$u_\delta^*(t)=\begin{cases}0, & \dfrac{\delta S_k(t)(\lambda_{2k}-\lambda_{3k})}{2C_k}<0\\ \dfrac{\delta S_k(t)(\lambda_{2k}-\lambda_{3k})}{2C_k}, & 0\leqslant\dfrac{\delta S_k(t)(\lambda_{2k}-\lambda_{3k})}{2C_k}\leqslant 1\\ u_\delta^{\max}, & \dfrac{\delta S_k(t)(\lambda_{2k}-\lambda_{3k})}{2C_k}\geqslant 1\end{cases}\tag{7.26}$$

因此，考虑到控制集可得：

$$u_m^*(t)=\mathrm{Min}\left\{\mathrm{Max}\left\{0,\ \frac{\alpha\beta(\lambda_{1k}-\lambda_{2k})}{2C_k((1-u_m)\alpha+kM)^2}\right\},\ u_m^{\max}\right\}\tag{7.27}$$

$$u_\delta^*(t)=\mathrm{Min}\left\{\mathrm{Max}\left\{0,\ \frac{\delta S_k(t)(\lambda_{2k}-\lambda_{3k})}{2C_k}\right\},\ u_\delta^{\max}\right\}\tag{7.28}$$

其中，$k=1,\ 2,\ \cdots,\ n$。

横截条件如下：

$$\lambda_{1k}(t_f)=\lambda_{2k}(t_f)=\lambda_{3k}(t_f)=0,\ k=1,\ 2,\ \cdots,\ n$$

得证。

因此，根据上面的分析，易得到以下的最优系统：

$$\begin{cases}\dfrac{dI_k(t)}{dt}=\Lambda-\dfrac{\alpha\beta k}{\alpha(1-u_m^*)+kM}kI_k(t)\sum_{k'}P(k'|k)S_{k'}(t)-\eta I_k(t)\\ \dfrac{dS_k(t)}{dt}=\dfrac{\alpha\beta k}{\alpha(1-u_m^*)+kM}kI_k(t)\sum_{k'}P(k'|k)S_{k'}(t)-\eta S_k(t)-\delta(1-u_\delta^*)S_k(t)-\\ \qquad \varepsilon kS_k(t)\sum_{k'}P(k'|k)(S_{k'}(t)+R_{k'}(t))\end{cases}$$

$$
\begin{cases}
\dfrac{dR_k(t)}{dt} = \varepsilon k S_k(t) \sum_{k'} P(k' \mid k)(S_{k'}(t) + R_{k'}(t)) + \delta(1 - u_\delta^*) S_k(t) - \eta S_k(t) \\
\dfrac{dM(t)}{dt} = m_0 + \omega \sum_{k'} P(k) S_{k'}(t) - \lambda M(t) \\
\dfrac{d\lambda_{1k}(t)}{dt} = A_k + \lambda_{1k}(t)\left(\dfrac{\alpha\beta k\Theta}{\alpha(1-u_m)+kM} - \eta\right) - \lambda_{2k}(t)\dfrac{\alpha\beta k\Theta}{\alpha(1-u_m)+kM} \\
\dfrac{d\lambda_{2k}(t)}{dt} = B_k + \lambda_{1k}(t)\dfrac{\alpha\beta k^2 P(k) I_k(t)}{(\alpha(1-u_m)+kM)\langle k\rangle} - \\
\qquad \lambda_{2k}(t)\left(\begin{array}{c}\dfrac{\alpha\beta k^2 P(k) I_k(t)}{(\alpha(1-u_m)+kM)\langle k\rangle} - \varepsilon k(\Theta(t)+\Phi(t)) - \\ \varepsilon k S_k(t)\dfrac{kP(k)}{\langle k\rangle} - \eta - \delta(1-u_\delta)\end{array}\right) - \\
\qquad \lambda_{3k}(t)\left(\varepsilon k(\Theta(t)+\Phi(t)) + \varepsilon k S_k(t)\dfrac{kP(k)}{\langle k\rangle} + \delta(1-u_\delta)\right) \\
\dfrac{d\lambda_{3k}(t)}{dt} = -A_k + \lambda_{2k}(t)\varepsilon k S_k(t)\dfrac{kP(k)}{\langle k\rangle} - \lambda_{3k}(t)\left(\varepsilon k S_k(t)\dfrac{kP(k)}{\langle k\rangle} + \eta\right)
\end{cases}
\tag{7.29}
$$

其中，$u_m(t)$和$u_\delta(t)$分别由式(7.25)至式(7.28)给出。初始条件是：$I_k(0)=I_0$，$S_k(0)=S_0$，$R_k(0)=R_0$，$\lambda_{ik}(t_f)=0$，$i=1, 2, 3$，$k=1, 2, \cdots, n$。显然，微分方程系统满足 Lipschitz 连续性条件，得到了唯一的最优控制变量 $u_m^*(t)$和$u_\delta^*(t)$。

7.1.5　数值模拟

本小节进行了一系列的数值模拟来验证 BA 无标度网络($p(k)=2m^2k^{-3}$，$m=3$)中的理论结果。首先，分析了基本再生数 $\mathfrak{R}_0$ 关于模型参数的敏感性，然后，对包含最优控制的模型进行仿真分析。

从图 7.2 中可以看出，基本再生数 $\mathfrak{R}_0$ 随着模型参数 δ 或 m_0 的增加而减小，表现为抑制传播，却随着参数 α 或 λ 的增加而增加，即促进传播。通过对比可知，m_0 对 $\mathfrak{R}_0$ 的影响大于 δ 对 $\mathfrak{R}_0$ 的影响，这说明事前的媒体报道比政府的事后控制更有效。通过对比可知，α 对 $\mathfrak{R}_0$ 的影响小于 λ 对 $\mathfrak{R}_0$ 的影响，这意味着我们应该提高媒体报道的有效性(即降低媒体报道的

失效率 λ)来减少基本再生数 $\Re_0$ 以抑制传播。

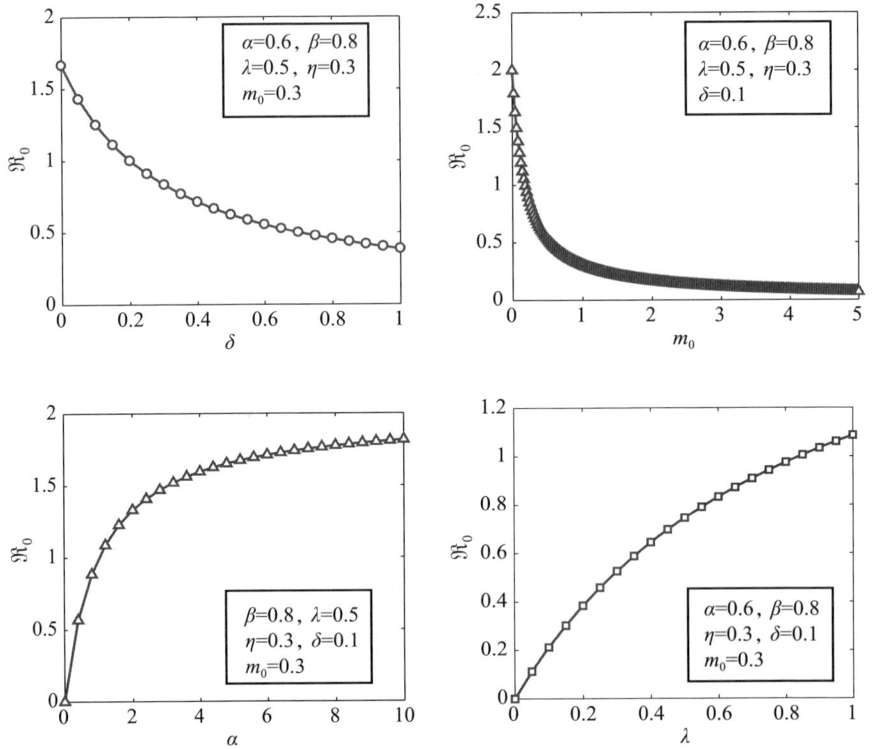

图 7.2　BA 无标度网络中基本再生数 $\Re_0$ 与模型参数 δ，m_0，α，λ 的关系

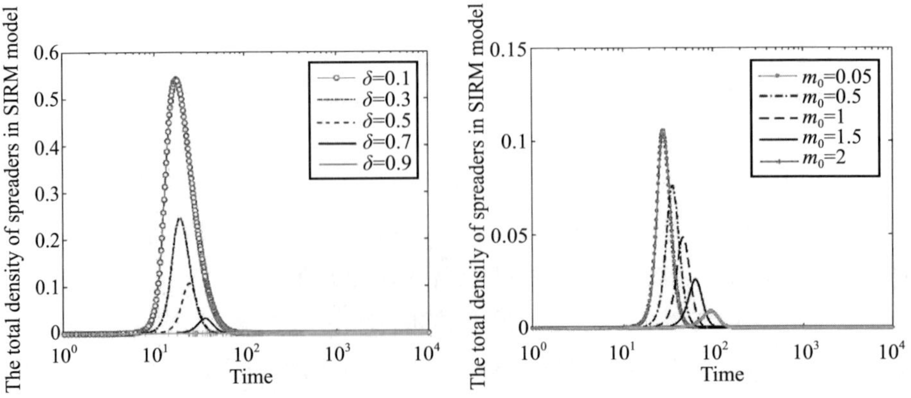

(a)　δ vs $S(t)$　　　(b)　m_0 vs $S(t)$

图 7.3　当 $\Re_0<1$ 时，参数 δ，m_0，α，λ 的不同取值对传播者总密度的影响

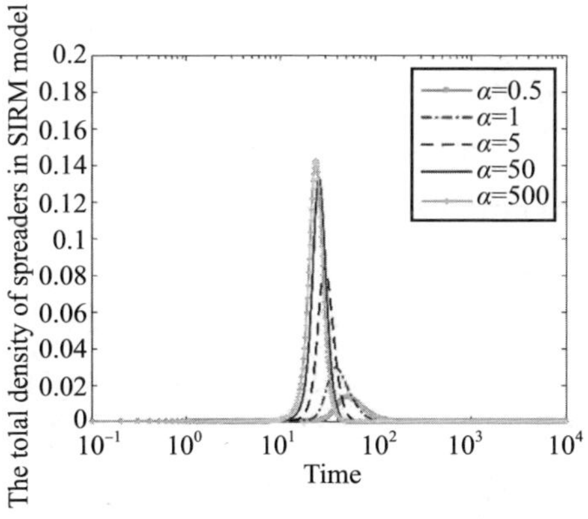

(c)　α vs $S(t)$

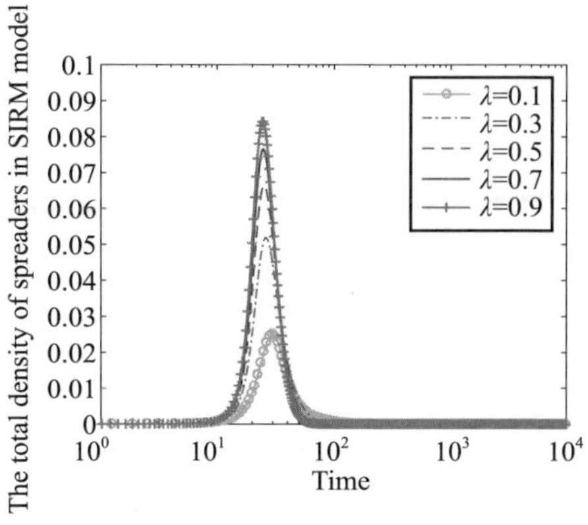

(d)　λ vs $S(t)$

图 7.3　当 $\Re_0<1$ 时，参数 δ，m_0，α，λ 的不同取值对传播者总密度的影响(续)

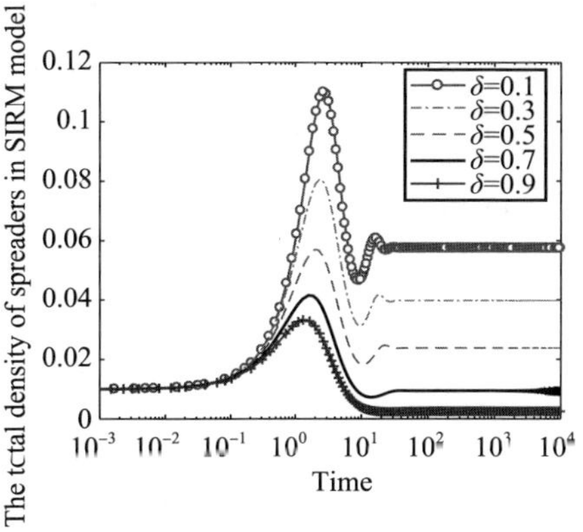

(a)　δ vs $S(t)$

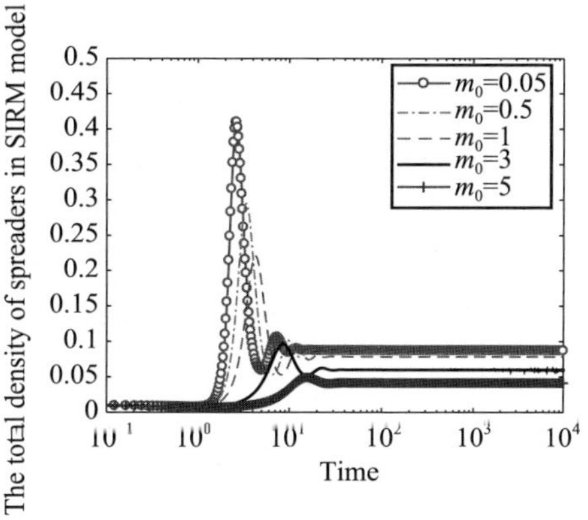

(b)　m_0 vs $S(t)$

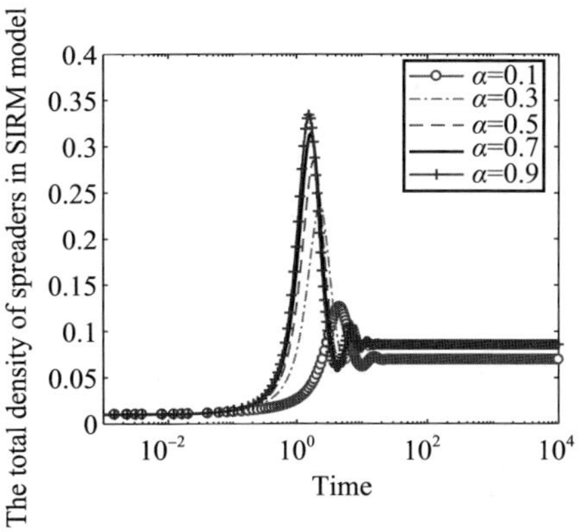

(c)　α vs $S(t)$

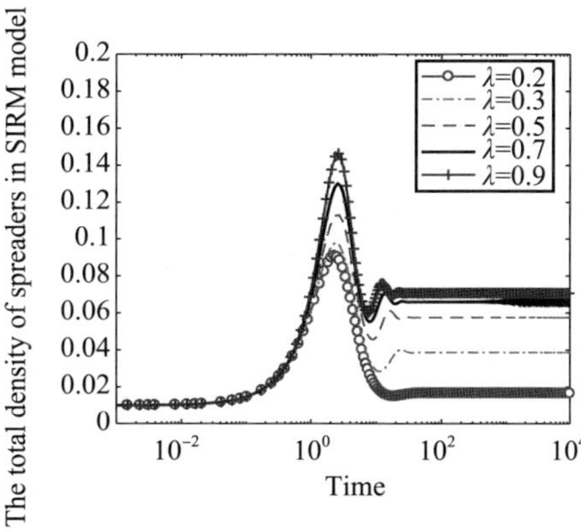

(d)　λ vs $S(t)$

图 7.4　当 $\Re_0>1$ 时，参数 δ，m_0，α，λ 的不同取值对传播者总密度的影响

在没有控制的情况下，图 7.3 描绘了当 $\Re_0<1$ 时，不实信息传播者的总密度的时间演化趋势，而图 7.4 对应于 $\Re_0>1$ 的情况。由图可知，当相应的参数满足 $\Re_0>1$ 时，不实信息传播者趋于一个稳定的非 0 常数，不实信息不断蔓延，造成恶劣的社会影响。当相应的参数满足 $\Re_0<1$ 时，不实信息传播者会减少到 0，不实信息将得到很好的控制，最终消亡。

图 7.3(a)和图 7.4(a)刻画了不同应急效率 δ 的取值对传播者总密度的影响。可以看出，δ 的值越大(应急控制手段强度越大)，传播节点的总密度越低。对参数 m_0，α，λ 执行相同的操作。从图 7.3(b)、图 7.4(b)中可以看出，初始媒体报道率 m_0 的值越大，不实信息越容易被控制，这意味着尽管目前该地区没有发现传播者，但由于空间传播迅速，官方媒介或政府当局最好及时报告另一个邻近地区出现的不实信息。由图 7.3(c)、图 7.4(c)可知，半饱和系数 α 的值越大，不实信息就越难治理。图 7.3(d)、图 7.4(d)描绘了在不同的媒体覆盖损耗率 λ 下传播者的密度随时间的演化趋势，由此可以得出结论，λ 越大，传播者的最终密度越大。

接下来以最优控制理论为基础，结合庞特里亚金极小值原理，分别模拟四组状态的节点在不同情况下的动态变化(如图 7.5 所示)。两种方案如下：①无控制：$u_m=0$，$u_\delta=0$。②综合控制：$u_m\neq0$，$u_\delta\neq0$。参数设置如表 7.1 所示。

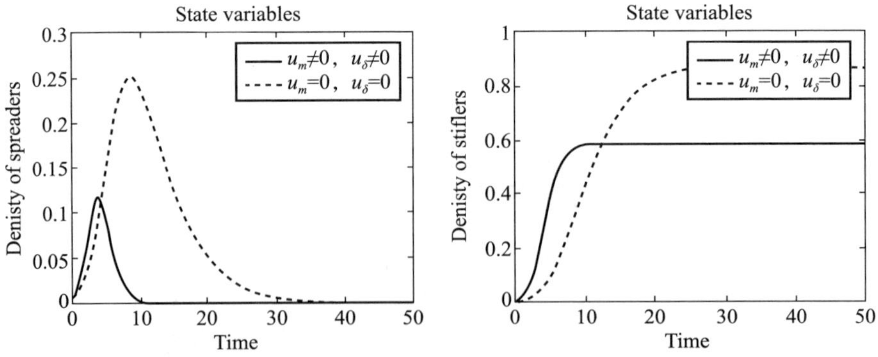

(a) 传播者的对比　　(b) 移出者的对比

图 7.5　有无控制对比下的传播者与移出者密度的时间演化趋势

表 7.1　相关参数值

参数	Λ	α	β_1	β_2	η	ε	δ	ω	m_0	λ	A_k	B_k	C_k
取值	0.0001	0.5	0.133	0.133	0.001	0.000005	0.5	5	0.05	2	100	100	200

图 7.5 描绘了同时综合运用媒体报道和官方应急策略与不采取任何应对措施情况下传播者和移出者的时间演化趋势的比较。如图所示，在最优控制变量 u_m 和 u_δ 存在的情况下，传播者的峰值将大大降低，密度降低到 0(趋于消亡)的速度比没有控制的快。与无控制方案相比，移出者达到稳定的时间更短，最终规模也更小。这些现象表明，媒体的报道和实施应急策略可以使无知者了解不实信息，降低无知者的被感染率并有效遏制不实信息传播者的蔓延，使不实信息尽快消失。

图 7.6 刻画了控制变量 u_m 和 u_δ 的时间演化趋势。初时刻 u_m 的最大值表明媒体报道的初始投入相对较大，随着时间的推移，媒体的作用开始发挥规模效应，事件逐渐明朗，其成本也相应降低。在传播初期，随着传播者的增加，控制变量 u_δ 逐渐增加到峰值，然后下降到 0。可能的原因是政府实施强制隔离、及时召开新闻发布会、澄清事实等方式，帮助传播者了解真相，从而阻止传播者继续传播不实信息，引导传播者转变为移出者。随着传播者密度的降低，控制变量 u_δ 的成本也相应降低。

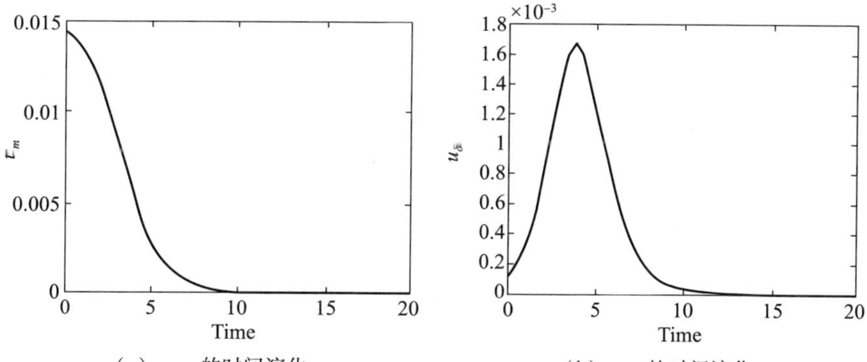

（a）　u_m 的时间演化　　　　（b）　u_δ 的时间演化

图 7.6　控制变量的时间演化趋势

7.1.6　小结

本节基于经典的 DK 模型，提出了一种改进的 ISRM 不实信息传播模型。一方面，将媒体报道这一信息变量引入不实信息传播模型，借助媒体的宣传功能，帮助不实信息无知者认清现实，从而降低不实信息的传播转化率；另一方面，政府的应急策略也被用来阻止传播者的扩散。本节根据所建立的不实信息传播动力学方程，计算了不实信息传播的阈值，同时，以社会效用最大化和不实信息治理成本最小化为目标，建立了一个最优控制问题。本节证明了最优控制的存在性，并导出了相应的最优性系统。本节所提出的最优控制方案可以以较低的成本达到降低传播率的目的。最后，通过数值模拟验证了理论分析的正确性。

7.2 媒体覆盖下考虑时滞与脉冲免疫的不实信息传播稳定性分析与控制研究

在现实生活中，人们接收到信息以后会第一时间辨别信息的真伪，而这一思考判断过程需要一定的时间间隔。网络给人们带来便利的同时，仍然存在一定的时间延迟，且对不实信息的传播起着重要的作用。在应急事件处理过程中，政府需要定期发布最新信息，以消除公众疑虑，澄清不实信息，这是一种离散的不连续的过程，其特点符合脉冲现象，即用小的控制脉冲来稳定复杂系统。为了减小不实信息的危害，本节结合媒体报道，同时考虑时滞与周期性的控制措施将脉冲干预引入模型，改进了前文的 ISRM 模型，根据不实信息传播的特点，分析了时滞不实信息模型及其动力学和脉冲最优化问题。

7.2.1 建模与分析

为了简化分析，本节借鉴前文媒体报道的影响，将传统的 ISR 模型扩展为四维 ISRM 模型，同时考虑同质网络中不实信息的传播特征，并引进脉冲接种和时滞两个因素。分别用 $I(t)$，$S(t)$，$R(t)$ 代表 t 时刻无知者、传播者和移出者的密度，并引入信息变量 $M(t)$ 来描述其他地区的媒体在同一时间段内的累积新闻报道密度，如图 7.7 所示。参数 Λ，η，β_1，β_2，α，ω，m_0，λ 的含义与上一节一致。δ 表示遗忘率，即传播者失去传谣兴趣、转变为移出者的概率。基于微分方程的稳定性理论，本节分析了不实信息在人群中传播的动态过程，并假定所涉及的参数为非负。

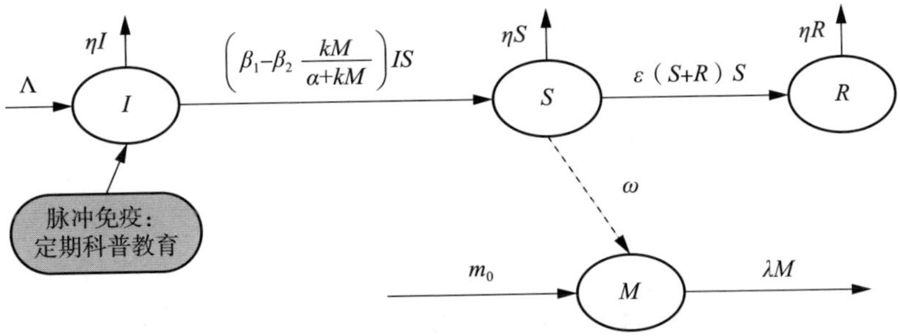

图 7.7　媒体报道影响下不实信息传播示意图

在不实信息的爆发过程中，除了媒体的影响外，官方在不实信息控制方面也起到了很大的作用。官方通过定期进行科学知识普及或发布真实信息，帮助人们了解事实，屏蔽不实信息。然而，政府当局发布的真实信息往往是断断续续的，而且是反复的，这一过程通常是周期性的，可视为一种脉冲干预。由于对不实信息的先入为主的观念，传播者对辟谣信息并不敏感，脉冲干预对其影响不大，假设脉冲接种只影响无知者。

结合以上分析，基于媒体覆盖的考虑时滞与脉冲接种的非线性动态模型如微分系统(7.30)所示。

$$\begin{cases}\left.\begin{aligned}&I'(t)=\Lambda-\left(\beta_1-\beta_2\frac{M(t)}{\alpha+M(t)}\right)I(t)S(t)-\eta I(t)\\&S'(t)=\left(\beta_1-\beta_2\frac{M(t)}{\alpha+M(t)}\right)e^{-\eta\tau}I(t-\tau)S(t-\tau)-\\&\varepsilon S(t)(S(t)+R(t))-\delta S(t)-\eta S(t)\\&R'(t)=\varepsilon S(t)(S(t)+R(t))+\delta S(t)-\eta R(t)\\&M'(t)=m_0+\omega S(t)-\lambda M(t)\end{aligned}\right\}t\neq kT,\ k\in Z_+\\\left.\begin{aligned}&I(t^+)=(1-\theta)I(t)\\&S(t^+)=S(t)\\&R(t^+)=R(t)+\theta I(t)\\&M(t^+)=M(t)\end{aligned}\right\}t=kT,\ t\neq kT\end{cases}\tag{7.30}$$

其中，θ 是对无知者进行的脉冲接种比例，kT 是对无知者 $I(t)$ 进行第 k 次脉冲的接种时间。

系统(7.30)的初始条件为:

$$(\phi_1(\theta),\ \phi_2(\theta),\ \phi_3(\theta),\ \phi_4(\theta)) \in C_+ = C([-\tau,\ 0],\ R_+^3),$$
$$\phi_i(0)>0,\ i=1,\ 2,\ 3,\ 4 \tag{7.31}$$

结合实际意义，系统(7.30)的可行域满足以下闭集：

$$\Omega=\left\{(I,\ S,\ R,\ M)\in\mathbb{R}_+^4\ \middle|\ 0\leqslant I+S+R\leqslant\frac{\Lambda}{\eta},\ 0<M\leqslant\frac{m_0}{\lambda}\right\}$$

7.2.2 无不实信息周期解的存在性与稳定性

为进行模型分析，本小节给出三个必要的引理。

引理 7.1 考虑如下脉冲微分方程：

$$\begin{cases} y'(t)=a-by(t) & t\neq kT \\ y(t^+)=(1-\theta)y(t) & t=kT \end{cases} \tag{7.32}$$

其中，$a>0$，$b>0$，$0<\theta<1$，则系统(7.30)具有唯一全局渐近稳定的正周期解，则

$$\widetilde{y_e}(t)=\frac{a}{b}+\left(y^*-\frac{a}{b}\right)e^{-b(t-kT)},\ kT<t\leqslant(k+1)T$$

其中，$y^*=\dfrac{a}{b}\dfrac{(1-\theta)(1-e^{-bT})}{1-(1-\theta)e^{-bT}}$。

证明：系统(7.30)第一个方程的解如下：

$$y(t)=\frac{a}{b}+\left(y(kT)-\frac{a}{b}\right)e^{-b(t-kT)} \tag{7.33}$$

其中，$y(kT)$为时刻$t=kT$进行脉冲后的数量，根据系统(7.30)的第二个方程，构建频闪映射如下：

$$y((k+1)T)=(1-\theta)\left(\frac{a}{b}+\left(y(kT)-\frac{a}{b}\right)e^{-bT}\right)\triangleq f(y(kT)) \tag{7.34}$$

其中，$f(y)=(1-\theta)\left[\dfrac{a}{b}+\left(y-\dfrac{a}{b}\right)e^{-bT}\right]$。显然，系统(7.30)存在唯一的不动点$y^*=\dfrac{a}{b}\dfrac{(1-\theta)(1-e^{-bT})}{1-(1-\theta)e^{-bT}}$，当$0<y<y^*$时，$y<f(y)<y^*$；当$y>y^*$时，$y^*<f(y)<y$。由 Cull 的探究可知，系统(7.30)的对应解为：

$$\widetilde{y_e}(t)=\frac{a}{b}+\left(y^*-\frac{a}{b}\right)e^{-b(t-kT)},\ kT<t\leqslant(k+1)T$$

是全局渐近稳定的，得证。

接下来将使用 Kuang(1993)的定理 3.2.1 的基本结果。

引理 7.2　考虑如下线性中立型时滞微分方程：

$$x'(t)+\gamma x'(t-\tau)+a_2x(t)-a_1x(t-\tau)=0 \tag{7.35}$$

当 $\gamma=0$ 时，式(7.35)转变为：

$$x'(t)=a_1x(t-\tau)-a_2x(t) \tag{7.36}$$

其中，a_1，a_2，$\tau>0$ 且对任意 $-\tau\leqslant t\leqslant 0$，$x(t)>0$，且有如下结论：

(1)当 $a_1<a_2$ 时，则 $\lim\limits_{t\to\infty}x(t)=0$；

(2)当 $a_1>a_2$ 时，则 $\lim\limits_{t\to\infty}x(t)=\infty$。

引理 7.3　根据引理 7.1，系统(7.30)存在唯一的无不实信息周期解 $\left(\tilde{I}_e(t),\ 0,\ \dfrac{\Lambda}{\eta}-\tilde{I}_e(t),\ \dfrac{m_0}{\lambda}\right)$，其中，

$$\begin{cases}\widetilde{I_e}(t)=\dfrac{\Lambda}{\eta}+\left(I^*-\dfrac{\Lambda}{\eta}\right)e^{-\eta(t-kT)}, & kT<t\leqslant(k+1)T\\ I^*=\dfrac{\Lambda}{\eta}\dfrac{(1-\theta)(1-e^{-\eta T})}{1-(1-\theta)e^{-\eta T}}, & t=kT\end{cases}$$

证明：这一小节首先证明了无不实信息周期解的存在性。在这种情况下，系统中的传播者将永远消失。即对任意 $t>0$，$S(t)=0$。系统(7.30)可以简化为：

$$\begin{cases}I'(t)=\Lambda-\eta I(t) & t\neq kT\\ I(t^+)=(1-\theta)I(t) & t=kT\end{cases} \tag{7.37}$$

根据引理 7.1，系统(7.37)具有全局渐近稳定的周期解 $I^*(t)$，则系统(7.30)具有无不实信息的周期解 $\left(\tilde{I}_e(t),\ 0,\ \dfrac{\Lambda}{\eta}-\tilde{I}_e(t),\ \dfrac{m_0}{\lambda}\right)$。

7.2.3　无不实信息周期解的全局吸引性

定理 7.3　当 $\mathfrak{R}^*<1$ 时，系统(7.30)的无不实信息周期解是全局吸引的。

其中，$\mathfrak{R}^*=\dfrac{\Lambda}{\eta}\dfrac{\beta_1}{(\delta+\eta)}e^{-\eta\tau}\dfrac{1-e^{-\eta T}}{1-(1-\theta)e^{-\eta T}}$。

证明：由于 $\Re^*<1$，则存在一个充分小的 $\varepsilon_1>0$，使得：

$$\beta_1 e^{-\eta\tau}\left(\frac{\Lambda}{\eta}\frac{1-e^{-\eta T}}{1-(1-\theta)e^{-\eta T}}+\varepsilon_1\right)<\delta+\eta \tag{7.38}$$

根据系统(7.30)的第一个方程，可得 $I'(t)\leqslant\Lambda-\eta I(t)$。考虑如下比较脉冲微分系统：

$$\begin{cases}x'(t)=\Lambda-\eta x(t) & t\neq kT\\ x(t^+)=(1-\theta)x(t) & t=kT\end{cases} \tag{7.39}$$

根据引理 7.1，易得系统(7.39)具有唯一的全局渐近稳定的正周期解 $\widetilde{x}_e(t)=\widetilde{I}_e(t)$。

$$\widetilde{x_e}(t)=\widetilde{I_e}(t)=\frac{\Lambda}{\eta}+\left(I^*-\frac{\Lambda}{\eta}\right)e^{-\eta(t-kT)},\ kT<t\leqslant(k+1)T$$

$\widetilde{x}_e(t)$是全局渐近稳定的。根据脉冲比较定理(Lakshmikantham et al.，1989；Bainov and Sineonov，1993)，存在一个正整数 $k_1>0$，使得当 $k>k_1$ 时，对任意 $kT<t\leqslant(k+1)T$，$I'(t)\leqslant x(t)+\varepsilon_1$ 成立。即：

$$I(t)<\widetilde{I_e}(t)+\varepsilon_0\leqslant\frac{\Lambda}{\eta}\frac{1-e^{-\eta T}}{1-(1-\theta)e^{-\eta T}}\triangleq A,\ kT<t\leqslant(k+1)T,\ k>k_1 \tag{7.40}$$

此外，从系统(7.30)的第二个方程可知等式(7.40)满足：

$$S'(t)\leqslant\left(\beta_1-\beta_2\frac{M(t)}{\alpha+M(t)}\right)e^{-\eta t}AS(t-\tau)-\varepsilon S(t)(S(t)+R(t))-\delta S(t)-\eta S(t)\leqslant$$

$$\left(\beta_1-\beta_2\frac{M(t)}{\alpha+M(t)}\right)e^{-\eta t}AS(t-\tau)-(\delta+\eta)S(t),\ kT<t\leqslant(k+1)T,\ k>k_1$$

鉴于媒体报道量 M 的取值介于$\left(0,\ \dfrac{m_0}{\lambda}\right)$，考虑以下比较微分系统：

$$y'(t)=\beta_1 e^{-\eta\tau}Ay(t-\tau)-(\delta+\eta)y(t),\ kT<t\leqslant(k+1)T,\ k>k_1 \tag{7.41}$$

当 $\Re^*<1$[由不等式(7.38)给定]时，可知 $\beta_1 e^{-\eta\tau}A<\delta+\eta$。根据引理 7.2 和脉冲微分方程的比较定理(Lakshmikantham et al.，1989；Bainov and Sineonov，1993)，可知，存在正整数 $k_2>k_1$，使得对任意参数 B 有 $\limsup\limits_{t\to\infty}y(t)=0$ 成立。即：

$$\lim_{t\to\infty}S(t)\leqslant\lim_{t\to\infty}y(t)<B,\ t>k_2T \tag{7.42}$$

当 $t\to\infty$ 时，$\lim\limits_{t\to\infty}S(t)\to0$。

根据系统(7.30)的第一个方程和不等式(7.42)，可得：

$$I'(t)\geqslant\frac{\Lambda}{\eta}-(\beta_1B+\eta)\times I(t)$$

对于 $t>k_3\tau$ 和 $k>k_3$，考虑如下比较脉冲微分方程：

$$\begin{cases}z'(t)=\dfrac{\Lambda}{\eta}-(\beta_1B+\eta)z(t) & t\neq kT\\ z(t^+)=(1-\theta)z(t) & t=kT\end{cases}\tag{7.43}$$

利用引理7.1，可得系统(7.43)的周期解：

$$\widetilde{z_e}(t)=\hbar+(z^*-\hbar)e^{-(\beta_1B+\eta)(t-kT)},\ kT<t\leqslant(k+1)T$$

是全局渐近稳定的，其中：

$$\hbar=\frac{\Lambda}{\eta(\beta_1B+\eta)},\ z^*=\hbar\frac{(1-\theta)(1-e^{-(\beta_1B+\eta)T})}{1-(1-\theta)e^{-(\beta_1B+\eta)T}}$$

根据脉冲微分方程的比较定理(Lakshmikantham et al.，1989；Bainov and Sineonov，1993)，存在一个正整数 $k_4>k_3$，使得：

$$I(t)>\widetilde{z_e}(t)-\varepsilon_1,\ kT<t\leqslant(k+1)T,\ k>k_4\tag{7.44}$$

由式(7.40)和式(7.44)可知，存在任意小的 ε_2 使得：

$$\widetilde{I_e}(t)=\hbar-\hbar\frac{e^{-(\beta_1B+\eta)(t-kT)}}{1-(1-\theta)e^{-(\beta_1B+\eta)T}}-\varepsilon_2,\ kT<t\leqslant(k+1)T\tag{7.45}$$

由于 ε_1 和 ε_2 充分小，根据式(7.30)和式(7.31)可得：当 $t\to\infty$ 时，有 $I(t)\to I^*(t)$，所以 $I^*(t)$ 是全局吸引的。即：

$$\lim_{t\to\infty}I(t)=\tilde{I}(t)\tag{7.46}$$

根据定理7.3，易得如下推论：

推论7.1

(1)若 $\dfrac{\beta_1}{\delta+\eta}e^{-\eta\tau}\leqslant\dfrac{\eta}{\Lambda}$，则无不实信息周期解 $\left(\tilde{I}_e(t),\ 0,\ \dfrac{\Lambda}{\eta}-\tilde{I}_e(t),\ \dfrac{m_0}{\lambda}\right)$ 是全局吸引的。

(2)若 $\dfrac{\beta_1}{\delta+\eta}e^{-\eta\tau}>\dfrac{\eta}{\Lambda}$，且当 $\theta>\theta^*$ 或 $T<T^\circ$ 时，则无不实信息周期解

$\left(\tilde{I}_e(t),\ 0,\ \frac{\Lambda}{\eta}-\tilde{I}_e(t),\ \frac{m_0}{\lambda}\right)$是全局吸引的，其中 $\theta^*=\frac{[\Lambda\beta_1 e^{-\eta\tau}-\eta(\delta+\eta)]\cdot[1-e^{-\eta T}]}{\eta(\delta+\eta)e^{-\eta T}}$，$T^{\circ}=-\frac{1}{\eta}\ln\left[1+\frac{\theta}{\Lambda\beta_1 e^{-\eta\tau}-1-\theta}\right]$。

推论 7.2

（1）当 $\frac{\beta_1}{\delta+\eta}(1-e^{-\eta\tau})\leqslant\frac{\eta}{\Lambda}(1-(1-\theta)e^{-\eta\tau})$，则无不实信息周期解 $\left(\tilde{I}_e(t),\ 0,\ \frac{\Lambda}{\eta}-\tilde{I}_e(t),\ \frac{m_0}{\lambda}\right)$是全局吸引的。

（2）当 $\frac{\beta_1}{\delta+\eta}(1-e^{-\eta\tau})\leqslant\frac{\eta}{\Lambda}(1-(1-\theta)e^{-\eta\tau})$ 且 $\tau>\tau^*$ 时，无不实信息周期解 $\left(\tilde{I}_e(t),\ 0,\ \frac{\Lambda}{\eta}-\tilde{I}_e(t),\ \frac{m_0}{\lambda}\right)$是全局吸引的，其中 $\tau^*=\frac{1}{\eta}\ln\left[\frac{\Lambda}{\eta}\frac{\beta_1}{(\delta+\eta)}\frac{1-e^{-\eta T}}{1-(1-\theta)e^{-\eta T}}\right]$。

7.2.4 持久性

在这一节中，考虑当 t 足够大时，传播者 $S(t)$ 的规模仍然大于一个正常数，此时认为不实信息是持久的。

定理 7.4 若 $\Re_*>1$，则存在一个正常数 $l>0$，使得系统(7.30)的每一个正解 $(I(t),\ S(t),\ R(t),\ M(t))$ 当 t 足够大时，都满足 $S(t)\geqslant l$，

$$\Re_*=\frac{\Lambda}{\eta}\frac{\beta_1}{(\delta+\eta)}e^{-\eta\tau}\frac{(1-\theta)(1-e^{-\eta T})}{1-(1-\theta)e^{-\eta T}} \text{且 } S^*=\frac{1}{\beta_1}(\Re_*-1)$$

易得，当 $\Re_*>1$ 时，$S^*>0$。

证明：系统(7.30)的第二个方程可以改写为：

$$\begin{aligned}S'(t)&=\beta_1 e^{-\eta t}I(t)S(t)-\varepsilon S(t)(S(t)+R(t))-\delta S(t)-\eta S(t)-\\&\quad\beta_1 e^{-\eta t}(I(t)S(t)-I(t-\tau)S(t-\tau))\\&=S(t)(\beta_1 e^{-\eta t}-\varepsilon(1-I(t))-(\delta S+\eta))-\beta_1 e^{-\eta t}\int_{t-\tau}^{t}I(v)S(v)\end{aligned}\tag{7.47}$$

根据系统(7.30)的任意正解 $(I(t),\ S(t),\ R(t),\ M(t))$，定义如下 Lyapunou 函数：

$$V(t)=S(t)+\beta_1 e^{-\eta\tau}\int_{t-\tau}^{t} I(v)S(v)dv+\varepsilon\int_{0}^{t}(1-I(v))S(v)dv \quad (7.48)$$

根据式(7.47)和式(7.48)可得：

$$V'(t)=S(t)[\beta_1 e^{-\eta\tau}I(t)-(\delta+\eta)]=(\delta+\eta)\cdot S(t)\cdot\left[\frac{\beta_1 e^{-\eta\tau}}{(\delta+\eta)}I(t)-1\right] \quad (7.49)$$

由 $\Re_*>1$，可知存在足够小的$\partial>0$使得：

$$\frac{\beta_1 e^{-\eta\tau}}{(\delta+\eta)}\left(\frac{\Lambda}{\beta_1 S^*+\eta}\frac{(1-\theta)(1-e^{-(\beta_1 S^*+\eta)T})}{1-(1-\theta)e^{-(\beta_1 S^*+\eta)T}}-\partial\right)>1 \quad (7.50)$$

对任意 $t_0>0$，当 $t\geqslant t_0$ 时，$S(t)<S^*$，矛盾。若前述不成立，则对任一 $t_0>0$，当 $t\geqslant t_0$ 时，有 $S(t)<S^*$。根据系统(7.30)的第一个方程，对于 $t\geqslant t_0$，有

$$I'(t)>\Lambda-(\beta_1 S^*+\eta)I(t)$$

当 $t\geqslant t_0$ 时，考虑以下比较脉冲系统：

$$\begin{cases} w'(t)=\Lambda-(\beta_1 S^*+\eta)w(t) & t\neq kT \\ w(t^+)=(1-\theta)w(t) & t=kT \end{cases} \quad (7.51)$$

由引理 7.1，可知：

$$\widetilde{w_e}(t)=\frac{\Lambda}{\beta_1 S^*+\eta}+\left(w^*-\frac{\Lambda}{\beta_1 S^*+\eta}\right)e^{-(\beta_1 S^*+\eta)\cdot(t-kT)},\quad kT<t\leqslant(k+1)T$$

是方程(7.51)的唯一正周期解，且是全局渐近稳定的，其中：

$$w^*=\frac{\Lambda}{\beta_1 S^*+\eta}\cdot\frac{(1-\theta)(1-e^{-(\beta_1 S^*+\eta)T})}{1-(1-\theta)e^{-(\beta_1 S^*+\eta)T}}$$

根据脉冲微分方程的比较定理(Lakshmikantham et al.，1989；Bainov and Sineonov，1993)，可知，存在 $t_1(\geqslant t_0+\tau)$ 使得当 $t\geqslant t_1$ 时下述不等式成立：

$$I(t)>\widetilde{w_e}(t)-\partial$$

因此：

$$I(t)>w^*-\partial \stackrel{\triangle}{=}\sigma \text{ for } t\geqslant t_1 \quad (7.52)$$

由式(7.50)可知$\dfrac{\beta_1 e^{-\eta\tau}}{\eta+\delta}\sigma>1$。根据式(7.49)和式(7.52)，可推断出：

$$w'(t)>(\eta+\delta)\cdot S(t)\cdot\left(\frac{\beta_1 e^{-\eta\tau}}{\eta+\delta}\sigma-1\right)\text{ for }t\geqslant t_1 \tag{7.53}$$

令 $S_l=\min\limits_{t\in[t_1,t_1+\tau]}S(t)$。

对任意 $t\geqslant t_1$，则 $S(t)\geqslant S_l$，与假设矛盾。因此，存在 $T_0\geqslant 0$，使得当 $t_1\leqslant t\leqslant t_1+\tau+T_0$ 时，$S(t)\geqslant S_l$，且 $S(t_1+\tau+T_0)=S_l$，$S'(t_1+\tau+T_0)\leqslant 0$。由系统(7.30)和系统(7.52)的第二个方程可得：

$$S'(t_1+\tau+T_0)\geqslant(\beta_1 e^{-\eta\tau}I(t_1+T)-(\eta+\delta))S_l>$$

$$(\eta+\delta)(\eta+\delta)\cdot\left(\frac{\beta_1 e^{-\eta\tau}}{\eta+\delta}\sigma-1\right)\cdot S_l>0$$

显然与上文中 $S'(t_1+\tau+T_0)\leqslant 0$ 相矛盾。因此，对任意 $t\geqslant t_1$，$S(t)\geqslant S_l$。因此，根据不等式(7.53)导出对任意的 $t\geqslant t_1$，有：

$$w'(t)>(\eta+\delta)\cdot\left(\frac{\beta_1 e^{-\eta\tau}}{\eta+\delta}\sigma-1\right)\cdot S_l$$

由于 $w(t)$是连续的，且不可导点至多可数，即当 $t\to\infty$ 时，$w(t)\to\infty$，这与 $w(t)$的有界性矛盾，断言得证。

考虑以下两种情况。第一种情况：当 t 足够大时，$S(t)\geqslant S^*$。此外，当 t 足够大时，$S(t)$围绕 S^*震荡。令：

$$q=\min\left\{\frac{S^*}{2},\ q_1\right\},\quad q_1=S^*e^{-(\eta+\delta)\tau}$$

接下来致力于证明当 t 足够大时，$S(t)\geqslant q$。显然第一种情况成立。对于第二种情况，令 $t^*>0$ 且 $\xi>0$ 满足

$$S(t^*)=S(t^*+\xi)=S^*$$

当 $t^*<t<t^*+\xi$ 时，$S(t)<S^*$。

其中，当 t^* 足够大，则

$$I(t)>\sigma\ for\ t^*<t<t^*+\xi$$

由于系统(7.30)的正解有界，且 $S(t)$不受脉冲影响，所以 $S(t)$是一致连续的，因此，存在一个独立于 t^* 的 $T(0<T<\tau)$使得对任意 $t^*\leqslant t\leqslant t^*+T$ 有 $S(t)>\frac{S^*}{2}$。如果 $\xi\leqslant T$，无须证明。考虑当 $T<\xi\leqslant\tau$ 时，由于 $S'>-(\eta+\delta)S(t)$和$S(t^*)=S^*$，显然，对于 $t^*\leqslant t\leqslant t^*+\xi$ 有 $S(t)\geqslant q_1$。如果 $\xi>\tau$，由

系统(7.30)的第二个方程可知，对 $t\in[t^*, t^*+\tau]$ 有 $S(t)\geqslant q_1$。与上述结论一致，即对 $t\in[t^*+\tau, t^*+\xi]$ 有 $S(t)\geqslant q_1$。由于区间 $[t^*, t^*+\xi]$ 是任意选择的(只需要 t^* 足够大)，可得对任意大的 t 都有 $S(t)\geqslant q$。鉴于上述讨论，q 的选择与正解无关，并且证明了系统(7.30)的任意正解都满足对足够大的 t，$S(t)\geqslant q_1$ 成立。得证。

由定理 7.4 可知，无论 τ 较大还是 θ 较小，都满足 $\Re_*>1$，则不实信息是一直持续的。

定理 7.5　如果 $\Re_*>1$，则系统(7.30)是持久的。

证明：令 $(I(t), S(t), R(t), M(t))$ 为系统(7.30)的任意解，由系统(7.30)的第一个方程可得：

$$I'(t)\geqslant\Lambda-\left(\frac{\beta\Lambda}{\eta}+\eta\right)I(t)$$

通过使用与定理 7.1 的证明类似的方法，可得：

$$\lim_{t\to\infty}I(t)\geqslant p \tag{7.54}$$

其中，$p=\dfrac{\Lambda\eta}{\beta\Lambda+\eta^2}\cdot\dfrac{(1-\theta)\left(1-e^{-\left(\frac{\beta\Lambda}{\eta}+\eta\right)T}\right)}{1-(1-\theta)e^{-\left(\frac{\beta\Lambda}{\eta}+\eta\right)T}}-\zeta$。

根据定理 7.4，系统(7.30)的第三个方程可化为：

$$R'(t)\geqslant\zeta q(1-p)+\delta q-\eta R(t)\geqslant\delta q-\eta R(t)$$

易得：

$$\lim_{t\to\infty}R(t)\geqslant\chi \tag{7.55}$$

其中，$\chi=\dfrac{\delta q}{\eta}-\zeta$。

定义 $\Omega_0=\left\{(I, S, R, M)\,\middle|\,p\leqslant I,\ q\leqslant S,\ \chi\leqslant R,\ 0\leqslant I+S+R\leqslant\dfrac{\Lambda}{\eta},\ M\leqslant\dfrac{m_0}{\lambda}\right\}$。

通过定理 7.4 和上面的讨论，可知集合 Ω_0 是 Ω 中一个全局吸引子，且系统(7.30)的每一个具有初始条件(7.31)的解最终进入并保持在区域 Ω_0 内。因此，系统(7.30)是持久的。得证。

令：

$$\theta_*=1-\frac{1}{\dfrac{\Lambda}{\eta}\dfrac{\beta_1}{(\eta+\delta)}e^{-\eta\tau}+e^{-\eta T}},\quad \tau_*=\frac{1}{\eta}\ln\left[\frac{\Lambda}{\eta}\frac{\beta_1}{(\delta+\eta)}\frac{(1-\theta)\cdot(1-e^{-\eta T})}{1-(1-\theta)e^{-\eta T}}\right]$$

$$T_* = -\frac{1}{\eta}\ln\left[1-\frac{\theta}{\left(\frac{\Lambda}{\eta}\frac{\beta_1}{(\eta+\delta)}e^{-\eta\tau}-1\right)(1-\theta)}\right]$$

根据定理 7.5，易得以下推论：

推论 7.3 若 $\Lambda\beta e^{-\eta T}>\eta(\delta+\eta)$ 且 $\tau>\tau_*$，则系统(7.30)是持久的。

推论 7.4 若 $\theta<\theta_*$，则系统(7.30)是持久的。

7.2.5 最优控制

不实信息的传播不仅诱发情绪上的波动，也会带来经济上的损失。因此，本节结合时滞传播系统中的媒体报道，对不实信息无知者采用定时脉冲接种的方法，并以不实信息传播期间的接种成本和传播者人数为性能指标，优化脉冲接种的次数和时间。基于此，本节给出了以下时滞脉冲微分系统的最优控制问题。

将脉冲接种项 $\theta I(t)$ 定义为系统(7.30)的控制项，并记为 $u_k=\theta I(t)$，即 u_k 表示无知者群体的第 k 次脉冲的接种数量，容许控制集如下：

$$\Omega=\{u_k \mid 0\leqslant u_k\leqslant I(t),\ kT<t<(k+1)T,\ k=1,2,3,\cdots,N-1\} \tag{7.56}$$

其中，$N-1$ 表示脉冲接种次数，则系统(7.30)可改写为：

$$\begin{cases}\left.\begin{array}{l}I'(t)=\Lambda-\left(\beta_1-\beta_2\dfrac{M(t)}{\alpha+M(t)}\right)I(t)S(t)-\eta I(t)\\ S'(t)=\left(\beta_1-\beta_2\dfrac{M(t)}{\alpha+M(t)}\right)e^{-\eta\tau}I(t-\tau)S(t-\tau)-\\ \varepsilon S(t)(S(t)+R(t))-(\delta+\eta)S(t)\\ R'(t)=\varepsilon S(t)(S(t)+R(t))+\delta S(t)-\eta R(t)\\ M'(t)=m_0+\omega S(t)-\lambda M(t)\end{array}\right\}t\neq kT,\ k\in Z_+\\ \left.\begin{array}{l}I(t^+)=(1-\theta)I(t)=I(t)-u_k\\ S(t^+)=S(t)\\ R(t^+)=R(t)+u_k\\ M(t^+)=M(t)\end{array}\right\}t=kT\end{cases} \tag{7.57}$$

不实信息控制的目的不仅是减少不实信息传播者的数量，而且旨在将整个不实信息传播期间的不实信息控制成本降到最低。因此，在本节中，目标函数是通过对脉冲接种项 u_k 和接种时间 kT 的控制，使传播者数量 S 和花费的成本最小化。考虑到控制成本或控制及时性等限制，可能只有一个控制机会，为此，本节分别分析了单次脉冲和多次脉冲接种的最优条件。

单次脉冲接种时的目标函数：

$$J = \frac{\pi}{2}u^2 + \int_{t_0}^{t_f} S(t)\,dt \tag{7.58}$$

多次脉冲接种时的目标函数：

$$J = \sum_{i=1}^{N-1} \frac{\pi}{2}u_i^2 + \int_{t_0}^{t_f} S(t)\,dt \tag{7.59}$$

其中：π 为正常数，衡量接种耗费的平衡系数。

7.2.5.1 一次最优脉冲分析

为便于分析，记 $x=(I,\ S,\ R,\ M)^T$。根据庞特里亚金极小值原理（Verriest et al., 2004；Pontryagin et al., 1986, 1962），系统(7.57)的最优控制问题即求解相应的连续型哈密尔顿函数和脉冲型哈密尔顿函数的最小值问题。在单次脉冲接种的情况下，系统(7.57)的连续型哈密尔顿函数和脉冲型哈密尔顿函数以及对应的目标函数(7.58)分别如下：

$$H = S(t) + \sum_{i=1}^{4} a_i(f_i + g_i(x_\tau)) \tag{7.60}$$

$$M = \frac{\pi}{2}u^2 + \sum_{i=1}^{4} \varphi_i h_i \tag{7.61}$$

其中：$f_i+g_i(x_\tau)$，$(i=1,\ 2,\ 3,\ 4)$ 为系统(7.57)在 $t\neq kT$ 时的第 i 个方程的右端，h_i，$(i=1,\ 2,\ 3,\ 4)$ 为系统(7.57)在 $t=kT$ 时的第 i 个方程的右端。

定理 7.6 若系统(7.57)在单次脉冲接种的情况下存在最优控制 u^* 和 T^* 及相应的最优状态$(I^*,\ S^*,\ R^*,\ M^*)$，使得系统(7.57)有：

$$J(u^*,\ T^*) = \min J(u,\ T) \tag{7.62}$$

则存在伴随函数 $a(t)=(a_1(t),\ a_2(t),\ a_3(t),\ a_4(t))^T$ 满足：

当 $t\in[T,\ t_f]$ 时，

$$a_1'(t)=\left(\left(\beta_1-\beta_2\frac{M^*}{\alpha+M^*}\right)S^*-\eta\right)a_1(t)+\left(\left(\beta_1-\beta_2\frac{M^*}{\alpha+M^*}\right)I^*a_2(t)+\frac{\alpha\beta_2I^*S^*}{(\alpha+M^*)^2}\right)a_4(t)\tag{7.63}$$

$$a_2'(t)=(-\varepsilon(2S^*+R^*)-(\delta+\eta))a_2(t)-\varepsilon S^*a_3(t)+\left(\beta_1-\beta_2\frac{M^*}{\alpha+M^*}\right)e^{-\eta\tau}S^*a_1(t+\tau)+\left(\beta_1-\beta_2\frac{M^*}{\alpha+M^*}\right)e^{-\eta\tau}I^*a_2(t+\tau)\tag{7.64}$$

$$a_3'(t)=(\varepsilon(2S^*+R^*)+\delta)a_2(t)+(\varepsilon S^*-\eta)a_3(t)\tag{7.65}$$

$$a_4'(t)=\omega a_2(t)-\lambda a_4(t)\tag{7.66}$$

当 $t\in[t_f,\ t_f+\tau]$ 时，$a(t)=0$。

同时有：

$$\frac{\partial J}{\partial u^*}=\frac{\partial M}{\partial u^*}=\pi u^*+\varphi^T\begin{bmatrix}-1\\0\\1\\0\end{bmatrix}=0\tag{7.67}$$

$$a^T(T)\eta\begin{bmatrix}-1\\0\\1\\0\end{bmatrix}+a(T+\tau)\left(\beta_1-\beta_2\frac{M(t)}{\alpha+M(t)}\right)e^{-\eta\tau}S(T)\begin{bmatrix}0\\1\\0\\0\end{bmatrix}-\frac{\partial\varphi_1}{\partial T^*}+\frac{\partial\varphi_3}{\partial T^*}=0\tag{7.68}$$

证明：对应系统(7.57)有

$$f(x)=\begin{pmatrix}\Lambda-\left(\beta_1-\beta_2\frac{M(t)}{\alpha+M(t)}\right)I(t)S(t)-\eta I(t)-\\ \varepsilon S(t)(S(t)+R(t))-(\delta+\eta)S(t)\\ \varepsilon S(t)(S(t)+R(t))+\delta S(t)-\eta R(t)\\ m_0+\omega S(t)-\lambda M(t)\end{pmatrix}\tag{7.69}$$

$$\frac{\partial f}{\partial x}=\begin{pmatrix}\left(\beta_1-\beta_2\dfrac{M}{\alpha+M}\right)S-\eta & \left(\beta_1-\beta_2\dfrac{M}{\alpha+M}\right)I & 0 & \dfrac{\alpha\beta_2 IS}{(\alpha+M)^2}\\ 0 & -\varepsilon(2S+R)-(\delta+\eta) & -\varepsilon S & 0\\ 0 & \varepsilon(2S+R)+\delta & \varepsilon S-\eta & 0\\ 0 & \omega & 0 & -\lambda\end{pmatrix}$$

(7.70)

$$g(x_\tau)=\begin{bmatrix}0\\ \left(\beta_1-\beta_2\dfrac{M(t)}{\alpha+M(t)}\right)e^{-\eta\tau}I(t-\tau)S(t-\tau)\\ 0\\ 0\end{bmatrix} \tag{7.71}$$

$$\frac{\partial g(x_\tau)}{\partial x}=\begin{bmatrix}0 & 0 & 0 & 0\\ \left(\beta_1-\beta_2\dfrac{M}{\alpha+M}\right)e^{-\eta\tau}S & \left(\beta_1-\beta_2\dfrac{M}{\alpha+M}\right)e^{-\eta\tau}I & 0 & 0\\ 0 & 0 & 0 & 0\\ 0 & 0 & 0 & 0\end{bmatrix} \tag{7.72}$$

$$h(x)=\begin{bmatrix}-u\\ 0\\ u\\ 0\end{bmatrix} \tag{7.73}$$

设 u^* 是系统(7.57)的最优脉冲接种次数。由于此时只考虑一次脉冲接种，所以设该模型的最优脉冲接种时间为 T^*，与最优控制对应的最优状态量分别为 $I^*(t)$，$S^*(t)$，$R^*(t)$，$M^*(t)$。根据系统(7.57)和相应的目标函数(7.58)建立连续型哈密尔顿函数和脉冲型哈密尔顿函数为：

$$\begin{aligned}H=&S(t)+a_1\left(\Lambda-\left(\beta_1-\beta_2\frac{M(t)}{\alpha+M(t)}\right)I(t)S(t)-\eta I(t)\right)+\\ &a_2\begin{pmatrix}\left(\beta_1-\beta_2\dfrac{M(t)}{\alpha+M(t)}\right)e^{-\eta\tau}I(t-\tau)S(t-\tau)\\ -\varepsilon S(t)(S(t)+R(t))-(\delta+\eta)S(t)\end{pmatrix}+\\ &a_3(\varepsilon S(t)(S(t)+R(t))+\delta S(t)-\eta R(t))+\\ &a_4(m_0+\omega S(t)-\lambda M(t))\end{aligned} \tag{7.74}$$

$$M=\frac{\pi}{2}u^2-\varphi_1 u_1+\varphi_3 u_3 \tag{7.75}$$

根据最优性条件得：

$$\frac{\partial J}{\partial u^*}=\frac{\partial M}{\partial u^*}=\pi u^*+\varphi^T\begin{bmatrix}-1\\0\\1\\0\end{bmatrix}=0 \tag{7.76}$$

$$\frac{\partial J}{\partial T^*}=H(T^-)-H(T^+)+\frac{\partial M}{\partial T^*}+a(T+\tau)[g(x(T^+))-g(x(T^-))]=0$$

整理得：

$$a^T(T)\eta u\begin{bmatrix}-1\\0\\1\\0\end{bmatrix}+a(T+\tau)\left(\beta_1-\beta_2\frac{M(t)}{\alpha+M(t)}\right)e^{-\eta\tau}uS(T)\begin{bmatrix}0\\1\\0\\0\end{bmatrix}-\frac{\partial\varphi_1}{\partial T^*}u+\frac{\partial\varphi_3}{\partial T^*}u=0 \tag{7.77}$$

由于 $u>0$，则上式等价于：

$$a^T(T)\eta\begin{bmatrix}-1\\0\\1\\0\end{bmatrix}+a(T+\tau)\left(\beta_1-\beta_2\frac{M(t)}{\alpha+M(t)}\right)e^{-\eta\tau}S(T)\begin{bmatrix}0\\1\\0\\0\end{bmatrix}-\frac{\partial\varphi_1}{\partial T^*}+\frac{\partial\varphi_3}{\partial T^*}=0 \tag{7.78}$$

根据伴随方程得：当 $t\in[T,\ t_f]$ 时，

$$a'(t)=-\left(\frac{\partial L}{\partial x}\right)^T-\left(\frac{\partial f}{\partial x}\right)a-\left(\frac{\partial L}{\partial x}\right)a_\tau^T$$

$$=-\begin{bmatrix}0\\1\\0\\0\end{bmatrix}-\begin{bmatrix}\left(\beta_1-\beta_2\frac{M}{\alpha+M}\right)S-\eta & \left(\beta_1-\beta_2\frac{M}{\alpha+M}\right)I & 0 & \frac{\alpha\beta_2 IS}{(\alpha+M)^2}\\ 0 & -\varepsilon(2S+R)-(\delta+\eta) & -\varepsilon S & 0\\ 0 & \varepsilon(2S+R)+\delta & \varepsilon S-\eta & 0\\ 0 & \omega & 0 & -\lambda\end{bmatrix}\begin{bmatrix}a_1(t)\\a_2(t)\\a_3(t)\\a_4(t)\end{bmatrix}$$

$$-\begin{bmatrix} 0 & 0 & 0 & 0 \\ \left(\beta_1-\beta_2\dfrac{M}{\alpha+M}\right)e^{-\eta\tau}S & \left(\beta_1-\beta_2\dfrac{M}{\alpha+M}\right)e^{-\eta\tau}I & 0 & 0 \\ 0 & 0 & 0 & 0 \\ 0 & 0 & 0 & 0 \end{bmatrix}\begin{bmatrix} a_1(t+\tau) \\ a_2(t+\tau) \\ a_3(t+\tau) \\ a_4(t+\tau) \end{bmatrix} \tag{7.79}$$

即：当 $t\in[T,\ t_f]$ 时，

$$a_1'=\left(\left(\beta_1-\beta_2\frac{M^*}{\alpha+M^*}\right)S^*-\eta\right)a_1(t)+$$

$$\left(\beta_1-\beta_2\frac{M^*}{\alpha+M^*}\right)I^*a_2(t)+\frac{\alpha\beta_2I^*S^*}{(\alpha+M^*)^2}a_4(t) \tag{7.80}$$

$$a_2'=(-\varepsilon(2S^*+R^*)-(\delta+\eta))a_2(t)-\varepsilon S^*a_3(t)+$$

$$\left(\beta_1-\beta_2\frac{M^*}{\alpha+M^*}\right)e^{-\eta\tau}S^*a_1(t+\tau)+\left(\beta_1-\beta_2\frac{M^*}{\alpha+M^*}\right)e^{-\eta\tau}I^*a_2(t+\tau) \tag{7.81}$$

$$a_3'(t)=(\varepsilon(2S^*+R^*)+\delta)a_2(t)+(\varepsilon S^*-\eta)a_3(t) \tag{7.82}$$

$$a_4'(t)=\omega a_2(t)-\lambda a_4(t) \tag{7.83}$$

当 $t\in[t_f,\ t_f+\tau]$ 时，

$$a(t)=0 \tag{7.84}$$

根据横截条件得：

$$a_1(T^-)=a_2(T^+)+\left(\frac{\partial M}{\partial x}\right)^T \tag{7.85}$$

由于 $\dfrac{\partial M}{\partial x}=0$，则：

$$a_1(T^-)=a_2(T^+) \tag{7.86}$$

表明协态变量 $a(t)$ 是连续的。

代入最优性条件(7.76)得：

$$\frac{\partial J}{\partial u^*}=\frac{\partial M}{\partial u^*}=\pi u^*+\varphi^T\begin{bmatrix} -1 \\ 0 \\ 1 \\ 0 \end{bmatrix}=0 \tag{7.87}$$

$$a^T(T)\eta\begin{bmatrix}-1\\0\\1\\0\end{bmatrix}+a(T+\tau)\left(\beta_1-\beta_2\frac{M(t)}{\alpha+M(t)}\right)e^{-\eta\tau}S(T)\begin{bmatrix}0\\1\\0\\0\end{bmatrix}-\frac{\partial a_1}{\partial T^*}+\frac{\partial a_3}{\partial T^*}=0 \tag{7.88}$$

得证。

7.2.5.2 多次最优脉冲分析

在多脉冲接种的情况下，系统(7.57)相应的连续型哈密尔顿函数和脉冲型哈密尔顿函数以及对应的目标函数(7.59)分别为：

$$H=S(t)+\sum_{i=1}^{4}a_i(f_i+g_i(x_\tau)) \tag{7.89}$$

$$M=\sum_{i=1}^{N-1}\frac{\pi}{2}u_i^2+\sum_{i=1}^{4}\varphi_i h_i \tag{7.90}$$

其中，$f_i+g_i(x_\tau)$，$(i=1, 2, 3, 4)$为系统(7.57)在 $t\neq kT$ 时的第 i 个方程的右端；h_i，$(i=1, 2, 3, 4)$为系统(7.57)在 $t=kT$ 时的第 i 个方程的右端。

类似于定理 7.6 的证明，可以得到如下结果：

定理 7.7 多次脉冲接种下系统(7.57)的最优控制的必要条件为：

$$\frac{\partial J}{\partial u_k}=\frac{\partial M_k}{\partial u_k}=\pi u_k^*+\varphi^T(T_k)\begin{bmatrix}-1\\0\\1\\0\end{bmatrix}=0 \tag{7.91}$$

$$\frac{\partial J}{\partial T_k^*}=a_k^T(T_k^*)\eta\begin{bmatrix}-1\\0\\1\\0\end{bmatrix}-\frac{\partial a_{k1}}{\partial T_k^*}+\frac{\partial a_{k3}}{\partial T_k^*}+a_k^T(T+\tau)\left(\beta_1-\beta_2\frac{M(t)}{\alpha+M(t)}\right)e^{-\eta\tau}S(T)\begin{bmatrix}0\\1\\0\\0\end{bmatrix}=0 \tag{7.92}$$

7.2.6 数值模拟

本节通过给出一些仿真例子来证明定理 7.3 和定理 7.4。为了探讨脉冲比例、脉冲周期和时滞对最终不实信息规模大小的影响，本节通过设置不同的参数来进行探究。

7.2.6.1　阈值的敏感性分析

本节分析阈值 $\mathfrak{R}^*$ 和 $\mathfrak{R}_*$ 关于脉冲比例 θ、周期 T 和时滞 τ 的敏感性。相关参数设置如表 7.2 所示。

表 7.2　相关参数值设置

参数	方案 1	方案 2
Λ	0.001	0.5
λ	2	5
α	0.5	0.6
δ	0.1	0.1
η	0.001	0.05
ω	5	0.5
m_0	0.1	0.05
ε	0.05	0.5
β_1	0.133	0.8
β_2	0.133	0.8

图 7.8(*a*)中的参数采用方案 1，从图中可以看出，该种情况下，阈值 $\mathfrak{R}^*$ 都小于 1。图 7.8(b)中的参数采用方案 2，从图中可以看出，该种情况下，阈值 $\mathfrak{R}_*$ 都大于 1。结合图 7.8(a)和图 7.8(b)，可以看出无论不实信息是全局吸引还是持久存在，阈值 $\mathfrak{R}^*$ 和 $\mathfrak{R}_*$ 都是随着周期 T 的增加而增加的。相反，增加脉冲接种比例 θ 或时滞 τ 则使得阈值 $\mathfrak{R}^*$ 和 $\mathfrak{R}_*$ 减小。换言之，增大脉冲比或时滞可以迅速降低阈值，进而遏制不实信息的传播，达到控制不实信息的目的。相反，增加周期 T 可以有效提高阈值，即脉冲周期越大，越利于促进不实信息传播，增大不实信息控制的难度。在应急管理中，定期进行科普教育或信息发布的周期越长，越不利于不实信息的控制，不实信息规模越大。因此，为了降低不实信息的危害，脉冲周期应适当缩短。

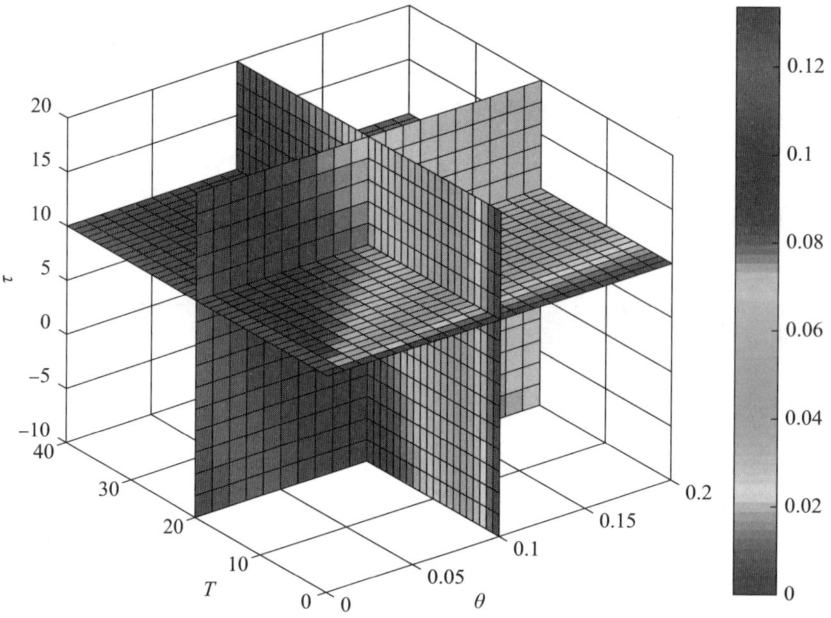

（a） θ，T，τ 对阈值 $\Re^*$ 的影响

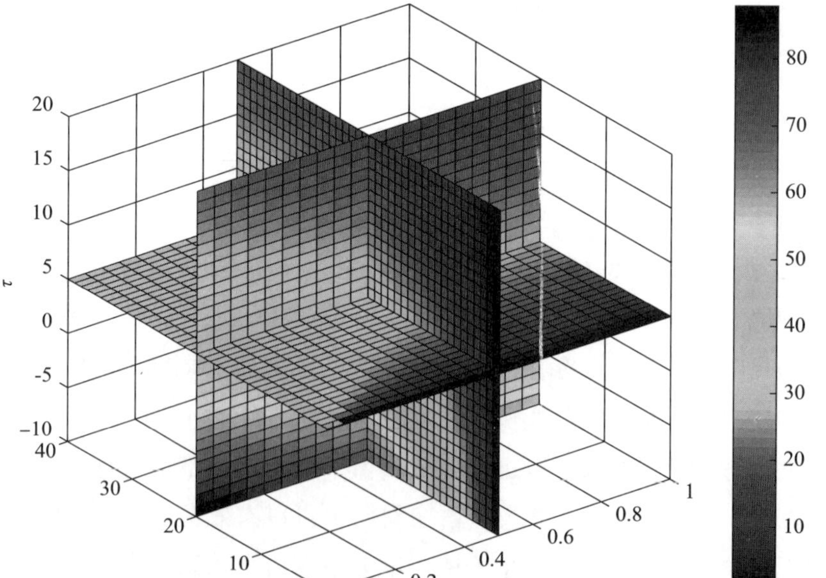

（b） θ，T，τ 对阈值 $\Re_*$ 的影响

图 7.8　脉冲比例 θ、脉冲周期 T 与时滞 τ 对于阈值 $\Re^*$ 和 $\Re_*$ 的影响

7.2.6.2　脉冲比例对系统的影响

初始值设置为 $I(0)=0.97$，$S(0)=0.02$，$R(0)=0.01$，$M(0)=0.1$。如果采用方案1，取 $T=2$，$\tau=1$，θ 分别取0.1(见图7.9中实线)和0.5(见图7.9中虚线)，则 $\mathfrak{R}^*<1$。从图7.9中可以看出，系统(7.30)的无不实信息周期解$(I^*(t), 0, R^*(t))$是全局渐近稳定的。该种情况下，不实信息传播者的最终规模趋于零，即不实信息被控制并最终消亡。如果采用方案2，脉冲周期 $T=2$，时滞 $\tau=1$，脉冲接种比例取 $\theta=0.1$ 或 $\theta=0.5$，则 $\mathfrak{R}_*>1$。从图7.10中可以看出，系统(7.30)是持久的，经过一系列的变化，不实信息传播者最终稳定在一个正的常数。

图7.10中的虚线和实线比较了三种类群在不同脉冲比例 θ 下的演化趋势。随着脉冲比例的增加，传播者的峰值将显著降低，不实信息将被限制在一定范围内。因此，增大脉冲接种比例 θ 可以有效控制不实信息。换言之，加大科普力度，提高每一次科普教育的实效性，可以大大减缓不实信息的传播速度。因此，官方应在日常慎重对待科普教育，切实提高公众素质，最终在突发事件发生后减小不实信息的规模。

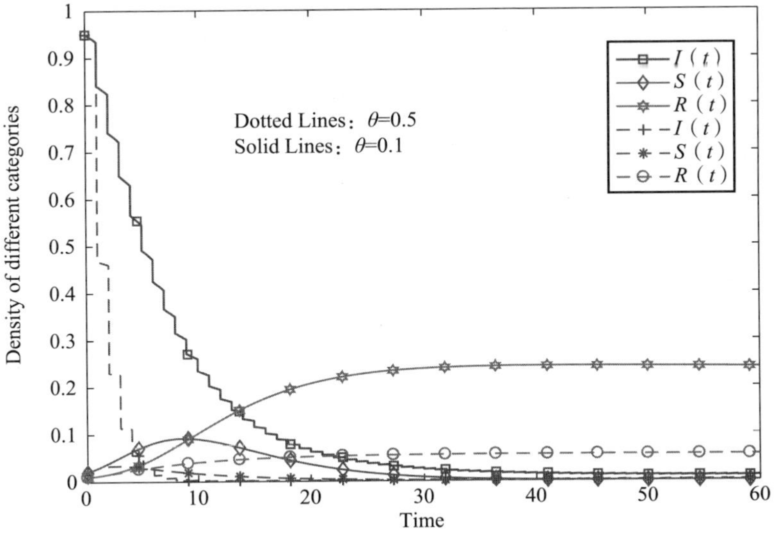

图7.9　当 $\mathfrak{R}^*<1$ 时，无不实信息平衡点是全局吸引的

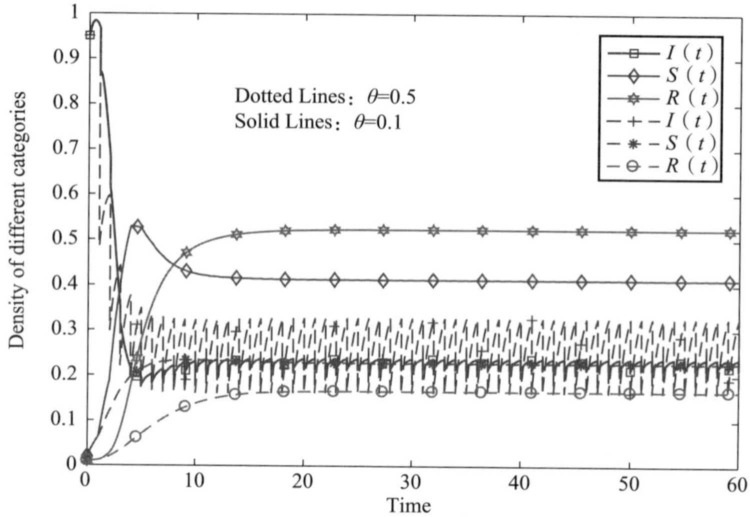

图 7.10　当 $\Re_*>1$ 时，系统(7.30)是持久的

7.2.6.3　脉冲周期对系统的影响

设时滞 $\tau=1$，脉冲接种比例 $\theta=0.01$，脉冲周期 T 分别取 2(见图 7.11 中实线)和 4(见图 7.11 中虚线)，其他参数设置如表 7.2 方案 1 所示，则阈值 $\Re^*<1$。系统(7.30)中不同类别个体的演化趋势如图 7.11 所示，传播者规模最终趋于 0，即不实信息最终得到控制并消失。

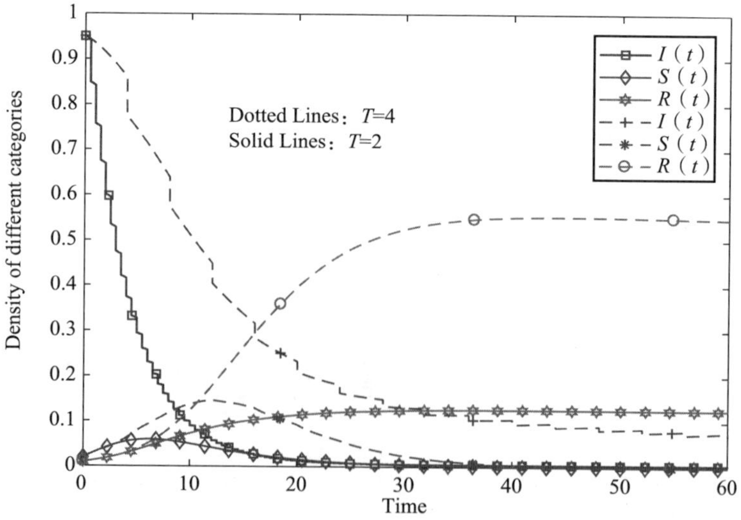

图 7.11　当 $\Re^*<1$ 时，无不实信息均衡点是全局吸引的

对于方案 2，取时滞 $\tau=1$，脉冲接种比例 $\theta=0.5$，脉冲周期 T 分别取 2 和 4，则阈值满足 $\Re_*>1$，系统(7.30)是持久的。从图 7.12 中可以看出，无知者的数量逐渐减少，传播者先增加后减少，最后趋于稳定。

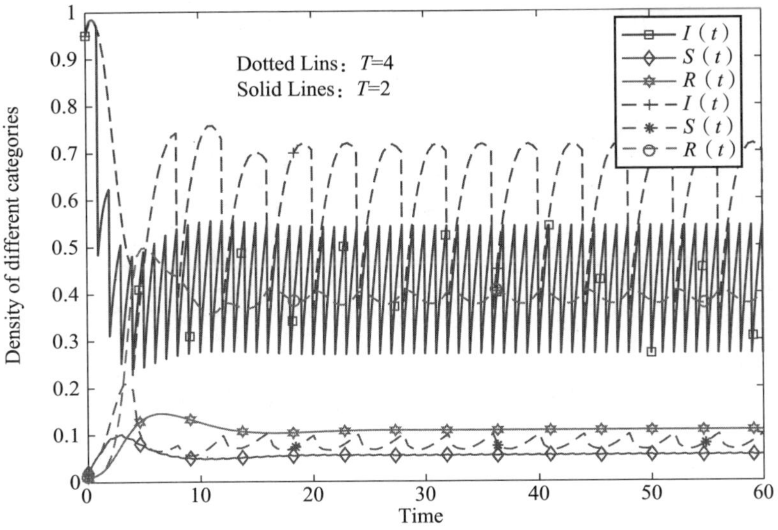

图 7.12　当 $\Re_*>1$ 时，系统(7.30)是持久的

图 7.12 中的虚线和实线比较了三种类群在不同脉冲周期 T 下的演化趋势。可以看出，增加脉冲周期 T 可以显著增加传播者的峰值，延长不实信息的消亡时间，扩大不实信息传播的规模。同时发现，当模型中的脉冲周期 T 减小时，更多的无知者将会识破不实信息，转变为移出者。因此，应该缩短科普教育的时间间隔来控制不实信息。

7.2.6.4　时滞对系统的影响

令周期 $T=1$，脉冲接种比例 $\theta=0.01$，其他参数设置遵循表 7.2 中的方案 1，时滞 τ 分别取 0.1(见图 7.13 中实线)和 10(见图 7.13 中虚线)，对应于 $\Re^*<1$。由图 7.13 可知，当 $\Re^*<1$ 时，系统具有全局吸引性且不实信息消失。

如果采用表 7.2 中的方案 2 且设置相同的参数，则 $\Re^*>1$。图 7.14 表明，该种情况下，系统是持久的，不实信息传播者稳定于非零常数，即不实信息在系统中爆发，这可能会引起大面积的恐慌。

图 7.14 中虚线和实线比较了无知者 I、传播者 S、移出者 R 等三类群体

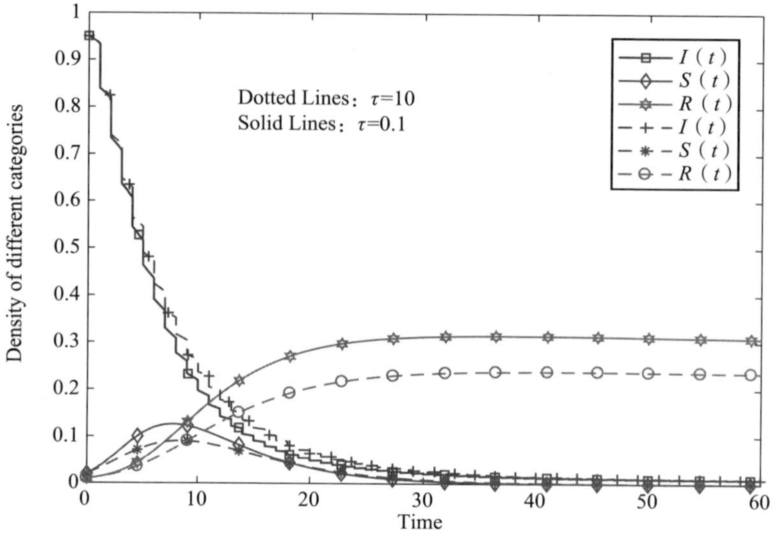

图 7.13　当 $\Re^*<1$ 时，无不实信息均衡点是全局吸引的

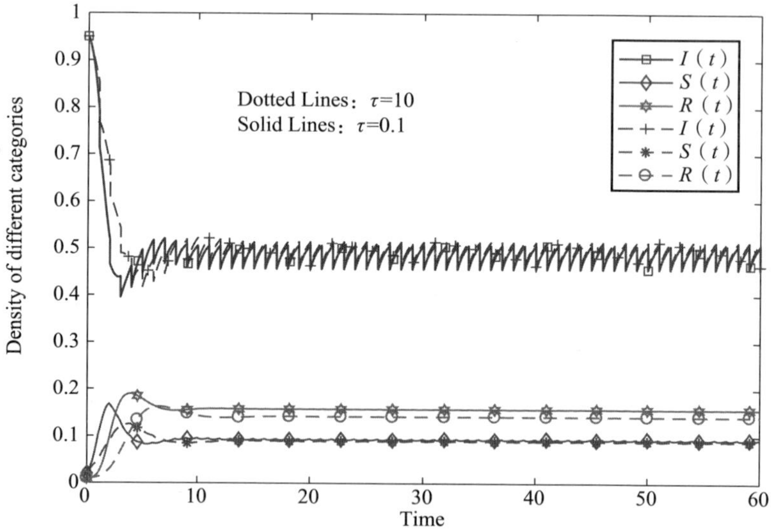

图 7.14　当 $\Re_*>1$ 时，系统是持久的

在不同时滞影响下的演化趋势。从图 7.14 中可以看出，延长时滞在一定程度上可以降低传播者的峰值和不实信息规模。因此，在不实信息控制的过程中，我们可以通过日常的劝诫和提醒，倡导公众认真识别信息，三思而后行，延长人们对信息的判断时间，提高辨别能力，从而降低不实信息的负面影响。

7.2.6.5　最优脉冲免疫控制比较

参数设置采用表 7.2 中的方案 1，脉冲接种比例 θ 设定为 0.1。为了简单起见，本节只考虑在没有时滞的情况下脉冲接种的情况，即 $\tau=0$。

根据系统(7.30)，当系统趋于稳定时，无知者、传播者和移出者之和即系统的总数。本节重点模拟这三种状态下节点的时间演化。

图 7.15(a)和图 7.15(b)分别刻画了无脉冲最优控制和单次脉冲最优控制下无知者、传播者和移出者的图像轨迹。比较可知，无脉冲最优控制系统的稳定时刻为 $t=46$，而单次脉冲最优控制系统的稳定时刻为 $t=37$。可以看出，脉冲最优控制可以在短时间内降低无知者的比例，增加移出者的密度，从而不实信息可以在短时间内得到有效控制，系统可以快速达到稳定。

图 7.15(c)和图 7.15(d)分别显示了脉冲系统中无知者、传播者和移出者在两次和三次最优脉冲接种下的图像轨迹。比较可知，在两次最优控制下，系统于时刻 $t=33$ 趋于稳定，但在三次最优控制下，系统于时刻 $t=24$ 趋于稳定。因此，脉冲接种次数对不实信息传播具有积极作用，选择合适的脉冲接种时机是一个值得进一步研究的问题。

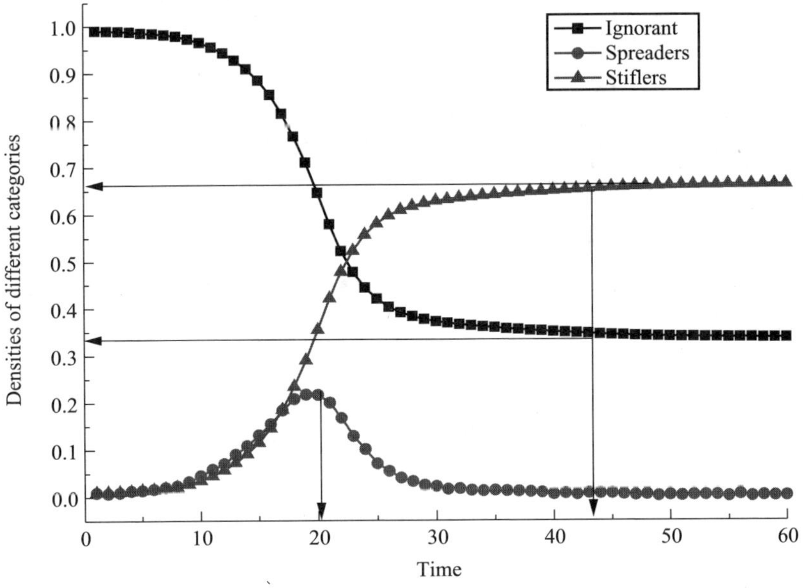

（a）　无最优脉冲接种的轨迹

图 7.15　不同最优脉冲次数下无知者与移出者的传播演化趋势

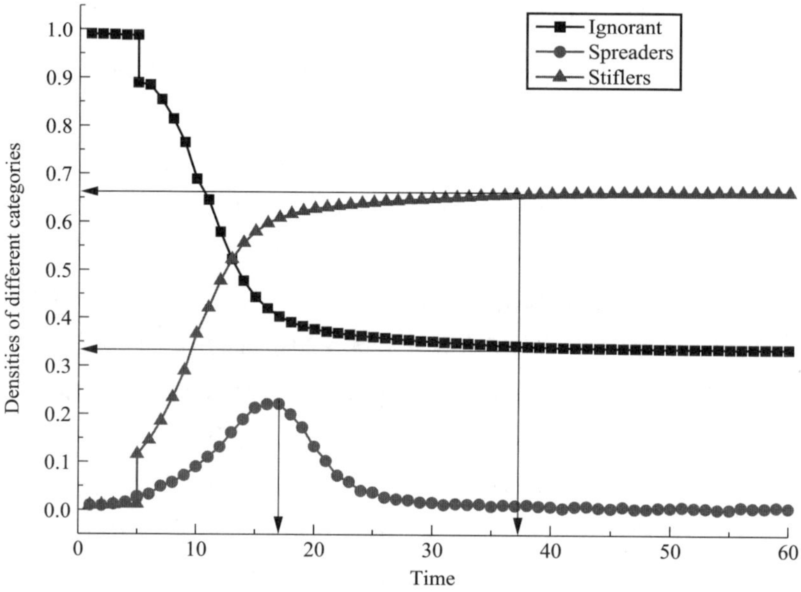

（b） 单次最优脉冲接种的轨迹

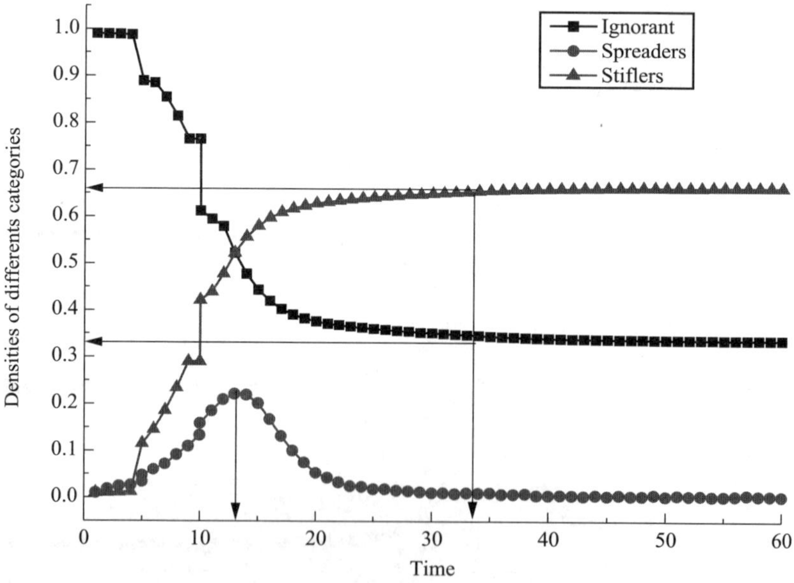

（c） 两次最优脉冲接种的轨迹

图 7.15 不同最优脉冲次数下无知者与移出者的传播演化趋势(续)

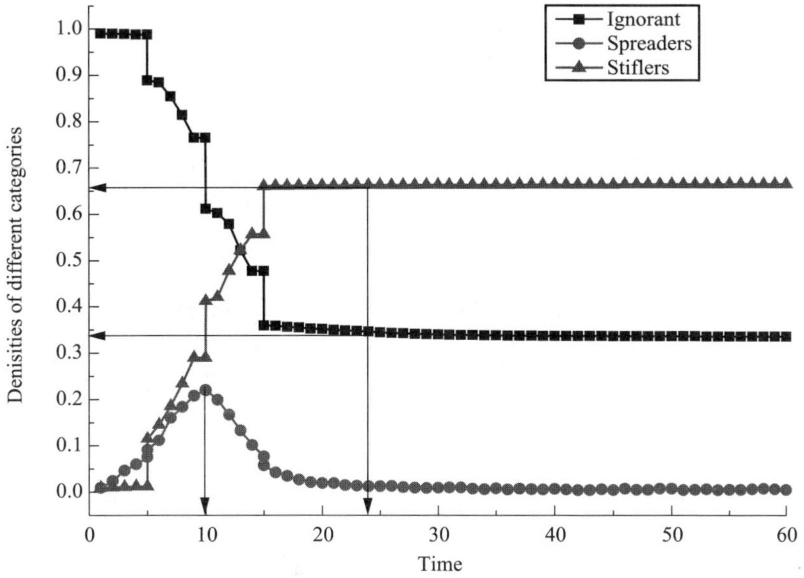

（d）　三次最优脉冲接种的轨迹

图 7.15　不同最优脉冲次数下无知者与移出者的传播演化趋势（续）

7.2.7　小结

本节利用脉冲免疫和时滞相结合的方法，建立了考虑媒体报道的改进不实信息传播模型。利用比较原理（Lakshmikantham et al.，1989；Bainov and Sineonov，1993）研究了模型的动态行为，得到了当 $\mathfrak{R}^*<1$ 时，无不实信息周期解是全局稳定的，即不实信息消亡。$\theta>\theta^*$ 或 $T<T^{\circ}$ 或 $\tau>\tau^*$ 意味着不实信息最终会消失，换言之，增加脉冲接种比例或缩短脉冲周期或足够大的时滞，都可以促使不实信息趋向消失。当 $\mathfrak{R}_*>1$ 时，系统是持久的，即不实信息不会消失而成为流行。$\theta<\theta_*$ 或 $T>T_*$ 或 $\tau<\tau_*$ 意味着不实信息将永久存在于系统中，也就是说，降低脉冲接种比例或增加脉冲周期或时滞足够小，都能够加剧不实信息的传播。为了最有效地控制不实信息，本节设定了模型的控制变量，并建立了相应的目标函数。为了使整个不实信息传播周期的传播者数量和控制成本最小化，本节结合庞特里亚金极小值原理，给出了相应的最优控制的成立条件。最后，通过数值模拟验证了理论分析的正确性。结果表明，脉冲最优控制可以在短时间内降低无知者的比

例，增加移出者的密度，从而有效地控制不实信息，使系统迅速稳定。

7.3 本章小结

本章探究应急事件发生后不实信息的传播与扩散问题，首先，运用系统动力学思想，结合媒体报道的作用，构建了两个四维不实信息传播的动态模型，探究了媒体报道、时间滞后性对不实信息传播的影响，并提出了脉冲接种等控制策略对传播的作用，分析了模型的稳定性。其次，结合效用理论与最优化控制原理，构造了社会效用最大化的控制模型，并利用常微分方程与时滞脉冲微分方程的庞特里亚金极小值原理，提出了模型的动态最优控制策略。最后，结合模型的数学分析与仿真模拟，验证了最优控制策略的优势，提出了应急管理建议，为应急事件管理奠定了坚实的理论基础并提供了决策依据。

定期的科普教育或者其他应急控制方案的实施有助于降低不实信息传播者的规模，减小不实信息的危害。官方在应对不实信息时，同样不能忽略时滞的作用，否则在消除负面舆论信息时将会付出高昂的代价。因此，官方应该充分利用媒介的作用，抓住主导权，实施相应的措施，消除负面影响，赢得舆论的支持。

第8章

基于传播全过程的SEICR不实信息模型分析

以往关于不实信息的研究多是建立在对人群进行分类的基础上，比如将群体分为无知者(I)、潜伏者(E)、休眠者(H)、传播者(S)、移出者(R)等，这些划分方法忽视了个体的被动免疫、受控隔离等影响。如今处于信息时代，人们获取信息的渠道很广，信息量很大，个别网民可能无法快速甄别不实信息，最终被网络舆情蛊惑。这一现象启发我们建立一个更精确的模型来刻画传播的全过程。本章在经典的 SIR 模型基础上，做如下补充和扩展：在易感者与传播者之间引入一个过渡状态——潜伏态(E)，指那些有传谣的网友，这些个体已经听闻了不实信息，但仍处于观望状态，暂时不传播不实信息。类似于疾病模型的感染者接受隔离进而转变为免疫者。本章建立了 SEICR 模型，在感染态和移出态之间增加了一个新的状态——受控隔离态，此类个体在大数据技术的加持下被官方进行限制，其传谣行为受到控制。

8.1 模型建立

在现实生活中，个体基于自身的生活阅历、知识存量等因素，对待不实信息的态度也千变万化。由于易感者、潜伏者与感染者周围遍布各种信息，他们处于相对较为开放的环境中，部分个体自学能力较强，通过分析各种各样的信息，能够甄别不实信息，从而直接转变为移出者。同时由于数据技术的进步，智能平台及官方能够甄别不实信息传播者的恶意意图，从而对其进行账号行为限制，此时部分感染者受到控制隔离作用而转变为受控隔离者。

因此本章提出了一种易感—潜伏—感染—受控隔离—移出(SEICR)的

不实信息传播模型，以描述在社交网络中传播的全过程。将整个人群分为五类：易感者(S)、潜伏者(E)、感染者(I)、受控隔离者(C)、移出者(R)，分别代表：从未听说过不实信息的人(S)、具有传谣的网友但暂不传谣的人(E)、传播不实信息的人(I)、受到控制隔离作用的人(C)、知晓不实信息且不再传播不实信息的人(R)。

在 SEICR 模型中，易感者在接触到不实信息之后会呈现出两种状态，对不实信息持怀疑状态，暂时转化为潜伏者，或者基于所掌握的信息、知识等对不实信息进行分析识别，直接转化为移出者。而潜伏者由于身处开放的系统中，能够接触到大量的相关信息，一部分被不实信息蛊惑，转化为感染者；另一部分自我学习，以一定的概率转化为移出者。相似地，感染者一部分转化为移出者，另一部分受到控制隔离转化为受控者。而受控隔离者由于控制隔离等因素，处于相对闭塞的环境中，受到管控教化，经过一段时间后，转化为移出者。

SEICR 模型的状态转换如图 8.1 所示，状态间的箭头表示状态转换过程，箭头上的符号是相应的转换概率。图中所涉及的参数都是非负的。

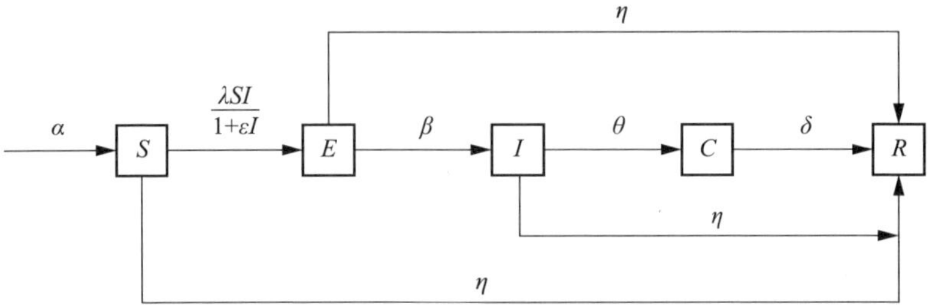

图 8.1　SEICR 模型的状态转换

α：自然进入率。

λ：接触率。

ε：心理效应系数，即易感者知道所接触的个体是感染者时，将会采取应对措施，进而影响接触率。

β：从潜伏态到感染态的转移概率，即患病率。

η：主动免疫率。

θ：从感染态到受控隔离态的转移概率，即控制率。

δ：从受控隔离态到移出态的转移概率，即治愈率。

SEICR 模型中有五个状态，$S(t)$、$E(t)$、$I(t)$、$C(t)$、$R(t)$分别表示 t 时刻群体中五类群体的比例。且满足归一化条件：

$$S(t)+E(t)+I(t)+C(t)+R(t)=1 \tag{8.1}$$

根据图 8.1 所示的转换关系，可以用以下 5 个微分方程来描述 SEICR 模型：

$$\begin{cases}\dfrac{dS(t)}{dt}=\alpha-\dfrac{\lambda S(t)I(t)}{1+\varepsilon I(t)}-\eta S(t)\\ \dfrac{dE(t)}{dt}=\dfrac{\lambda S(t)I(t)}{1+\varepsilon I(t)}-\eta E(t)-\beta E(t)\\ \dfrac{dI(t)}{dt}=\beta E(t)-\eta I(t)-\theta I(t)\\ \dfrac{dC(t)}{dt}=\theta I(t)-\delta C(t)\\ \dfrac{dR(t)}{dt}=\delta C(t)+\eta(S(t)+E(t)+I(t))\end{cases} \tag{8.2}$$

将式(8.1)代入式(8.2)，则式(8.2)可以简化为如下等价的四维系统：

$$\begin{cases}\dfrac{dS(t)}{dt}=\alpha-\dfrac{\lambda S(t)I(t)}{1+\varepsilon I(t)}-\eta S(t)\\ \dfrac{dE(t)}{dt}=\dfrac{\lambda S(t)I(t)}{1+\varepsilon I(t)}-\eta E(t)-\beta E(t)\\ \dfrac{dI(t)}{dt}=\beta E(t)-\eta I(t)-\theta I(t)\\ \dfrac{dC(t)}{dt}=\theta I(t)-\delta C(t)\end{cases} \tag{8.3}$$

接下来，根据上述模型进行平衡点计算以及平衡点的稳定性分析。

8.2　平衡点及其稳定性

本小节首先计算了系统的无不实信息平衡点和内部平衡点，其次证明了无不实信息平衡点的局部和全局稳定性，最后验证了内部平衡点的局部稳定性。

基于疾病模型的相关研究可知，系统中存在传播的阈值 $\Re_0$，亦称基本再生数，当 $\Re_0<1$ 时，疾病随着时间自然消亡；当 $\Re_0>1$ 时，疾病则在一定范围内暴发。

根据式(8.1)和条件 $R(t)\geqslant 0$，易得 $S(t)+E(t)+I(t)+C(t)\leqslant 1$。然后系统(8.3)可行域可以表示为一个封闭的正不变集，记为 Ω：

$$\Omega=\{(S,\ E,\ I,\ C)\mid S,\ E,\ I,\ C\geqslant 0, S+E+I+C\leqslant 1\} \tag{8.4}$$

(1)无不实信息平衡点。当 $E(t)$、$I(t)$、$C(t)$ 均为 0 时，系统中不存在不实信息，亦称零平衡点，记为 $P^0=(S^0,\ E^0,\ I^0,\ C^0)=\left(\frac{\alpha}{\eta},\ 0,\ 0,\ 0\right)$。

(2)内部平衡点。令系统(8.3)中方程等式左边等于 0，可以得到系统(8.3)的内部非零平衡点：$P^*=(S^*,\ E^*,\ I^*,\ C^*)$。

8.2.1 平衡点的存在性

定理 8.1 当 $\Re_0<1$ 时，系统(8.3)只有无不实信息平衡点 $P^0=(S^0,\ E^0,\ I^0,\ C^0)=\left(\frac{\alpha}{\eta},\ 0,\ 0,\ 0\right)$。当 $\Re_0>1$ 时，系统存在内部非零平衡点 $P^*=(S^*,\ E^*,\ I^*,\ C^*)$，此时不实信息在系统中大规模爆发。

证明：在 $I^*=0$ 的条件下解下列方程组：

$$\begin{cases}\alpha-\dfrac{\lambda S(t)I(t)}{1+\varepsilon I(t)}-\eta S(t)=0\\ \dfrac{\lambda S(t)I(t)}{1+\varepsilon I(t)}-\eta E(t)-\beta E(t)=0\\ \beta E(t)-\eta I(t)-\theta I(t)=0\\ \theta I(t)-\delta C(t)=0\end{cases} \tag{8.5}$$

则会得到唯一的无不实信息平衡点：

$$P^0=(S^0,\ E^0,\ I^0,\ C^0)=\left(\frac{\alpha}{\eta},\ 0,\ 0,\ 0\right)$$

当 $I^*\neq 0$ 时，可得到唯一的内部非零平衡点，$P^*=(S^*,\ E^*,\ I^*,\ C^*)$

$$
\begin{cases}
S^{*}=\dfrac{\alpha}{\eta}-\dfrac{-(\eta+\beta)(\eta+\theta)+\alpha\beta\lambda}{\beta(\alpha\eta+\lambda)} \\
E^{*}=\dfrac{-\eta(\eta+\beta)(\eta+\theta)+\alpha\beta\lambda}{\beta(\beta+\eta)(\alpha\eta+\lambda)} \\
I^{*}=\dfrac{-\eta(\eta+\beta)(\eta+\theta)+\alpha\beta\lambda}{(\beta+\eta)(\eta+\theta)(\alpha\eta+\lambda)} \\
C^{*}=-\dfrac{\theta(\eta(\eta+\beta)(\eta+\theta)-\alpha\beta\lambda)}{\delta(\beta+\eta)(\eta+\theta)(\alpha\eta+\lambda)}
\end{cases}
$$

令 $\Re_0=\dfrac{\alpha\beta\lambda}{\eta(\eta+\beta)(\eta+\theta)}$。

对于系统(8.3)，存在内部平衡点的充分必要条件是 $E^{*}>0$，$I^{*}>0$ 且 $S^{*}<1$，亦即 $\Re_0>1$。因此，系统的内部平衡点存在的充要条件为 $\Re_0>1$。得证。

8.2.2　无不实信息平衡点的稳定性

定理 8.2　如果 $\Re_0<1$，则 P^0 关于 Ω 局部渐进稳定，否则，P^0 关于 Ω 不稳定。

证明：根据定理 8.1，动力学系统(8.3)有唯一的无不实信息平衡点 $P^{*}=(S^0,\ E^0,\ I^0,\ C^0)$。可以得到关于无不实信息平衡点 P^0 的雅可比矩阵如下：

$$
J(P^0)=\begin{pmatrix}
-\eta & 0 & -\dfrac{\lambda\alpha}{\eta} & 0 \\
0 & -(\eta+\beta) & \dfrac{\lambda\alpha}{\eta} & 0 \\
0 & \beta & -(\eta+\theta) & 0 \\
0 & 0 & \theta & -\delta
\end{pmatrix}
$$

以上矩阵的特征方程如下：

$$
|\rho E-J(P^0)|=\begin{vmatrix}
\rho+\eta & 0 & \dfrac{\lambda\alpha}{\eta} & 0 \\
0 & \rho+(\eta+\theta) & -\dfrac{\lambda\alpha}{\eta} & 0 \\
0 & -\beta & \rho+(\eta+\theta) & 0 \\
0 & 0 & -\theta & \rho+\delta
\end{vmatrix}=0 \tag{8.6}
$$

将$(S^0, D^0, I^0, L^0)=\left(\frac{\eta}{\alpha}, 0, 0, 0\right)$代入上式可得：

$$(\rho+\delta)(\rho+\eta)\left((\rho+\eta+\beta)(\rho+\eta+\theta)-\frac{\alpha\beta\lambda}{\eta}\right)=0 \tag{8.7}$$

其中，$a_1=\sigma+\eta+\mu$，$a_2=\gamma+\mu$，$a_3=\theta+\mu+\varphi$。

因此，$J(P^0)$相应的特征值为：$\rho_1=-\delta<0$，$\rho_2=-\eta<0$以及式(8.8)的所有根，即

$$(\rho+\eta+\beta)(\rho+\eta+\theta)-\frac{\alpha\beta\lambda}{\eta}=0 \tag{8.8}$$

设式(8.8)的根为ρ_3，ρ_4，则$\rho_3+\rho_4=-(2\eta+\beta+\theta)<0$，$\rho_3\rho_4=(\eta+\beta)(\eta+\theta)-\frac{\alpha\beta\lambda}{\eta}$。

当$\Re_0<1$时，有$\frac{\alpha\beta\lambda}{\eta(\eta+\beta)(\eta+\theta)}<1$，则$\rho_3\rho_4=(\eta+\beta)(\eta+\theta)-\frac{\alpha\beta\lambda}{\eta}>0$，由韦达定理(Viète and François，1615)可得：$\rho_3<0$，$\rho_4<0$，即式(8.8)的根具有负实部。由于$\rho_1=-\delta<0$，$\rho_2=-\eta<0$，所以雅可比矩阵$J(P^0)$的特征方程的所有特征根具有负实部。

通过平稳性理论(Robinson，2012)，当$\Re_0<1$时，系统(8.3)是局部渐进稳定的；否则式(8.8)至少有一个具有正实部的根，即系统(8.3)是不稳定的，得证。

8.2.3 内部非零平衡点的稳定性

本节将证明内部平衡点$P^*=(S^*, E^*, I^*, C^*)$的稳定性。

定理 8.3 如果$\Re_0>1$，则$P^*=(S^*, E^*, I^*, C^*)$关于Ω局部渐进稳定。

证明：根据$P^*=(S^*, E^*, I^*, C^*)$，在内部平衡点P^*处的雅可比矩阵为：

$$J(P^*)=\begin{pmatrix} -\dfrac{\lambda I^*}{1+\varepsilon I^*}-\eta & 0 & -\dfrac{\lambda S^*}{(1+\varepsilon I^*)^2} & 0 \\ \dfrac{\lambda I^*}{1+\varepsilon I^*} & -(\eta+\beta) & \dfrac{\lambda S^*}{(1+\varepsilon I^*)^2} & 0 \\ 0 & \beta & -(\eta+\theta) & 0 \\ 0 & 0 & \theta & -\delta \end{pmatrix} \tag{8.9}$$

易得上述矩阵的特征方程为：

$$|\rho E-J(P^*)|=\begin{vmatrix} \rho+\dfrac{\lambda I^*}{1+\varepsilon I^*}+\eta & 0 & \dfrac{\lambda S^*}{(1+\varepsilon I^*)^2} & 0 \\ -\dfrac{\lambda I^*}{1+\varepsilon I^*} & \rho+(\eta+\theta) & -\dfrac{\lambda S^*}{(1+\varepsilon I^*)^2} & 0 \\ 0 & -\beta & \rho+(\eta+\theta) & 0 \\ 0 & 0 & -\theta & \rho+\delta \end{vmatrix}=0$$

即其中一个特征值为 $\rho_1=-\delta<0$，ρ_2，ρ_3，ρ_4 由如下三阶行列式决定：

$$\begin{vmatrix} \rho+\dfrac{\lambda I^*}{1+\varepsilon I^*}+\eta & 0 & \dfrac{\lambda S^*}{(1+\varepsilon I^*)^2} \\ -\dfrac{\lambda I^*}{1+\varepsilon I^*} & \rho+(\eta+\beta) & -\dfrac{\lambda S^*}{(1+\varepsilon I^*)^2} \\ 0 & -\beta & \rho+(\eta+\theta) \end{vmatrix}=0$$

$$\left(\rho+\frac{\lambda I^*}{1+\varepsilon I^*}+\eta\right)(\rho+\eta+\beta)(\rho+\eta+\theta)-\beta\frac{\lambda S^*}{(1+\varepsilon I^*)^2}\cdot(\rho+\eta)=0 \tag{8.10}$$

可化简为：$\rho^3+c_1\rho^2+c_2\rho+c_3=0$。其中，

$$\begin{cases} c_1=b_1+b_2+b_3 \\ c_2=b_1b_2+b_1b_3+b_2b_3-b_4, \\ c_3=b_1b_2b_3-b_4\eta \end{cases}\quad \begin{cases} b_1=\eta+a_1 \\ b_2=\eta+\beta \\ b_3=\eta+\theta \\ b_4=\beta a_2 \end{cases},\quad \begin{cases} a_1=\dfrac{\lambda I^*}{1+\varepsilon I^*} \\ a_2=\dfrac{\lambda S^*}{(1+\varepsilon I^*)^2} \end{cases}$$

因此，$J(P^*)$另外三个特征值是式(8.10)的根，即

$$H_1=|c_1|=b_1+b_2+b_3=a_1+\beta+\theta+3\eta>0$$

$$H_2=\begin{vmatrix} c_1 & 1 \\ c_3 & c_2 \end{vmatrix}$$

$$=c_1c_2-c_3$$

$$=(b_1+b_2+b_3)(b_1b_2+b_1b_3+b_2b_3-b_4)-(b_1b_2b_3-b_4\eta)$$

$$=\beta(a_1+a_2)(a_1+\beta)+8\eta^2(a_1+\beta+\eta+\theta)$$

$$+(2\eta+\theta)(a_1^2+\beta^2)+6a_1\theta(\beta+\theta)+2\beta\eta(2a_2+3\theta)$$

$$+\beta\theta(2a_1+a_2)+(a_1+\beta+2\eta)\theta^2>0$$

$$H_3=\begin{vmatrix} c_1 & 1 & 0 \\ c_3 & c_2 & c_1 \\ 0 & 0 & c_3 \end{vmatrix}=c_3H_2$$

由于

$$c_3=b_1b_2b_3-b_4\eta$$

$$=\beta\eta(a_1-a_2+\eta+\theta)+\eta^2(a_1+\beta+\eta)+a_1\theta(\beta+\eta)$$

$$=\eta(\eta+\beta+\theta)(\eta\beta+\eta\theta+\alpha\eta+\theta\beta+\eta^2)(\Re_0-1)$$

则 $c_3>0$，亦即 $\Re_0>1$，因此可得 $H_3>0$。

根据赫尔维茨判据(Merkin，2012)，式(8.10)所有的根在 $\Re_0>1$ 的条件下都具有负实部。根据系统稳定性理论(Robinson，2012)，P^* 是关于 Ω 局部渐进稳定的，得证。

8.3 数值模拟

由疾病模型可知，不实信息传播的阈值直接决定了不实信息扩散的发展趋势，并且阈值越小越易于控制扩散。

由前述分析可知 $\Re_0=\dfrac{\alpha\beta\lambda}{\eta(\eta+\beta)(\eta+\theta)}$，则 η 和 θ 与 $\Re_0$ 负相关，λ 和 α 与 $\Re_0$ 正相关；由于 $\dfrac{\partial\Re_0}{\partial\beta}=\dfrac{\alpha\lambda}{(\eta+\beta)^2(\eta+\theta)}>0$，可得 β 与 $\Re_0$ 正相关。由于进入率 α 是一个常量，接触率 λ 与患病率 β 相对稳定，因此本节着重讨论主

动免疫率 η 和控制率 θ 对不实信息阈值的影响。

主动免疫指的是处于未被隔离控制的开放环境中的个体基于自身的理性、知识存量、生活阅历等因素，能够对周围的信息进行分析识别，从而摆脱不实信息的蛊惑，主动从自身的状态转移至免疫移出状态，识破不实信息。此过程的转移概率被称为主动免疫率。如图 8.2 所示，主动免疫率 η 在从 0 至 1 的增长过程中，开始时斜率很大，表明提高自我免疫率 η 能够较快地降低不实信息的阈值 $\Re_0$，然而在主动免疫率 η 大于 0.3 之后，阈值 $\Re_0$ 小于 1；当主动免疫率 η 大于 0.8 时，阈值 $\Re_0$ 无限接近 0。这表明主动免疫率也存在一个阈值，当超过主动免疫阈值时，不实信息就会自动消亡，因此相关部门如果想要及时控制不实信息传播，就应该普及科普知识，提高群体的主动免疫率，这样不实信息将会不攻自破。

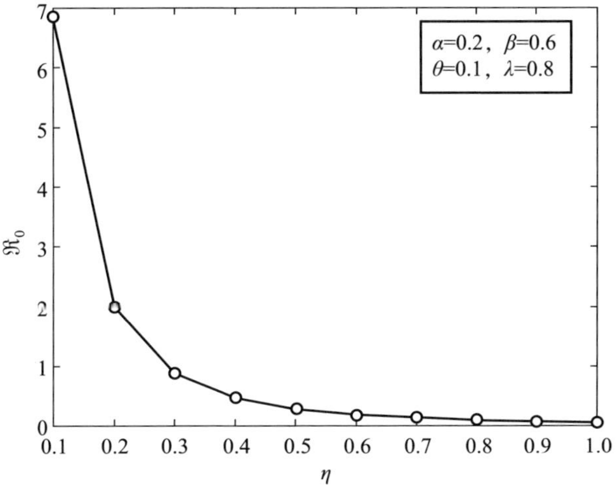

图 8.2　主动免疫率 η 对不实信息传播阈值 $\Re_0$ 的影响

控制率 θ 是指对不实信息的感染者进行隔离控制，限制其传播，教化感染者，使其转化为移出者的概率。由图 8.3 可知，在控制率 θ 从 0 至 1 的增长过程中，图像的斜率逐渐减小，在 $\theta<0.1$ 时，斜率较大，表明实行控制隔离的效果十分明显，当 $0.1<\theta<1.0$ 时，斜率较为平缓。当 $\theta\to1$ 时，传播阈值 $\Re_0$ 仍然大于 1，表明只进行隔离控制并不能有效消除不实信息。所以，当不实信息爆发时，政府部门或者相关媒体应该及时播报真实信

息，进行正确的舆论引导，使得不实信息处于可控范围。

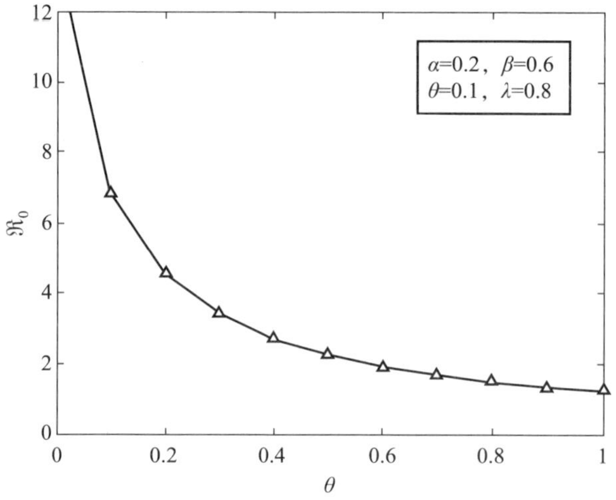

图 8.3　控制率 θ 对不实信息传播阈值 $\Re_0$ 的影响

由图 8.4 可知，同时提高主动免疫率 η 与控制率 θ 可以有效降低不实信息传播的阈值 $\Re_0$。因此在进行不实信息应对的过程中，辟谣部门可以双管齐下，在进行控制隔离的基础上，及时发布相关真实信息，同时在平常进行科普教育，引导民众做出正确的决策，以控制不实信息的传播。

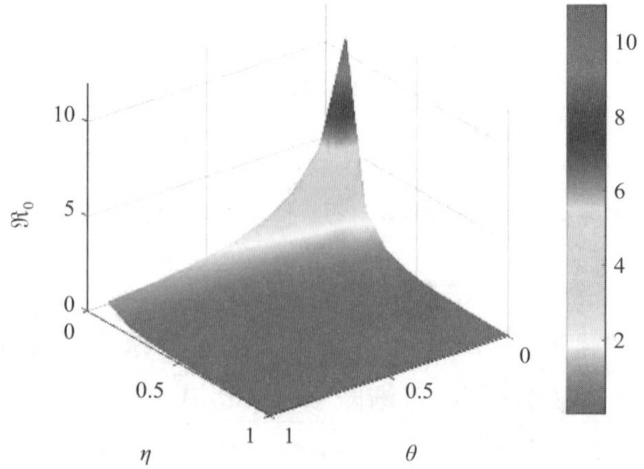

图 8.4　主动免疫率 η 与控制率 θ 对不实信息传播阈值 $\Re_0$ 的双重影响

本节运用 Runge-Kutta 方法进行数值模拟以验证前述数学分析的正确性。数值模拟将针对主动免疫率 η 与控制率 θ 等参数对不实信息传播的稳定性影响进行仿真验证。

仿真实验中的不同状态的群体初始比例及相关状态转移参数设置如下：$S_0=0.9$，$E_0=0.04$，$I_0=0.03$，$C_0=0.03$，$R_0=0$，$\alpha=0.2$，$\beta=0.8$，$\varepsilon=0.1$，$\beta=0.6$，$\delta=0.8$。表 8.1 对主动免疫率 η 与控制率 θ 的值设定了四种情形，对社交网络总的不实信息传播进行数值模拟，通过仿真图来分析四种情形下各类群体的时间演化趋势。

表 8.1　模型参数设置

情形	η	θ	$\Re_0$
1	0.15	0.1	3.41
2	0.25	0.1	1.29
3	0.4	0.4	0.30
4	0.8	0.4	0.07

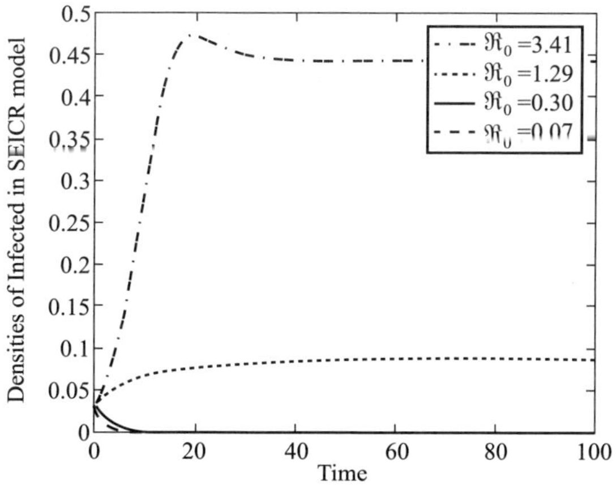

图 8.5　不同情形对于感染节点的影响

图 8.5 描绘了不同情形下感染者的时间演化趋势。情形 1、情形 2 对应 $\Re_0>1$，当 $\Re_0$ 较大时，不实信息感染者先上升至峰值然后逐步下降至非零稳定状态；当 $\Re_0$ 稍大于 1 时，感染者逐渐上升至非零稳定态。比较两种情形可知，阈值越大，稳态时的不实信息感染规模就越大。情形 3、情

形 4 对应 $\Re_0<1$，当 $\Re_0<1$ 时，不实信息会在短时间内消亡，且 $\Re_0$ 越小越有利于控制不实信息。

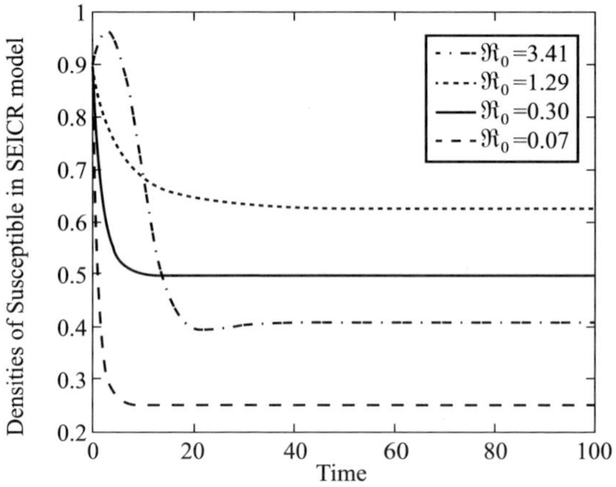

图 8.6　不同情形对于不实信息易感节点的影响

图 8.6 刻画了不同的传播阈值关于不实信息易感者的时间演化趋势。情形 1、情形 2 对应 $\Re_0>1$，不实信息易感者的最终比例接近于非零平衡点 S^*，且 $\Re_0$ 越大，不实信息易感者的最终规模越小。这是因为，主动免疫率 η 稍稍增大即可提高不实信息易感者的防范意识，从而有效抑制不实信息的传播。情形 3、情形 4 对应 $\Re_0<1$，此时最终的不实信息易感者的比例渐趋于$\frac{\alpha}{\eta}$。

图 8.7 描绘了四种情形下潜伏者的时间演化趋势。在不实信息爆发初期，当 $\Re_0=3.41$ 时，对应的主动免疫率 η 较小，易感者短时间内转变为潜伏者，潜伏者急剧增加，随着时间的推移，逐渐转变为感染者或者移出者，最终达到非零稳定状态；随着 $\Re_0$ 逐步减小，峰值现象逐渐消失，当 $\Re_0<1$ 时，主动免疫率 η 较大，潜伏者转变为感染者或移出者，并不会长时间犹豫，因此潜伏者的比例随时间推移而快速趋于 0。

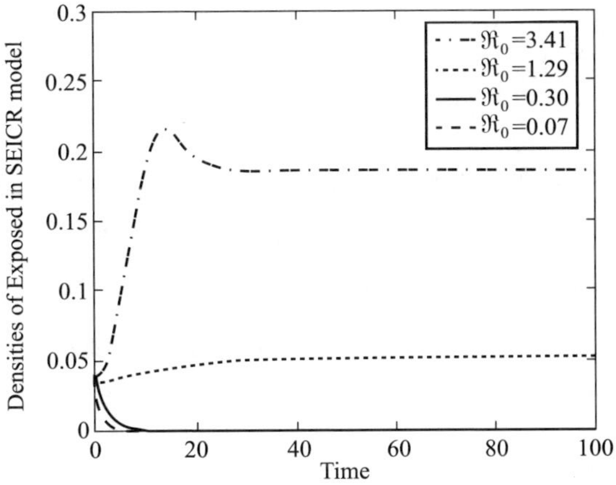

图 8.7　不同情形对于潜伏节点的影响

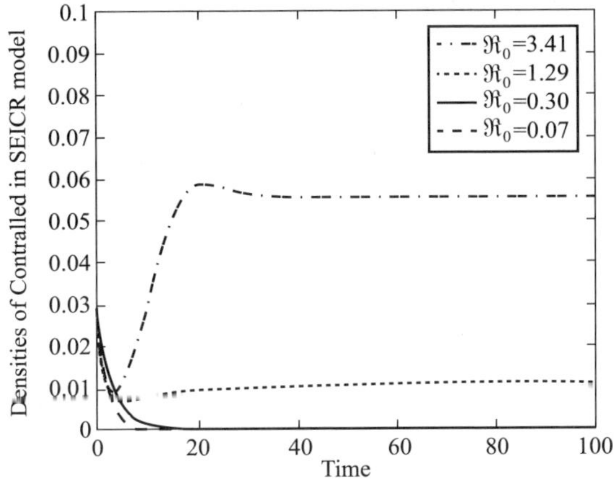

图 8.8　不同情形对于控制隔离节点的影响

图 8.8 刻画了不同传播阈值对于控制隔离节点的时间演化趋势。由此可以看出，此类个体的整体规模较小，这是因为隔离者大多受到有效的管控与教化，会在短时间内移出该状态。当 $\mathfrak{R}_0=3.41$ 时，控制隔离节点的规模随着时间的推移急剧减少，然后上升，后渐降至平衡状态，此结果与图 8.5 反向吻合。当 $\mathfrak{R}_0=1.29$ 时，由于阈值趋于 1，其比例变化相对平缓，但最终规模仍然非零稳定。对于情形 $\mathfrak{R}_0=0.3$ 和 $\mathfrak{R}_0=0.07$，传播阈值均小于 1，控制隔离个体随时间推移而逐渐减少至 0。

8.4 本章小结

本章为了更准确地描述社交网络上不实信息传播的全过程，引进两个新的状态：E——潜伏者，代表具有传谣网友的且暂时不传播不实信息的人群，C——受控隔离者，受到有效的管控、隔离与教化，进而转化为移出者。本章基于所建立的模型，构建了系统的传播动力学方程，分析了不实信息模型的平衡点与传播阈值——基本再生数，同时，证明了平衡点的稳定性。通过数值模拟验证得出结论：当 $\Re_0<1$ 时，无不实信息平衡点是渐进稳定的；当 $\Re_0>1$ 时，内部平衡点是局部渐进稳定的。

根据分析及仿真结果可知：群体的主动免疫率和控制率可以有效影响不实信息的传播阈值 $\Re_0$。自我免疫率也存在一个临界值，当自我免疫率低于自身临界值时，提高自我免疫率可以快速降低不实信息的传播阈值；当自我免疫率高于临界值时，不实信息的传播阈值 $\Re_0$ 几乎趋于 0，不实信息将自动消亡。因此政府或相关管控部门可以通过电视、互联网等媒介向公众宣传科学知识，提高群体的主动免疫率，使得不实信息不攻自破，从而节约社会成本。同时，仿真分析表明，仅仅对感染者进行控制并不能有效消除不实信息，在不实信息盛行的情况下，政府或相关媒介机构应及时公布官方的权威辟谣信息来引导舆论，将不实信息限制在可控范围内。

第9章

总结与展望

本章将对本书的研究内容进行系统的总结，涵盖研究结论、理论贡献及其实践意义、局限性与不足之处，以及未来对后续研究的相关展望。

9.1 研究总结

近年来，有关不实信息传播的研究层出不穷，其中应用最为广泛的当属运用常微分方程理论探究不实信息的传播扩散问题。本书结合传播过程中多因素影响下的不实信息问题，从不同的角度考虑不实信息传播的复杂现象，运用 ODEs、DDEs、SDEs 等对不实信息扩散问题进行了量化研究，主要工作与研究结论如下：

(1)研究了有关不实信息传播个体的活跃度问题。首先，基于个体是否活跃以及是否知道并传播不实信息多个维度，将群体分为六个类别，同时结合传播者的传播强度以及所处的环境构建了非线性传播率影响下的不实信息传播模型，并对模型的动态演化传播进行了理论分析，得到了不实信息停止传播的关键阈值。其次，考虑到环境噪声的影响，我们认为个体活跃度并非一成不变，因而构建了一个考虑个体活跃度波动的随机不实信息传播模型，结合随机微分动力系统，探究了活跃度波动对不实信息传播演化的影响规律与理论意义，计算了不实信息是否传播蔓延的阈值，通过对参数进行控制，可以调整不实信息传播控制策略，为官方应对应急事件提供决策支持与理论依据。

(2)不实信息爆发后，其传播演化受到多种因素的影响，常数概率逐渐不适用于复杂的不实信息传播变化，人的主观能动性与外部的影响同样不可忽略。考虑到不实信息传播个体的心理效应，假设个体的兴趣随着时间逐渐衰减直至稳定，同时外部环境对于个体的传播兴趣具有正向促进作用，本书将这一对相反的驱动作用引入不实信息传播模型，同时考虑时间因素对模型的影响，将个体之间传统的线性传播率拓展为各种因素相互影响的非线性时变函数，并分析计算了不实信息传播的最终规模。通过理论分析与数值模拟验证了模型的有效性，同时我们发现，记忆累积效应极值和不实信息吸引率与不实信息传播的峰值呈正相关，而与不实信息达到最终规模所需的时间呈负相关，增大兴趣衰减系数可以缩短不实信息达到最终规模所需的时间，这些研究结论为后续不实信息控制提供了思路与建议。

(3)考虑到不实信息本身所具有的极大模糊性以及个体对不实信息的学习掌握能力，本书将模糊性和自我成长机制考虑在内，在经典的 ISR 模型中加入一个新的群体——智者，表示由于学习掌握了事件的真相而直接脱离传播过程的群体。该群体有两个主要来源：一是传播者与智者之间的转变，即传播者通过与智者之间的交流，吸收信息，自我成长，然后转化为智者；二是从无知到智者的转换，即由于事件伴随的某些明确性，无知者识破不实信息而转化为智者。通过对模型的分析与仿真，得到了不实信息传播的阈值与传播规模的表达式。结果表明：不实信息越模糊，其影响力越大；个体的自我成长能力对不实信息传播具有抑制作用。官方可以通过及时加大澄清力度来降低不实信息的模糊性，进而提高人们的辨识能力。同时，在日常情况下，官方应普及科普知识以提高个人的自我成长能力，最终杜绝不实信息事件的频繁发生。

(4)考虑到个体可以在微博、浏览器等公共平台上获取不实信息，同时又可以在自己的微信、QQ 等私人小圈子内传播不实信息这一事实，本书设计了媒介网站网络和朋友网络动态交互影响的双层网络时滞不实信息传播模型。首先，本模型假设早期的传播者在易感公共媒介上发布不实信息帖子，留下有关不实信息的痕迹，从而将易感媒介网站转化为携带不实信息的感染媒介。当无知者浏览感染媒介时，将以一定的概率被媒介感染而转变为不实信息传播者。同时考虑到时间延迟等因素，本书综合探讨了不同时滞大小对传播的影响，为使不实信息规模和控制成本最小化，提出了删帖、科普教育和免疫治疗三种措施来进行最优化控制。本书分析计算了不实信息传播泛滥的关键阈值，并证明了不实信息的稳定性。仿真发现，官方在进行不实信息应对时，不能忽略时滞的影响，减小不实信息的时滞可以有效缩小不实信息规模。所提的三项控制措施的综合使用，能够有效降低不实信息的危害，缩小不实信息规模。删帖和免疫治疗等控制措施应随着不实信息的发展趋势进行，适时地释放辟谣信息，引导舆论，减少猜疑；科普教育这一策略应在不实信息传播初期进行，政府应该在平常生活中加强民众的辨伪教育。

（5）考虑到媒体报道的影响，本书首先结合系统动力学思想，建立了考虑媒体覆盖的不实信息传播模型，一方面，将媒体覆盖这一信息变量引入模型，借助媒体的宣传功能，帮助无知者识破不实信息，从源头上限制不实信息散布；另一方面，政府通过实施应急策略来阻止传播者传谣，并进行控制研究。其次探讨了脉冲影响下的时滞不实信息模型动力学过程，通过频闪映射与脉冲比较定理，分析了无不实信息周期解的存在性、全局吸引性和持久性等问题。最后结合效用理论，利用庞特里亚金极大值原理构建了脉冲时滞微分系统的最优控制问题，为不实信息的应对提供了应急管理建议。

（6）考虑到群体的自我防护意识和控制谣言的能力对谣言的传播速度有着显著的影响，本书引入受控隔离者，构建了五维不实信息传播模型。研究表明，模型存在一个关键的自我防护阈值，当个体的防护意识低于这个阈值时，通过增强个体的防护意识可以迅速减缓谣言的扩散速度。一旦个体的防护意识超过这个阈值，谣言的传播速度将接近于零，谣言也会自然消散。因此，政府或监管机构可以通过电话、电视、互联网等渠道向公众普及科学知识，提升公众的主动防护意识，使谣言失去传播的土壤，从而减少社会资源的消耗。

9.2 研究局限与展望

尽管本书在不实信息传播规律、特点和控制方面取得了一些成果与进步，具有一定的理论意义与实践价值，但鉴于不实信息传播个体、环境等的复杂性、多样性以及作者理论能力的局限性，本书仍存在一些局限性和不足之处：

(1)有关参数设置方面，比如不实信息的基本传播速率、个体活跃度、不实信息吸引率等，本书采用的是模拟数据，欠缺真实性，未来的研究需要对真实数据进行整理搜集并进一步优化，同时结合实际案例进行有效性验证。

(2)不实信息传播的传播机制、演化规则并非唯一的，多层次的人群分类可能更加切合实际。国内外已有众多学者提出了较多新的不实信息模型，把人群进行更为精准的分类，细化研究不实信息传播机制将更具现实意义，在未来的研究中应该多加借鉴以丰富不实信息传播理论。

(3)为简化分析，本书将离散的变量进行连续化处理，在实际应用中，应该将参数为离散化的情况考虑在内。

(4)本书利用时滞模拟不实信息潜伏期，接种方面采用脉冲形式。事实上，时滞不仅在无知者到不实信息传播者之间存在，在各个传播转化过程中也都存在一定的时间滞后性；除了在接种方面可以对无知者采取脉冲接种形式，在应急策略实施过程中同样可以考虑对传播者采用脉冲免疫形式。

近几年管理学领域对于不实信息传播的研究涉及众多方面，通过引进复杂网络等理论取得了一定的科研成果，然而依然存在有待进一步研究的方向：

(1)不同学科领域内的学者进行不实信息研究的方法相去甚远，研究的侧重点稍有不同。从平均的、概率的角度进行探究的平均场方程理论，借由简单的平均作用效果概括个性化的单体作用效果，忽略了节点之间的相互关系，存在一定的误差。马尔可夫链则以单体为中心，针对传播过程建模分析，可以准确地刻画单个节点的感染情况，然而由于计算的复杂度较高，较难用于大型的复杂社交网络。未来的研究可以综合运用以上两种方法展开。

(2)相比传统的口耳相传，互联网时代不实信息传播的成本大大下降，传播速度却飞速增长，因此传播建模应该考虑诸多因素，比如不实信息的内容、获取不实信息的时间、来源渠道、个体的偏好、传播习惯、周围的环境等，这些因素如何交织的问题有待进一步挖掘。

(3)本书考虑的都是单一不实信息传播的情况，实际生活中存在双不实信息甚至多不实信息交互传播，还有辟谣信息对抗传播、传播过程中不实信息变更等情况，都需要进一步探索并掌握其原理，以指导实践。

参考文献

[1] Afassinou K. Analysis of the impact of education rate on the rumor spreading mechanism [J]. Physica, A. Statistical Mechanics and its Applications, 2014(414): 43-52.

[2] Al-Darabsah I, Yuan Y. A time-delayed epidemic model for ebola disease transmission [J]. Applied Mathematics & Computation, 2016 (290): 307-325.

[3] Allport G W, Postman L J. 谣言心理学[M]. 刘水平，梁元元，黄鹂译. 沈阳：辽宁教育出版社，2003.

[4] Annas S, Pratama M I, Rifandi M, et al. Stability Analysis and numerical simulation of SEIR model for pandemic COVID-19 spread in Indonesia [J] Chaos Solitons & Fractals, 2020, 139.

[5] Bailey N T J. The mathematical theory of infectious diseases and its applications[M]. Charles Griffin & Company Ltd, 5a Crendon Street, High Wycombe, Bucks HP13 6LE., 1975.

[6] Bainov D D, Simeonov P S. Impulsive differential equations: Periodic solutions and applications [M]. Longman Scientific and Technical, New York, 1993.

[7] Bao J, Yuan C. Stochastic population dynamics driven by Lévy noise [J]. Journal of Mathematical Analysis and Applications, 2012, 391 (2): 363-375.

[8] BerKovitz L D, 贺建勋. 最优控制理论[M]. 上海：上海科学技术出版社，1985.

[9] Bernoulli D. Essai d'une nouvelle analyse de la mortalité causée par la

petite vérole, et des avantages de l'inoculation pour la prévenir[J]. Histoire de l'Acad., Roy. Sci. (Paris) avec Mem, 1760: 1-45.

[10] Bogunά, Mariάn, Pastor-Satorras R. Epidemic spreading in correlated complex networks[J]. Physical Review E Statal Nonlinear & Soft Matter Physics, 2002, 66(4 Pt 2): 047104.

[11] Bryson A E. Applied optimal control[M]. New York: Wiley Press, 1975.

[12] Čebotarev N. G, Meĭman N N. The Routh-Hurwitz problem for polynomials and entire functions[J]. Trudy Matematicheskogo Instituta Imeniv. A Steklova, 1949, 26: 3-331.

[13] Centola D. The spread of behavior in an online social network experiment[J]. Science, 2010, 329(5996): 1194-1197.

[14] Chakravartula S. Complex networks: Structure and dynamics[J]. Dissertations & Theses - Gradworks, 2014, 424(4-5): 175-308.

[15] Chen S, Jiang H, Li L, et al. Dynamical behaviors and optimal control of rumor propagation model with saturation incidence on heterogeneous networks[J]. Chaos, Solitons & Fractals, 2020(140): 110206.

[16] Cheng Y, Huo L, Zhao L. Rumor spreading in complex networks under stochastic node activity[J]. Physica A: Statistical Mechanics and its Applications, 2020(559): 125061.

[17] Chu X, Zhang Z, Guan J, et al. Epidemic spreading with nonlinear infectivity in weighted scale-free networks[J]. Physica A: Statal Mechanics & Its Applications, 2009, 390(3): 471-481.

[18] Cull P. Global stability of population models[J]. Bulletin of Mathematical Biology, 1981, 43(1): 47-58.

[19] Daley D J, Kendall D G. Epidemic and rumors[J]. Nature, 1964(204): 1118.

[20] Dam J Y, Su K K, Hyo J I. Optimal control strategies depending on interest level for the spread of rumor[J]. Discrete Dynamics in Nature and Society, 2018: 1-15.

[21] D'Onofrio A. A note on the global behavior of the network-based SIS epidemic model[J]. Nonlinear Analysis Real World Applications, 2008, 9(4): 1567-1572.

[22] Driessche P V D, Watmough J. Reproduction numbers and sub-threshold endemic equilibria for compartmental models of disease transmission [J]. 2002, 180(1-2): 1-48.

[23] Ebbinghaus H. Memory: A contribution to experimental psychology [J]. Annals of Neurosciences, 2013, 20(4): 155-156.

[24] En'Ko P D. On the course of epidemics of some infectious diseases [J]. International Journal of Epidemiology, 1889, 18(4): 749-755.

[25] Fleming W H, Rishel R. An integral formula for total gradient variation[J]. Archiv Der Mathematik, 1960, 11(1): 218-222.

[26] Ghazzali R, Bhih A E, Laaroussi A E A, et al. Modeling a rumor propagation in online social network: An optimal control approach[J]. Discrete Dynamics in Nature and Society, 2020.

[27] Göllmann L, Kern D, Maurer H. Optimal control problems with delays in state and control variables subject to mixed control-state constraints [J]. Optimal Control Applications & Methods, 2010, 30(4): 341-365.

[28] Goodman V. Review: L. Arnold, Stochastic differential equations: Theory and applications, and A. V. Balakrishnan, Stochastic differential systems. I: Filtering and control, a function space approach[J]. Bulletin of the American Mathematical Society, 1975, 81(1975): 837-840.

[29] Greenhalgh D, Diekmann O, Jong M C M D. Subcritical endemic steady states in mathematical models for animal infections with incomplete immunity[J]. Mathematical Bioences, 2000, 165(1): 1-25.

[30] Gu J, Li W, Cai X. The effect of the forget-remember mechanism on spreading[J]. Physics of Condensed Matter, 2008, 62(2): 247-255.

[31] Hahn J, Edison T, Edgar T F. A note on stability analysis using Bode plots[J]. Chemical Engineering Education, 2001, 35(3): 208-211.

[32] Hale J K, Waltman P. Persistence in infinite-dimensional systems

[J]. Siam Journal on Mathematical Analysis, 2012, 20(2): 388-395.

[33] Hamer W H. The Milroy Lectures on epidemic disease in England—the evidence of variability and of persistency of type[J]. Lancet, 1906, 167(4307): 733-739.

[34] Han Q, Gu M, You L, et al. Rumor Spreading with Cross Propagation in Multilayer Social Networks[C]. IEEE, 2020.

[35] Heffernan J M, Smith R J, Wahl L M. Perspectives on the basic reproductive ratio[J]. Journal of the Royal Society Interface, 2005, 2(4).

[36] Hong B I, Hahm N, Choi S H. SIR rumor spreading model with trust rate distribution [J]. Networks and Heterogeneous Media, 2018, 13 (3): 515-530.

[37] Hui H, Zhou C, Lü X, et al. Spread mechanism and control strategy of social network rumors under the influence of COVID-19[J]. Nonlinear Dynamics, 2020, 101(3): 1933—1949.

[38] Huo H F, Liu Y P. The analysis of the SIRS alcoholism models with relapse on weighted networks[J]. Springer Plus, 2016, 5(1): 722.

[39] Huo L, Cheng Y, Liu C, Ding F. Dynamic analysis of rumor spreading model for considering active network nodes and nonlinear spreading rate[J]. Physica A: Statistical Mechanics and its Applications, 2018(506): 24-35.

[40] Huo L, Ding F, Lin T, et al. Dynamical analysis of rumor spreading model with incubation mechanism and activity of nodes[J]. IEEE Access, 2019 (7): 152493-152500.

[41] Huo L, Ding F, Liu C, et al. Dynamical analysis of rumor spreading model considering node activity in complex networks[J]. Complexity, 2018: 1-10.

[42] Huo L, Huang P, et al. An interplay model for authorities actions and rumor spreading in emergency event[J]. Physica A: Statistical Mechanics and its Applications, 2011, 390(20): 3267-3274.

[43] Huo L, Jiang J, et al. Dynamical behavior of a rumor transmission model with Holling-type Ⅱ functional response in emergency event[J]. Physica

A: Statistical Mechanics and its Applications, 2016(450): 228-240.

[44] Huo L, Li X. An interplay model for official information and rumor spreading with impulsive effects[J]. Advances in Difference Equations, 2019(1): 164.

[45] Huo L, Ma C. Dynamical analysis of rumor spreading model with impulse vaccination and time delay[J]. Physica A: Statistical Mechanics and its Applications, 2017(471): 653-665.

[46] Huo L, Wang L, Zhao X. Stability analysis and optimal control of a rumor spreading model with media report[J]. Physica A: Statal Mechanics and its Applications, 2019(517): 551-562.

[47] Jain A, Dhar J, Gupta V K. Optimal control of rumor spreading model on homogeneous social network with consideration of influence delay of thinkers[J]. Differential Equations and Dynamical Systems, 2019: 1-22.

[48] Jain A, Dhar J, Gupta V. Stochastic model of rumor propagation dynamics on homogeneous social network with expert interaction and fluctuations in contact transmissions[J]. Physica A: Statistical Mechanics and its Applications, 2019(519): 227-236.

[49] Jiang J, Huang S. Global stability of a network-based SIS epidemic model with a general nonlinear incidence rate[J]. Mathematical Bioences & Engineering, 2017, 13(4): 723-739.

[50] Kalman R E, Bertram J E. Control system analysis and design via the second method of lyapunov: (I) continuous-time systems (Ⅱ) discrete time systems[J]. Ire Transactions on Automatic Control, 1960, 4(3): 112.

[51] Kamien M I, Schwartz N L. Dynamic optimization: The calculus of variations and optimal control in economics & management[M]. North Holland, Inc, 1998.

[52] Kang T, Zhang Q, Rong L. A delayed avian influenza model with avian slaughter: Stability analysis and optimal control[J]. Physica A: Statistical Mechanics and its Applications, 2019(529): 121544.

[53] Kapferer J N. 谣言：世界最古老的传媒[M]. 郑若麟，译. 上海：

上海人民出版社，2008.

[54] Katz E，Shibutani T. Improvised news：A sociological study of rumor [J]. American Sociological Review，1969，34(5)：781.

[55] Kermack W O，Mckendrick A G. A contribution to the mathematical theory of epidemics [J]. Proceedings of the Royal Society A Mathematical Physical & Engineering Sciences，1927，115(772)：700-721.

[56] Khasminskii R. Stochastic stability of differential equations [Z]. Springer，Berlin，Heidelberg，2012-01-01.

[57] Korobeinikov A，Wake G C. Lyapunov functions and global stability for SIR，SIRS，and SIS epidemiological models[J]. Applied Mathematics Letters，2002，15(8)：955-960.

[58] Kuang Y. Delay differential equation with application in population dynamics [J]. Academic Press，New York，1993(38)：67-70.

[59] Kuznetsov Y A，Meijer H G E. The SEIR epidemic model[M]. Numerical Bifurcation Analysis of Maps，2019.

[60] La Salle J，Lefschetz S，Alverson R C. Stability by liapunov's direct method with applications[J]. Physics Today，1962，15(10)：59.

[61] Laato S，Islam A K M N，Farooq A，et al. Unusual purchasing behavior during the early stages of the COVID-19 pandemic：The stimulus-organism-response approach[J]. Journal of Retailing and Consumer Services，2020 (57)：102224.

[62] Lai L，Yu X，He M，et al. Impact of Michaelis-Menten type harvesting in a Lotka-Volterra predator-prey system incorporating fear effect[J]. Advances in Difference Equations，2020(1)：1-22.

[63] Lakshmikantham V，Bainov D D，Simeonov P S. Theory of impulsive differential equations [M]. World Scientific，Singapore，1989.

[64] Lakshmikantham V，Leela S，Martynyuk A A. Stability analysis of nonlinear systems[A] // Stability Analysis of Nonlinear Systems[M]. Springer International Publishing，2015.

[65] Lenhart S，Workman J T. Optimal control applied to biology models

[M]. Chapman and Hall/CRC, 2007.

[66] Li A, Wang J, Wang Y. Research on CESR rumor spreading model in online social network[J]. Spring Link, 2017: 767-775.

[67] Li D, Ma J. How the government's punishment and individual's sensitivity affect the rumor spreading in online social networks[J]. Physica A: Statal Mechanics and its Applications, 2016(469): 284-292.

[68] Li J, Ma Z. Qualitative analyses of SIS epidemic model with vaccination and varying total population size[M]. Elsevier Science Publishers B. V. 2002.

[69] Li R, Li Y, Meng Z, et al. Rumor spreading model considering individual activity and refutation mechanism simultaneously[J]. IEEE Access, 2020, 8(99): 63065-63076.

[70] Liu C, Zhou L, Fan C, et al. Activity of nodes reshapes the critical threshold of spreading dynamics in complex networks[J]. Physica A: Statistical Mechanics and its Applications, 2015(432): 269-278.

[71] Liu Q, Jiang D, Shi N. Threshold behavior in a stochastic SIQR epidemic model with standard incidence and regime switching[J]. Applied Mathematics & Computation, 2018(316): 310-325.

[72] Liu S, Perra N, Karsai M, et al. Controlling contagion processes in activity driven networks[J]. Physical Review Letters, 2014(112): 118702.

[73] Liu X, Li T, Tian M. Rumor spreading of a SEIR model in complex social networks with hesitating mechanism[J]. Advances in Difference Equations, 2018(1): 391.

[74] Lu P. Heterogeneity, judgment, and social trust of agents in rumor spreading[J]. Applied Mathematics and Computation, 2019(350): 447-461.

[75] Lukes D L. Differential equations: Classical to controlled[J]. American Mathematical Monthly, 1985, 92(3). DOI: 10.2307/2322889.

[76] Luo D. The study of global stability of a diffusive Michaelis-Menten and tanner predator-prey model[J]. Filomat, 2019, 33(17): 5651-5659.

[77] Ma J, Li D, Tian Z. Rumor spreading in online social networks by considering the bipolar social reinforcement[J]. Physica A: Statal Mechanics &

its Applications，2016(447)：108–115.

[78] Ma R. Spread of SARS and War–Related Rumors through New Media in China[J]. Communication Quarterly，2008，56(4)：376–391.

[79] Maki D，Thomson M. Mathematical models and applications[J]. Prentice–Hall，Engle–wood Cliffs，1973(5)：75–81.

[80] McKendrick W O K G. Contributions to the mathematical theory of epidemics. II. The problem of endemicity[J]. Proceedings of the Royal Society of London，1932，138(834)：55–83.

[81] McKendrick W O K G. Contributions to the mathematical theory of epidemics. III. further studies of the problem of endemicity[J]. Proceedings of the Royal Society of London，1933，141(843)：94–122.

[82] Merkin D R. Introduction to the theory of stability[M]. Springer Science & Business Media，2012.

[83] Michelson，Grant，Mouly，et al. Rumour and gossip in organisations：A conceptual study[J]. Management Decision，2000，38(5/6)：339.

[84] Milman V D，Myshkis A D. On the stability of motion in the presence of impulses[J]. Sibirskii Matematicheskii Zhurnal，1960(1)：233–237.

[85] Moreno Y，Nekovee M，A Pachco. Dynamics of rumor spreading in complex network[J]. Physical Review E，2004(69)：066130.

[86] Myshkis A D，Samoilenko A M. System with impulses with prescribed moments of time[J]. Math Subornik，1967(74)：202–208.

[87] Naeem M. Do social media platforms develop consumer panic buying during the fear of Covid–19 pandemic[J]. Journal of Retailing and Consumer Services，2020(58)：102226.

[88] Nekovee M，Moreno Y，G Bianconi，M Marsili. Theory of rumor spreading in complex social networks[J]. Physica A：Statistical Mechanics and its Applications，2007(374)：457–470.

[89] Newman M E J. The spread of epidemic disease on networks[J]. Physical Review E Statal Nonlinear & Soft Matter Physics，2002(66)：016128.

[90] Nutter F W，Esker P D，Netto R A C. Disease assessment concepts

and the advancements made in improving the accuracy and precision of plant disease data[J]. European Journal of Plant Pathology, 2006, 115(1): 95-103.

[91] Perra N, Gonçalves B, Pastor-Satorras R, et al. Activity driven modeling of time varying networks[J]. Scientific Reports, 2012, 2(1): 1-7.

[92] Peterson P, Gist N. Rumor and public opinion[J]. American Journal of Sociology, 1951, 57(2): 159-167.

[93] Pontryagin L S, Boltyanskii V G, Gamkrelidze R V, et al. The mathematical theory of optimal processes [M]. New York: Wiley, 1962: 285-298.

[94] Pontryagin L S. The mathematical theory of optimal control processes and differential games [J]. Proc Steklov Inst Math, 1986(4): 123-159.

[95] Rizzo A, Frasca M, Porfiri M. Effect of individual behavior on epidemic spreading in activity-driven networks[J]. Physical Review E Statal Nonlinear & Soft Matter Physics, 2014, 90(4): 246-266.

[96] Robinson R C. An introduction to dynamical systems: Continuous and discrete[M]. American Mathematical Soc., 2012.

[97] Roshani F, Naimi Y. Effects of degree-biased transmission rate and nonlinear infectivity on rumor spreading in complex social networks[J]. Phys Rev E Stat Nonlin Soft Matter Phys, 2012, 85(3): 036109.

[98] Ross R. The prevention of malaria[M]. London: John Murray, 1911.

[99] Ruan Z, Tang M, Liu Z. Epidemic spreading with information-driven vaccination[J]. Phys Rev E, 2012(86): 036117.

[100] Shehab M, Touati H. Modeling rumor spreading with repeated propagations in multilayer online social networks[J]. IEEE Access, 2020(99): 1.

[101] Singh A, Singh Y. N. Rumor dynamics with inoculations for correlated scale free networks[C]. National Conference on Communications, 2013: 1-5.

[102] Singh A, Singh Y. N. Nonlinear spread of rumor and inoculation strategies in the nodes with degree dependent tie strength in complex networks[J]. Acta physica Polonica, B. Particle Physics and Field Theory, Nuclear Physics, Theory of Relativity, 2013, B44(1): 5-28.

[103] Smith M C. On the generalized nyquist stability criterion[J]. Inter-

national Journal of Control, 1981, 34(5): 885-920.

[104] Sun M, Zhang H, Kang H, et al. Epidemic spreading on adaptively weighted scale-free networks[J]. Journal of Mathematical Biology, 2017, 74(5): 1263-1298.

[105] Tahir K, Gul Z, Ali S A, et al. Spreading dynamic of acute and carrier hepatitis B with nonlinear incidence[J]. Plos One, 2018, 13(4): e0191914.

[106] Tang S. A modified SI epidemic model for combating virus spread in wireless sensor networks[J]. International Journal of Wireless Information Networks, 2011, 18(4): 319-326.

[107] Thieme H R, Feng Z. Endemic models with arbitrarily distributed periods of infection I: Fundamental properties of the model[J]. Siam Journal on Applied Mathematics, 2000, 61(3): 803-833.

[108] Tian R Y, Zhang X F, Liu Y J. SSIC model: A multi-layer model for intervention of online rumors spreading[J]. Physica A: Statal Mechanics & Its Applications, 2015(427): 181-191.

[109] Tornatore E, Buccellato S M, Vetro P. Stability of a stochastic SIR system[J]. Physica A: Statal Mechanics and its Applications, 2005, 354(1): 111-126.

[110] Valdano E, Fiorentin M R, Poletto C, et al. Epidemic threshold on continuous vs. discrete time evolving networks[J]. Physical Review Letters, 2017, 120(6): 068302.1-068302.6.

[111] Verriest E I, Delmotte F, Egerstedt M. Optimal impulsive control for point delay systems with refractory period[C]. Proceedings of the 5-th IFAC Workshop on Time Delay Systems, Leuven, Belgium, 2004: 04713.

[112] Viète, François. De aequationum recognitione et emendatione[M]. Paris , 1615.

[113] Wan C, Li T, Sun Z. Global stability of a SEIR rumor spreading model with demographics on scale-free networks[J]. Advances in Difference Equations, 2017(1): 253.

[114] Wan C, Li T, Wang Y, et al. Rumor spreading of a SICS model on complex social networks with counter mechanism[J]. Open Access Library Journal, 2016, 3(7): 1-11.

[115] Wang L, Song N, Ma C, et al. Rumor spreading model considering the activity of spreaders in the homogeneous network[J]. Physica A: Statistical Mechanics and its Applications, 2017(468): 855-865.

[116] Wang Q, Guo J. Human dynamics scaling characteristics for aerial inbound logistics operation[J]. Physica A: Statistical Mechanics and its Applications, 2010, 389(10): 2127-2133.

[117] Wang Y, Wu X, Lu J, et al. Topology identification in two-layer complex dynamical networks[J]. IEEE Transactions on Network Science & Engineering, 2018: 1-1.

[118] Wang Y, Yang X, Han Y, et al. Rumor spreading model with trust mechanism in complex social networks[J]. Communications in Theoretical Physics, 2013, 59(4): 510-516.

[119] Wright E M. On a sequence defined by a Non-Linear recurrence formula[J]. Journal of the London Mathematical Society, 1945, 20(2): 68-73.

[120] Wu Q, Fu X, Small M, et al. The impact of awareness on epidemic spreading in networks[J]. Chaos: An Interdisciplinary Journal of Nonlinear Science, 2012, 22(1): 013101.

[121] Xia L L, Jiang G P, Song B, et al. Rumor spreading model considering hesitating mechanism in complex social networks[J]. Physica A: Statistical Mechanics and its Applications, 2015(437): 295-303.

[122] Xiang H, Liu Y P, Huo H F. Stability of an SAIRS alcoholism model on scale-free networks[J]. Physica A: Statistical Mechanics and its Applications, 2017, 473(1): 276-292.

[123] Xu J, Yu Y, Gao C, et al. Nonlinear analysis and optimal control of an improved SIR rumor spreading model[J]. Journal of Communications, 2015, 10(8): 638-646.

[124] Xu J, Zhang M, Ni J. A coupled model for government communica-

tion and rumor spreading in emergencies[J]. Advances in Difference Equations, 2016(1): 208.

[125] Yan X, Jiang P. Stability analysis and control models for rumor spreading in online social networks[J]. International Journal of Modern Physics C, 2017, 28(5).

[126] Yang Y, Xu Y, Kong Z, et al. Modeling and analysis of rumor spreading with social reinforcement mechanism[J]. Advances in Mathematical Physics, 2019.

[127] Yao H, Zou Y. Research on rumor spreading model with time delay and control effect[J]. Journal of Systems Science and Information, 2019, 7(4): 373-389.

[128] Zan Y, Wu J, Li P, et al. SICR rumor spreading model in complex networks: Counterattack and self - resistance [J]. Physica A: Statistical Mechanics and its Applications, 2014(405): 159-170.

[129] Zanette D. Criticality behavior of propagation on small - world networks[J]. Physical Review E, 2001, 64(5): 050901.

[130] Zanette D. Dynamics of rumor propagation on small world networks [J]. Physical Review E, 2002(65): 041908.

[131] Zhang H, Fu X. Spreading of epidemics on scale-free networks with nonlinear infectivity[J]. Nonlinear Analysis, 2009, 70(9): 3273-3278.

[132] Zhang H, Wu Z, Xu X, et al. The impacts of subsidy policies on vaccination decisions in contact networks[J]. Phys Rev E, 2013(88): 021813.

[133] Zhang H, Zhang J, Zhou C, et al. Hub nodes inhibit the outbreak of epidemic under voluntary vaccination[J]. New J Phys, 2010(12): 023015.

[134] Zhang S, Meng X, Wang X. Application of stochastic inequalities to global analysis of a nonlinear stochastic SIRS epidemic model with saturated treatment function[J]. Advances in Difference Equations, 2018(1): 50.

[135] Zhang X, Wang K. Stochastic SIR model with jumps[J]. Applied Mathematics Letters, 2013, 26(8): 867-874.

[136] Zhang Y. An analysis of rumor propagation based on event ambiguity

[A] // Proceedings of the tenth international conference on management science and engineering management[M]. Springer Singapore, 2017: 1607-1618.

[137] Zhao L, Qiu X, Wang X, et al. Rumor spreading model considering forgetting and remembering mechanisms in inhomogeneous networks[J]. Physica A: Statistical Mechanics and its Applications, 2013, 392(4): 987-994.

[138] Zhao L, Wang J, Chen Y, et al. SIHR rumor spreading model in social networks[J]. Physica A: Statistical Mechanics and its Applications, 2012, 391(7): 2444-2453.

[139] Zhao L, Wang Q, Cheng J, et al. Rumor spreading model with consideration of forgetting mechanism: A case of online blogging LiveJournal[J]. Physica A: Statistical Mechanics and its Applications, 2011, 390 (13): 2619-2625.

[140] Zhao L, Xie W, Gao H O, et al. A rumor spreading model with variable forgetting rate[J]. Physica A: Statal Mechanics and its Applications, 2013, 392(23): 6146-6154.

[141] Zhao W, Meng X. An SIR epidemic disease model with vertical transmission and pulse vaccination[J]. Mathematica Applicata, 2009, 22(3): 676-682.

[142] Zhu H, Ma J, Li S. Effects of online and offline interaction on rumor propagation in activity-driven networks[J]. Physica A: Statistical Mechanics and its Applications, 2019(525): 1124-1135.

[143] Zhu L, Liu W, Zhang Z. Delay differential equations modeling of rumor propagation in both homogeneous and heterogeneous networks with a forced silence function[J]. Applied Mathematics and Computation, 2020(370): 124925.

[144] 巢乃鹏，黄娴. 网络传播中的“谣言”现象研究[J]. 情报理论与实践，2004(6): 587-590.

[145] 陈华. 一类具有媒体播报效应的谣言传播模型的定性分析[J]. 西安科技大学学报，2016(2): 255-264.

[146] 陈兰荪. 数学生态学模型与研究方法[M]. 北京：科学出版社，1991.

［147］崔金栋，郑 鹊，孙 硕．基于改良 SEIR 模型的微博话题式信息传播研究［J］．情报科学，2017，35(12)：22-27.

［148］刁劼庭，傅秀芬．微博谣言免疫策略的研究［J］．计算机工程，2017，43(5)：294-298.

［149］杜燕飞，肖鹏，曹慧．具有阶段结构的 SEI 传染病模型的全局分析［J］．西南师范大学学报(自然科学版)，2018(9)：6-10.

［150］范纯龙，宋会敏，丁国辉．一种改进的 SEIR 网络谣言传播模型研究［J］．情报杂志，2017，36(3)：86-91.

［151］冯丽萍，韩琦，周志刚，等．社交网络影响的不良信息扩散建模及最优控制策略［J］．计算机应用，2020，40(3)：735-739.

［152］冯涛，梁峰．基于 HollingⅢ型功能反应的具时滞捕食者—食饵系统的周期正解［J］．淮北师范大学学报(自然科学版)，2017，38(2)：9-18.

［153］高彩霞．非线性脉冲动力系统的最优控制及应用［D］．大连理工大学，2005.

［154］高振斌，管宗菀．一类 SEIR 传染病模型的稳定性及最优控制策略［J］．生物数学学报，2019，34(2)：173-180.

［155］郭世泽，陆哲明．复杂网络基础理论［M］．北京：科学出版社，2012.

［156］郭艳燕，童向荣，刘其成，等．基于博弈论的网络信息传播模型的研究［J］．计算机科学，2014，41(3)：238-244.

［157］郭英新．脉冲随机时滞系统的稳定与控制［D］．山东大学，2012.

［158］洪巍，王虎．基于 SIRT 的网络谣言传播演化模型的研究［J］．现代情报，2017，37(6)：36-42.

［159］霍良安，黄培清．科普教育及媒体报道对于不实信息传播的影响［J］．系统工程理论与实践，2014，34(2)：365-375.

［160］贾建文，魏潇敏．一类具有两个时滞的捕食模型的稳定性与 Hopf 分支［J］．系统科学与数学，2015，35(5)：576-587.

［161］李海燕，韦煜明，彭华勤．白噪声干预下的随机 SIQS 传染病模型的灭绝性与持久性分析［J］．西华师范大学学报(自然科学版)，2019，

40(4)：359-366.

[162] 李合莉．多层在线社交网络信息传播模型研究[D]．山东财经大学，2013.

[163] 李建全，马知恩．两类带有确定潜伏期的SEIS传染病模型的分析[J]．系统科学与数学，2006(2)：102-110.

[164] 李学志，代丽霞．总人口规模变化的年龄结构SEIR流行病模型的稳定性[J]．系统科学与数学，2006，26(3)：283-300.

[165] 梁新媛，万佑红．媒体介入下的谣言传播模型及其控制策略[J]．南京邮电大学学报(自然科学版)，2017，37(1)：120-126.

[166] 廖列法，孟祥茂，吴晓燕，等．微信社交网络上CASR谣言传播模型研究[J]．小型微型计算机系统，2016(1)：110-113.

[167] 刘纪轩，王改霞，李学志．年龄结构乙肝传染病模型及稳定性[J]．应用数学，2019，32(3)：600-607.

[168] 刘影，王伟，尚明生，等．复杂网络上疫情与谣言的传播及其基于免疫的控制策略[J]．复杂系统与复杂性科学，2016，13(1)：74-83.

[169] 刘玉方，律清萍，高培安．中国内陆甲型H1N1流感的预测和控制模型[J]．统计教育，2010(4)：49-58.

[170] 陆启韶，彭临平，杨卓琴．常微分方程与动力系统[M]．北京航空航天大学出版社，2010.

[171] 陆双，高岩波．带有时变时滞的惯性神经网络的同步[J]．南通大学学报(自然科学版)，2020，19(1)：83-94.

[172] 吕淑婷，张启敏．一类带Poisson跳的随机森林发展系统数值解的稳定性[J]．兰州理工大学学报，2012，38 (3)：147-151.

[173] 马刘娜．非线性随机SIRI传染病模型的动力学行为[D]．西安科技大学，2020.

[174] 马艳丽，徐文雄，王春生．具有预防接种和隔离措施的SEIQR传染病模型[J]．西安工程大学学报，2011，25(1)：90-94.

[175] 马宇红，赵媛媛，强亚蓉．社交网络中谣言传播的从众效应和权威效应[J]．计算机应用，2019，39(1)：232-238.

[176] 内藤敏机．时滞微分方程[M]．北京：科学出版社，2013.

[177] 潘艳雪．具有媒体播报效应和时滞的传染病模型的研究[D].

北京建筑大学，2015.

［178］冉茂洁，刘超，黄贤英，等．基于个体兴趣度差异和辟谣机制的谣言传播模型［J］．计算机应用，2018，38（11）：3312-3318.

［179］任宁，李金仙．带有反对机制的谣言传播模型［J］．云南民族大学学报（自然科学版），2019，28（1）：67-71.

［180］石瑞青，陈兰荪．具有阶段结构和时滞的幼年染病单种群模型研究［J］．大连理工大学学报，2010，50（2）：304-308.

［181］宋新宇．脉冲微分方程理论及其应用［M］．北京：科学出版社，2011.

［182］孙彩虹，张博舒．基于目标免疫的疾病传播应急控制模型研究［J］．管理评论，2016，28（8）：167-174.

［183］谭杨，郭子君．具有饱和感染率的随机 SIR 传染病模型的性质分析［J］．应用数学进展，2014，3（3）：127-133.

［184］万贻平，张东戈，任清辉．考虑谣言清除过程的网络谣言传播与抑制［J］．物理学报，2015，64（24）：73-83.

［185］王国华，方付建，陈强．网络谣言传导：过程、动因与根源——以地震谣言为例［J］．北京理工大学学报（社会科学版），2011，13（2）.

［186］王拉娣，李建全．一类带有非线性传染率的 SEIS 传染病模型的定性分析［J］．应用数学和力学，2006，27（5）：591-596.

［187］王双凤．一类随机微分方程的动力学分析［D］．河南大学，2019.

［188］王双明，樊馨蔓，张明军，等．具周期性潜伏期的 SEIR 传染病模型的动力学［J］．数学物理学报，2020，40（2）：527-539.

［189］王晓静，潘艳雪，王丹，等．一类具有媒体播报和时滞效应的传染病模型的稳定性分析［J］．生物数学学报，2017（3）：321-332.

［190］王筱莉，赵来军，吴忠．非均匀网络中考虑辟谣机制的谣言传播模型［J］．系统工程，2015，33（12）：139-145.

［191］王治莹，李勇建．政府干预下突发事件谣言传播规律与控制决策［J］．管理科学学报，2017，20（2）：43-52.

［192］吴仓浦．最优控制理论与方法［M］．北京：国防工业出版社，

2000：32-153.

［193］肖文伟，杨小娟．货币政策时滞问题实证分析［J］．系统工程，2010，28(7)：97-101.

［194］邢琳，周立群．多比例时滞细胞神经网络的同步性［J］．电子学报，2020，48(10)：1961-1968.

［195］徐文雄，张太雷．具有隔离仓室流行病传播数学模型的全局稳定性［J］．西安交通大学学报，2005，39(2)：210-213.

［196］杨若晨，马明菊，齐逸飞，等．含潜伏时滞效应和非线性发生率的 SEIR 模型的长时间行为［J］．中山大学学报(自然科学版)，2015，54(1)：24-29，36.

［197］杨喜艳，吴亚豪，张家军．多层网络中谣言传播的动态控制策略分析［J］．电子科技大学学报，2020，49(4)：511-518，554.

［198］杨云鹏，樊重俊，杨坚争，等．基于官方信息控制的多层网络谣言传播模型［J］．计算机应用研究，2018，35(5)：20-23，40.

［199］张菊平，郭昊明，荆文君，等．基于真实信息传播者的谣言传播模型的动力学分析［J］．物理学报，2019，68(15)：193-204.

［200］张宁，肖冰．一类具有潜伏期的年龄结构的传染病模型及其防控对策［J］．新疆师范大学学报(自然科学版)，2020，39(1)：33-38.

［201］张业明，唐朝生，李伟钢．在线社交网络谣言传播兴趣衰减与社会强化机制研究［J］．情报学报，2015，34(8)：833-844.

［202］赵英英，胡华．带有标准发生率和信息干预的随机时滞 SIRS 传染病模型的动力学行为［J］．应用数学和力学，2019，40(12)：1373-1388.

［203］郑义，赵新俊．一类多个平行传染阶段分数阶 SEI 传染病模型的 Lyapunov 函数［J］．石河子大学学报(自然科学版)，2018，36(5)：129-132.

［204］周艳丽，王美娟．含时滞具有饱和传染率的 SIQRS 接种传染病模型［J］．上海理工大学学报，2009，31(5)：417-421.

［205］朱霖河，李玲．基于辟谣机制的时滞谣言传播模型的动力学分析［J］．物理学报，2020，69(2)：35-45.